PANDEMIA E ANARQUIA

edição Jorge Sallum
coedição Felipe Musetti
assistência editorial Paulo Henrique Pompermaier
revisão Eliane Carvalho, Marcia C. Lazzari e Salete M. Oliveira
revisão final Sonia Montone
capa Suzana Salama

ISBN 978-65-89705-04-8

Grafia atualizada segundo o Acordo Ortográfico da Língua Portuguesa de 1990, em vigor no Brasil desde 2009.

EDITORA HEDRA LTDA.
R. Fradique Coutinho, 1139 (subsolo)
05416–011, São Paulo–SP, Brasil
Telefone/Fax +55 11 3097 8304

editora@hedra.com.br
www.hedra.com.br

Foi feito o depósito legal.

PANDEMIA E ANARQUIA

Edson Passetti, João da Mata e José Maria Carvalho Ferreira (*organização*)
Beatriz S. Carneiro, Eliane Carvalho e Martha Gambini (*tradução*)

1ª edição

hedra

São Paulo_2021

Pandemia e anarquia reúne quinze ensaios de pesquisadores das práticas libertárias que analisam as implicações sociopolíticas do novo coronavírus e sua relação com os modos de existência. Além da Somaterapia e de pesquisadores do Nu-Sol (Núcleo de Sociabilidade Libertária), este livro traz escritos de historiadores e cientistas políticos residentes em diversos espaços do planeta. Perpassando diversas esferas das relações humanas, da economia e da ciência às relações amorosas e ao ser criança durante a pandemia, os escritos insurgem-se contra a suposta ruptura com o mundo dado antes da Covid-19 para analisar e estancar a racionalidade neoliberal, e a chamada crise sanitária. Com isso, traçam a afirmação de uma vida outra no presente.

Edson Passetti é professor livre-docente no Departamento e no Programa de Estudos Pós-Graduados em Ciências Sociais e coordena o Nu-Sol na PUC-SP/ Brasil; e é membro da editoria de *verve*, revista autogestionária semestral. Contato: edson.passetti@uol.com.br.

João da Mata é psicólogo, doutor em Psicologia (UFF); doutor. em Sociologia Econômica e das Organizações (Universidade de Lisboa) e pós-doutor em História (UFF). Trabalha com a Soma — uma terapia anarquista há trinta anos, em grupos no Brasil e no exterior. Para saber mais sobre a Soma: www.somaterapia.com.br. Contato: jodamata@hotmail.com.

José Maria Carvalho Ferreira é sociólogo e professor catedrático aposentado do ISEG — Universidade Técnica de Lisboa, atualmente, integrada na Universidade de Lisboa. Tem publicado vários livros e artigos em revistas e editoras nacionais e internacionais. Foi diretor do jornal *A Batalha*, diretor da revista *Utopia* e membro da Associação Cultural A Vida. Contato: jmcf@iseg.ulisboa.pt.

Sumário

Prefácio. 7
Apoio mútuo ou ajuda humanitária?, *por Acácio Augusto* 9
O inimigo não é invisível, *por Adriana F. Martinez* 25
Rompendo com a lógica capitalista de uma pandemia, *por Allan Antliff* . . . 39
O inimigo invisível, *por André Liohn*. 49
Coronavírus, *por Claire Auzias* 61
Pandemia, saúde pública e liberdades, *por Edson Passetti* 75
Sexo em tempos de COVID-19, *por Eliane Carvalho e Flávia Lucchesi* 91
Amor selvagem, *por Gustavo Ramus*. 105
Catástrofe, história e destino, *por Ilana Viana do Amaral* 117
Solidariedade, apoio mútuo e vida anarquista, *por João da Mata* 133
Da anormalidade à normalidade doentia da espécie humana, *por José Maria Carvalho Ferreira* 145
Um vírus a serviço da ordem, *por L.I.M.A.*. 161
Infância e pandemia, *por Marco Antônio Arantes*. 175
Instantâneo de uma pandemia, *por Ronald Creagh* 185
Pensamento e práticas libertárias depois da COVID-19, *por Tomás Ibáñez* . . . 203

Sobre os autores 213

Prefácio

O novo coronavírus chegou ao Brasil em fevereiro de 2020, anunciado pela Organização Mundial da Saúde (OMS), governos nacionais, mídias, redes digitais e os passageiros desembarcados de voos internacionais. Veio acompanhando uma nova doença, a COVID-19, e as recomendações sanitárias para o combate à chamada pandemia.

Nós do Nu-Sol (Núcleo de Sociabilidade Libertária), da Soma, uma Terapia Anarquista, e o raro José Maria Carvalho Ferreira, vivemos muito próximos desde 1992, quando aconteceu o encontro libertário *Outros 500*, em São Paulo. Em uma conversa pela internet decidimos produzir uma página libertária conjunta com nossos pontos de vista. Nela registramos como "contestamos a realidade capitalista, o Estado e seus modos contínuos de governar em função de um reordenamento normalizador" e afirmamos "mais uma luta libertária no presente"[1]. Em seguida veio a possibilidade de organização de um livro com libertários interessados e suas análises inéditas, redigidas até o início de outubro de 2020.

O livro *Pandemia e Anarquia* está composto de 15 capítulos encadeados em ordem alfabética, sugerindo ao leitor tanto a leitura segundo seu interesse, como a sequencial com as surpreendentes implicações trazidas pelo acaso, mostrando e realçando adjacências, conexões, complementações e diferenças. É o que buscamos com a anarquia, uma produção interminável de práticas de liberdade contra o absoluto e o definitivamente verdadeiro que jazem nos discursos realistas ou utópicos.

Muitos artigos a nós endereçados não constam desta coletânea, mas estarão em outras publicações, ou até mesmo em possível livro sobre 2021 e esta situação extraordinária tornada ordinária de suposta reescritura da normalidade. Para nós, a normalização dos normais já ocorria nesta so-

1. Ver URGENTES em *http://www.somaterapia.com.br/atividades/urgentes/* e *https://www.nu-sol.org/wp-content/uploads/2020/07/dossie-urgentes.pdf*

ciedade-Estado capitalista, computo-informacional e cheia de TICS, que se pretende restauradora do planeta com suas receitas de *melhorias sustentáveis*, invocando condutas resilientes.

Nossa perspectiva é a dos resistentes na invenção cotidiana de uma realidade sem a organização hierarquizada da autoridade em um planeta intenso de práticas de liberdade anarquistas, ultrapassando os ativismos, essa insistente e obsessiva maneira de mirar a renovação e a inovação, democrática ou não, produzidas pela racionalidade neoliberal.

Apoio mútuo ou ajuda humanitária? *Notas sobre o militantismo anarquista em meio à crise planetária*

Acácio Augusto

> A vida é perigosa e exige que encaremos a sociedade que está morrendo. Escancaremos as potências da vida destemida e avessa a castigos, fronteiras, comunidades, normalizações, produtividades, política, polícias... A destruição de algo é sempre a construção de uma invenção. É inventar um espaço outro, uma vida outra. Viver a vida é não servir a nada nem a ninguém.
>
> NU-SOL, 2020

O surgimento do que foi classificado pela Organização Mundial da Saúde (OMS) como pandemia, em março de 2020, foi imediatamente recebido e difundido pelas autoridades estatais e organizações internacionais como uma guerra. A começar por manifestações do Secretário Geral das Nações Unidas (ONU), António Guterres, que declarou guerra ao vírus. A disseminação planetária das infecções provocadas pelo novo coronavírus mobilizou, de forma inédita, um aparato de controle social e contenção de danos pessoais que reunia desde profissionais de saúde, passando por uma série de recomendações de novas condutas por especialistas midiatizados, até a atuação ostensiva das forças de segurança, das forças armadas, das polícias ou do regime dos ilegalismos.[1] Soma-se a essa mobilização uma produção discursiva e comunicacional que, além de buscar encaixar, definitivamente, toda vida social nos fluxos computo-informacionais, se precipitou em anúncios variados de uma "nova era" que se abriria após a pandemia. Anúncios por vezes pessimistas e catastróficos, a partir de problemas

1. Sobre a recepção da chamada pandemia como uma guerra, ver: AUGUSTO, 2020.

que já estavam postos para os viventes no planeta e que seriam ampliados pelas medidas de contenção da COVID-19. E anúncios, em direção oposta, que projetaram a possibilidade de um futuro idílico ou utópico, esperançoso nas mudanças de percepção das pessoas a partir do alerta trazido pelo novo coronavírus em relação às questões ambientais, à vida social e econômica nas grandes cidades e à vida no planeta Terra de forma geral. Essas duas projeções se apoiam na ideia de que a situação imposta pela disseminação das contaminações e infecções, segundo variados especialistas, tende a se repetir e/ou se estenderá por mais tempo do que o esperado pelas pessoas e até mesmo por autoridades médicas e governamentais.

Entre os anarquistas,[2] desde o primeiro momento, produziram-se análises e intervenções diversas, que tinham um ponto mais ou menos em comum: a situação desencadeada pela declaração da pandemia e as formas de lidar com ela foram produzidas pelas vidas criadas pelo capitalismo e o Estado.[3] Da mesma maneira, a condução das soluções e a própria gestão da crise-guerra se orientam pela manutenção dessa forma de vida e a sobrevivência desse mesmo capitalismo e da forma Estado como governo dos viventes e distribuidor de mortes. Mais de um ano após a instalação planetária da doença, não é exagero dizer que nada parou e que pouca coisa mudou, ou seja, até o momento estamos sob a gestão dessa sobrevivência e variados "palpites" sobre o que se colocava caíram por terra. Diante da normalidade assassina do capitalismo planetário que se ocupa da "segurança do vivo no planeta", uma normalização do normal[4] em pouco tempo se instalou recebendo o título de "nova normalização", um mais do mesmo, mas com esperanças de melhora após se alcançar o controle das infecções por meio da vacina ou de algum meio de imunização do rebanho de humanos.

Em março de 2020, quando as mortes e infecções atingiam altos números no continente europeu e começavam a rumar para o hemisfério sul, os militantes anarquistas da Federação Anarquista de Turim alertavam, de forma direta, que a chamada epidemia (se referiam ao território italiano) era, de fato, um massacre de Estado. Como anarquistas, afirmaram a recusa em aderir à morte gerida pelos que governam. "Não. Não

2. Para análises singulares a partir do território brasileiro e de uma perspectiva anarquista, ver: NU-SOL, 2020.

3. Para análises anarquistas de diversas partes do planeta sobre a chamada pandemia e lutas relacionadas a ela, ver: FACÇÃO FICTÍCIA, 2020.

4. Cf. PASSETTI et al., 2019.

estamos 'prontos para morrer'. Não queremos morrer e não queremos que ninguém adoeça e morra. Não estamos nos alistando na infantaria destinada ao massacre silencioso. Somos desertores, rebeldes, *partisanos*" (FEDERAÇÃO, 03/2020). A recusa das formas de gestão pela crise-guerra e da distribuição racional das mortes, entre escolhas de quem deveria viver e quem poderia morrer, era uma afirmação da luta social e da vida fora da normalidade capitalista. O texto da Federação de Turim ainda alertava para o temor dos governantes em se disseminar um ciclo de lutas e revoltas, como as desencadeadas pelas rebeliões nas prisões italianas.

Em abril, no território espanhol, o anarquista Tomás Ibáñez escreve sobre uma outra recusa. "Esta crise também nos chama a dizer NÃO à autoilusão praticada por um amplo setor desse espectro revolucionário e antiautoritário no qual me encontro. Este autoengano consiste em acreditar, e nos fazer acreditar, que o capitalismo pode ser atingido até a morte pela crise e que a pandemia dará origem a um intenso ciclo de lutas capazes de transformar o planeta e que, ao final, as classes populares perceberão nitidamente a necessidade de virar as costas ao sistema. E esta é a nossa vez de contribuir para dar o golpe final em um capitalismo moribundo" (IBÁÑEZ, 2020). Essa outra recusa se refere ao fatalismo da crise como janela de conveniência para afirmar, ao contrário, a multiplicidade das lutas no presente, segundo as contingências que sempre se colocam, com ou sem pandemia. Contra uma teleologia revolucionária que quer ver nos momentos de crise uma oportunidade para agir e levar as classes populares ao paraíso, Ibáñez lembra que, para um anarquista, o que existe são as lutas, sempre múltiplas e sem pretensão de unidade, a serem travadas aqui e agora.

Esse breve escrito parte dessas duas recusas para analisar como algumas associações anarquistas lidaram com a intensificação da crise-guerra planetária devido à emergência da COVID-19. Nos textos de análise e relatos de intervenções, instala-se uma tensão entre releituras das práticas de apoio mútuo, a partir de Kropotkin, como forma política de resistência e uma aposta em como a situação confirma críticas já colocadas pelos anarquistas, combinada com recomendações de autocuidado. Na chave de reafirmação do apoio mútuo, algumas análises acabam esbarrando em práticas de gestão da crise, aos moldes das ajudas humanitárias, em contraste com afirmações da vida que não querem se entregar à gestão planetária dos viventes e à corrida pela sobrevida.

Em meio às disputas políticas e investidas sanitário-securitárias dos governos, as infecções e as mortes se acumulam na escala dos milhões. Recusar a leitura normalizante e estatal não significa adotar uma conduta negacionista em relação à COVID-19. Mas essa recusa também evita abraçar a defesa da (sobre)vida como dado biológico e se diluir no consenso democrático de gestão da crise-guerra capitalista e estatal. Diante de um consenso emergente de defesa da vida a qualquer custo, cabe questionar qual vida se quer viver, e lembrar que a vida não se resume a um fato biológico quantificável e mensurável.

Diante de tanta política, tanta ciência e tanta comunicação, essa análise se referencia na crítica de Mikhail Bakunin ao governo da ciência que objetiva tosquiar os rebanhos populares em todo o planeta, busca-se, aqui, "a revolta da vida contra a ciência, ou melhor, contra o governo da ciência" (BAKUNIN, 2000, p. 15). Em tempos de uma emergência, declarada como crise-guerra sanitária-securitária, acreditar na disputa complementar entre negacionismo e defesa da ciência médica é entregar o próprio couro para ser tosquiado pelos governos planetários, institucionalizados ou não. A partir dessa mirada, interessa a uma atitude anarquista não só reafirmar as duas recusas expostas acima, mas também se colocar no mundo *contra* mundo.

APOIO MÚTUO: ONDE ESTÁ A REVOLTA?

Em todo o planeta, as condutas diante da chamada pandemia foram discursivamente organizadas entre "negacionistas", que não acreditavam nem seguiam as regras da OMS e das diversas juntas médicas nacionais, negando-se a adotar cuidados mínimos ou diminuindo a gravidade da doença; e "salvacionistas", que, em nome da não contaminação e como única forma de conter infecções, abraçaram com fé as inúmeras recomendações de especialistas e de autoridades, como a OMS, chegando a defender decretos de estado de sítio (chamado de *lockdown*) garantido por forças de segurança, militares e policiais, para efetivação autoritária do isolamento social. Essa oposição, assim exposta, pode soar exagero, mas foi a partir de uma imagem próxima a essa que se traduziram politicamente as condutas entre "negacionistas", à direita ou extrema direita, e "salvacionistas", progressistas ou à esquerda. Embora essas condutas sejam mais complementares do que se pode supor num primeiro momento, foi no Brasil que essa disputa ganhou contornos mais evidentes, confundindo-se com a situação político-institucional do país.

Ao largo ou à margem dessa imagem de disputa midiatizada e institucionalizada pelo melhor governo da crise-guerra, animada por ativistas de cada parte, surgiram discursos e intepretações sobre ações locais de enfretamento das contaminações e infecções. Essas ações, ora estavam associadas à histórica proposição anarquista de apoio mútuo e às práticas de autocuidado desvinculadas de recomendações e ações de governos e autoridades médicas, ora eram relatadas como organização de comunidades negligenciadas pelos governos de Estado "negacionistas" que se uniam para travar a própria luta contra a COVID-19. Mantendo a metáfora da guerra contra o vírus, essas ações comunitárias são lidas como uma guerrilha dos moradores de bairros pobres e prova da capacidade de resiliência dessas pessoas, capacidade acumulada em toda uma vida de privações e adversidades.[5]

As práticas de apoio mútuo entre anarquistas, para além da extensa elaboração de Piotr Kropotkin em livro que leva o mesmo nome (1989), podem ser compreendidas em dois sentidos: a) como um impulso "natural" e/ou "instintivo" de colaboração entre os viventes que garante a sobrevivência do conjunto;[6] b) como ação deliberada para interferir e interromper as cadeias hierárquicas de competição, características das relações de produção no capitalismo.[7] Essas práticas também são invocadas em momentos de lutas entre os "mais fracos" que se associam para resistir aos ataques de um oponente mais poderoso, como eram os fundos de greve no século XIX e começo do século XX, por exemplo. Nesse sentido, é evidente que seu uso corrente, seja para nomear uma prática, seja para declarar afinidade com uma determinada forma de prática anarquista, ultrapassou a referência às elaborações de Kropotkin, mas sem apagá-las ou refutá-las.

No interior da história política das lutas libertárias, o apoio mútuo, reivindicado sob esse nome inicialmente pelos anarco-comunistas, pode ser compreendido numa sequência de diferenciação do que foi o coletivismo bakuninista, mais focado nas relações de produção modernas. Há, também,

---

5. Essa interpretação foi amplamente veiculada na imprensa brasileira e chegou a ganhar destaque na imprensa internacional, como no *Washington Post*. Cf. LOPES, 10/06/2020.

6. Nesse sentido, fiel às elaborações do anarquista russo, "o instinto de sociabilidade que se desenvolveu lentamente entre os animais e entre os homens no transcurso de um período de evolução extremamente longo, desde os estágios mais elementares, ensinou, igualmente, muitos animais e homens a ter consciência dessa força que adquirem praticando a ajuda e o apoio mútuos, também por ter consciência do prazer que podem encontrar na vida social" (KROPOTKIN, 1989, p. 32). (Minha tradução do espanhol).

7. Esse sentido aparece nas intepretações contemporâneas que agregam esse fator de inciativa deliberada ao determinismo natural argumentado por Kropotkin. Ver, nesse sentido, GRUBACIC & GRAEBER, 2020.

uma associação mais comum do apoio mútuo à fórmula da Associação Internacional dos Trabalhadores (AIT, 1864): "para cada um de acordo com suas necessidades, de cada um de acordo com suas possibilidades". Nesse sentido, reitera-se a filiação ao anarco-comunismo e, para além desse sentido, há intepretações que associam as proposições de apoio mútuo com a autogestão, uma aproximação mais controversa. Especialmente quando se restringe o apoio mútuo não a uma prática exclusiva do campo das relações de produção, mas de realização de qualquer atividade entre pessoas associadas, como a supracitada interpretação recente de Grubacic e Graeber. A partir de Kropotkin também se argumenta, nesta interpretação, que o apoio mútuo é uma orientação ética baseada na liberdade e no antiautoritarismo. Contudo, deve-se notar que a argumentação a partir da determinação biológica que o conceito pressupõe e mobiliza afasta-o de uma ética libertária, para além da formulação anarco-comunista. Todas essas possibilidades tratam de práticas voltadas à transformação do mundo e das pessoas envolvidas, mas, ao manterem uma perspectiva teleológica de projeção de um futuro pós-revolução, elas nem sempre implicam transformação de si em associação ou afirmam uma prática libertária no presente. Diferente da determinação pela história da biologia, uma ética libertária implica relações livres com generosidade e reciprocidade, ignorando, também, os cálculos de proporcionalidade e equivalência.[8]

No entanto, ainda que haja diferentes usos e interpretações sobre o apoio mútuo entre os anarquistas e, ao final, esta seja uma noção própria dos anarco-comunistas, nota-se que há uma confusão no que é nomeado como apoio mútuo hoje, seja em práticas diretamente vinculadas às associações anarquistas, seja em ações nomeadas a partir da referência à elaboração de Piotr Kropotkin. Um exemplo seria o breve texto da jornalista Zoe Smith (02/06/2020) sobre ações comunitárias durante a chamada pandemia, tomando alguns exemplos retirados da Argentina. Ela parte precisamente de Kropotkin, para aproximar suas descrições a uma "forma anarquista de se organizar". Contudo, muitas das ações tomadas como exemplo se confundem com ajuda humanitária, como ações de negócios sociais ao estilo dos Médicos Sem Fronteiras, ou simplesmente soluções emergenciais encontradas por pessoas passando por dificuldades materiais.

8. Para uma análise mais ampla da ética libertária, que se aparta de formulações baseadas no determinismo biológico do apoio mútuo, ver: PASSETTI, 2003.

Para se diferenciar desse tipo de atuação de ONGS, usa-se a justificativa da "ajuda mútua" pelo fato de serem ações efetivadas por membros de uma mesma comunidade, mas não se questiona sobre a capacidade de transformação de tais iniciativas, que muitas vezes apenas reiteram a condição de servidão e pauperismo dos habitantes dessas comunidades. Não se trata de juízo de valor sobre as ações, necessárias do ponto de vista da sobrevivência, mas cabe se perguntar sobre seus efeitos de manutenção da ordem e perpetuação dessa (sobre)vida, mesmo sob condições excepcionais.

As ações nas comunidades argentinas usadas por Smith como exemplos de apoio mútuo e organização anarquista poderiam ser comparadas com ações em favelas no Brasil. Uma reportagem publicada no *El País Brasil* sobre as ações na favela de Paraisópolis, em São Paulo, em meio à chamada pandemia, embora não se refira ao apoio mútuo, celebra a "auto-organização" dos moradores diante do "abandono" das autoridades governamentais (GORTÁZAR, 04/10/2020). Seguindo o léxico de guerra ao vírus e repondo a dicotomia entre negacionismo negligente do governo diante de uma realidade inescapável, a solução, segundo a reportagem, vem por meio da atuação de "ativistas de bairro e pequenos empresários locais". Assim, contam as histórias de pessoas como a "presidente de rua", Isabel, e do presidente da "União dos Moradores e do Comércio de Paraisópolis", Gilson Rodrigues. Eles se empenham em distribuir cestas básicas, álcool em gel, cuidados médicos e disseminação de informações sobre os riscos da nova doença, já que "a primeira batalha que os ativistas da favela tiveram de travar foi contra a falsa crença de que os pobres estavam a salvo do coronavírus" (Idem). Assim, as ações apenas se revelam como contingências em favor da ordem e da (sobre)vida como gestão da crise-guerra e projeção de lideranças locais por meio dos chamados negócios sociais, sem efeito de transformação na vida das pessoas, que são projetadas por meio do reconhecimento de suas vulnerabilidades como alvo das ações assistenciais de outros moradores do mesmo bairro, muito mais uma gestão compartilhada que um apoio mútuo.

Mesmo com algumas diferenças em relação às ações descritas por Smith, como a associação com as premissas de apoio mútuo, são ações bem semelhantes, como nesse comentário que ela faz: "é apenas um exemplo entre milhares de atos de compaixão, solidariedade e cooperação voluntárias que vêm ganhando as manchetes em todo o mundo. Esta onda de atividades — caem sob a bandeira da 'ajuda mútua' [*mutual aid*] porque vem de dentro das próprias comunidades e é voltada a longo prazo, como Barrios de Pie colocou, à justiça social e à transformação social — em muitos casos, ultrapassou tentativas de voluntariado lideradas pelo Estado" (SMITH, 02/06/2020). De um lado, seria possível argumentar que há imprecisão de Smith ao associar esse tipo de ação comunitária às práticas anarquistas de apoio mútuo; de outro lado, o simples fato de essa associação existir revela um problema nas tentativas de autores e associações anarquistas contemporâneas em atualizar o conceito proposto em 1902, por Kropotkin. Afinal, sob a contemporânea racionalidade neoliberal,[9] cooperação voluntária, solidariedade social e compaixão cívica são formas características do empreendedorismo de si em seu formato de negócios sociais. Assim, quando relacionadas ao apoio mútuo, independentemente das intencionalidades, as ações propriamente anarquistas ora se confundem com esses negócios sociais, ora são tragadas por disputas políticas de território com organizações, governamentais e não governamentais, financiadas por agentes de mercado ou subsidiadas por políticas sociais individualizadas. Nessas disputas, os anarquistas podem ser tragados pela oposição complementar, politicamente orientada, entre "negacionistas" e "salvacionistas".

Um exemplo um pouco diferente de ações anarquistas é a plataforma brasileira anônima nomeada precisamente de "Apoio Mútuo". Segundo o site, "apoio mútuo é uma iniciativa que tem o objetivo de compartilhar ferramentas e ampliar as redes de solidariedade entre as pessoas que são divididas e classificadas por longas cadeias de opressão e violência. Por isso, queremos incentivar e fornecer mecanismos de apoio a ações que conectam demandas ao fortalecimento de pessoas, grupos, coletivos e organizações que têm em comum princípios de inspirações anárquicas e anarquistas"[10]. No site são encontradas ações muito diferentes entre si, muitas delas com formato meramente assistencial, como distribuição de comida e insumos de proteção pessoal. Ainda que menos ambígua, no que diz respeito à vinculação das ações aos anarquismos que o texto de Smith, a mobilização do conceito de apoio mútuo também se mostra problemática. Em primeiro lugar, cabe questionar sobre qual seria a diferença de uma plataforma de trocas de experiências declaradamente anarquista como esta e uma rede de ajuda humanitária ou de solidariedade, como as que atuam nas favelas relatadas na reportagem do *El País Brasil*. Seria a plataforma digital um *think tank* solidário que funciona à margem dos grandes negócios sociais?

---

9. Cf. FOUCAULT, 2008.
10. Cf. *https://apoiomutuo.com.br/sobre/*. Acesso em: 18/10/2020.

Se for isso, não há como escapar de ser tragado ou mesmo neutralizado pelos negócios sociais que possuem mais capacidade de alcance (leia-se: mais dinheiro e logística de atuação) entre os denominados "vulneráveis", o público-alvo das assistências. Ao se analisar um pouco mais demoradamente quais os possíveis efeitos de transformação dessas práticas, as ações compiladas na plataforma "Apoio Mútuo" mostram-se frágeis diante do extenso investimento em negócios sociais do empreendedorismo neoliberal hoje.

Nota-se, portanto, haver uma disputa a partir da noção e do emprego da expressão "apoio mútuo". De um lado, busca-se ler as ações emergenciais de solidariedade entre os mais fracos, mais pobres e vistos como vulneráveis, como prova de que o governo e as instituições estatais não são necessários e não atendem, propositalmente, às necessidades e aos interesses das pessoas. Seria no mínimo precipitado ver isso como algo próximo dos anarquismos, mesmo que vagamente. De outro lado, busca-se promover ações de solidariedade que funcionem como uma espécie de "propaganda pela ação"[11], mostrando, às pessoas que estão mais expostas às assimetrias de poder e às desigualdades sociais e econômicas, que apenas as ações construídas por elas mesmas, entre elas e sem interferência de governos e empresas, vão efetivamente produzir um resultado satisfatório, especialmente em meio às crises-guerras, como a que se impôs com a declaração da pandemia. Esse entendimento, de forma um pouco diversa, também é encontrado em outros campos não vinculados aos anarquismos, em geral traduzido na expressão "nóis por nóis", muito usada por coletivos de periferia ou ações de ONGs e Fundações voltadas para esses territórios. Bom, se, como exposto, essas ações estão atravessadas por engajamentos ativistas afeitos à racionalidade neoliberal, evidencia-se um problema para uma plataforma que visa a compilar ações anarquistas de apoio mútuo. O que se nota, nos relatos veiculados pela "Apoio Mútuo", é a tentativa de disputar politicamente os sentidos dessas ações, traduzindo-as como formas ou mesmo "provas" da efetividade do apoio mútuo como prática identificada com o anarquismo. Nessa disputa política, como já foi anotado, a tendência é a neutralização.

A entrada nessa disputa parece ignorar o caráter cooperativista do capitalismo e os elementos de fobia ao Estado do neoliberalismo que habitam as formas de empreendedorismo e se traduzem como eficiência e

---

11. Essa é a argumentação que perpassa algumas ações relatadas na plataforma "Apoio Mútuo".

eficácia de ações autônomas contidas nos negócios sociais. Nesse caso, os efeitos de transformação radical de si, dos outros e do território em que se está agindo ficam bloqueados ou mesmo são diversamente modulados, ao passo que as ações dos coletivos ou associações que se declaram anarquistas ficam disponíveis às capturas.

Em um tempo no qual a racionalidade neoliberal produz liberdades cercadas pelas modulações de segurança para estimular uma ética de competitividade por meio da democratização da forma-empresa, que passou a ser métrica de toda e qualquer organização social, o apoio mútuo até poderia ser visto como uma potente prática dos que resistem, fosse dentro ou fora do contexto da chamada pandemia. No entanto, quando essa prática se avizinha às ações assistenciais, cooperativistas e de empreendedorismo social, elas acabam por produzir efeitos apenas de ajuda emergencial como em ações humanitárias ou colaboram, ainda que involuntariamente, com a expansão dos negócios sociais. E não se trata de mensurar o quanto esta ou aquela ação é ou não anarquista, pois esses efeitos se produzem independentemente das "intenções" e/ou vontades dos sujeitos envolvidos. Sendo assim, se as ações compiladas pela plataforma "Apoio Mútuo" se dizem orientadas para a transformação das pessoas envolvidas, essas são questões que não devem ser colocadas somente pelos anarquistas relacionados com essas formas de ação e intervenção.

Por fim, é importante registrar, nessas idas e vindas das práticas de apoio mútuo em meio à chamada pandemia, que as inscrever no campo das disputas políticas é o avesso da potência antipolítica da revolta. Essa ação direta própria dos anarquistas que, como posto por Bakunin, não se dobra nem diante da autoridade da ciência para afirmar a vida livre, não implica negar a ciência em bloco. Inscrever práticas anarquistas nessa disputa acaba funcionando a favor das táticas de assimilação e neutralização contemporâneas que veem na anarquia apenas a expressão mais radical do amplo campo político de disputa pelo governo chamado de esquerda ou força progressista. Nesse sentido, lembrar da história de atuação dos anarquistas nos sindicatos pode nos informar sobre como a inscrição nessa disputa é deletéria aos anarquismos e como, nessas ocasiões, fomos massacrados por forças que, em momentos de recrudescimento autoritário, foram vistas como aliadas pontuais. Por analogia, essas ações comunitárias podem apenas ser a forma contemporânea da atuação sindical, transpondo o espaço da fábrica para a cidade, conforme as propostas de municipalismo libertário de Murray Bookchin[12], que pode ser visto como continuador da obra de Piotr Kropotkin, pois as proposições tanto de ecologia social, quanto de democracia direta local, do municipalismo libertário, foram inspiradas na idealização que Kropotkin fez das guildas medievais como referenciais de comunidades sem controle estatal.

Não se trata de emitir juízo a respeito de práticas de resistências, mas de alertar que, ao se perderem em disputas políticas, elas se confundem com os negócios sociais e se veem disponíveis às capturas neoliberais nas tentativas de restaurar um sentido contemporâneo para o apoio mútuo de Kropotkin. Diante dessa situação, resta uma questão: onde está a revolta?

NA LUTA CONTRA O MUNDO: MILITANTISMO ANARQUISTA

Dizer o quê ou como fazer não corresponde ao conjunto de práticas anarquistas que compõem a *cultura libertária.*[13] Nela, cada vivente ou associação trava suas batalhas segundo os modos de fazer e usar que dão forma à vida libertária. No entanto, não há nada de prescrito em ressaltar, analiticamente, o que não faz parte da anarquia como vida militante. Sobretudo diante de um acontecimento inédito que, numa situação de defesa da vida em abstrato pelos controles sanitários-securitários, coloca precisamente a questão: qual vida se quer viver?

Essa vida militante, que a maneira anarquista de dar forma à liberdade afirma, seguramente não é o ativismo contemporâneo que organiza as identidades políticas por autodeclaração. Vivemos um tempo em que a vinculação da existência a um conjunto de práticas parece se resumir a declarar-se algo, seja o que for. Essa é uma forma discursiva especialmente evidente nas redes sociais digitais. Nelas, qualquer pessoa se sente impelida a se declarar pertencente a uma identidade política qualquer e nela se fecha como em um *bunker*, ela pode ficar por ali ou saltar em variações, mas sempre fechada do ponto de vista da construção da própria subjetividade. A partir dessa fortificação, cada pessoa se defende e/ou ataca as alteridades que ela encontra pelo caminho dessas redes. Os próprios governos institucionais, hoje em dia e em quase todo o planeta, sobrevivem desse ativismo autodeclaratório, uma espécie de planetarização e democratização dos atos de fala como enunciados de autoridade. Essa é uma

---

12. A respeito de Bookchin e sua inspiração em Kropotkin para as proposições do municipalismo libertário e a ecologia social, ver: AUGUSTO, 2012.

13. Ver: PASSETTI & AUGUSTO, 2008.

das vias para compreender o porquê de, mesmo após vencer as eleições, muitos governos seguirem em campanha eleitoral por meio da atuação de seus ativistas nas redes sociais digitais. Como colocou Gilles Deleuze (1992), nas sociedades de controle, nada acaba, estamos sob o signo do inacabado e do contínuo. Isso vale também para as disputas políticas em meio à chamada pandemia, se um presidente diz que se trata de um vírus chinês e a pessoa se declara vinculada a esse presidente, pronto, está posta uma verdade. Da mesma maneira, se a OMS diz que só há uma forma de lidar com as contaminações e as infecções e a pessoa quer ser vista como alguém que respeita as autoridades científicas, pronto, está posta uma verdade oposta à primeira. Tudo se resume à crença e declaração.

Todo esse emaranhado de disputas declaratórias, seja de autoridades, seja de um cidadão qualquer em seu ativismo político, é o extremo oposto do que Michel Foucault vai chamar de militantismo a partir da experiência trans-histórica do cinismo antigo, na qual ele inclui, modernamente, os anarquistas. Na penúltima aula do curso "A coragem da verdade", em 21 de março de 1984, ele oferece uma descrição muito precisa desse militantismo: "seria a ideia de uma militância de certo modo em meio aberto, isto é, uma militância que se dirige a absolutamente todo mundo, uma militância que não exige justamente uma educação (uma *paideía*), mas que recorre a meios violentos e drásticos, não tanto para formar as pessoas e lhes ensinar, quanto para sacudi-las e convertê-las, convertê-las bruscamente. É uma militância em meio aberto no sentido que pretende atacar não somente este ou aquele vício, defeito ou opinião que este ou aquele indivíduo poderia ter, mas igualmente as convenções, as leis, as instituições que, por sua vez, repousam nos vícios, defeitos, fraquezas, opiniões que o gênero humano compartilha em geral. [...] Um militantismo aberto, universal, agressivo, um militantismo no mundo, contra o mundo" (FOUCAULT, 2011, p. 251). Um militantismo que, por meio da ação direta, age como revolta antipolítica. Assim, buscar provar para as pessoas que o apoio mútuo é eficaz, esperando que com isso elas afastem suas vidas das formas do Estado e do capitalismo, é abrir mão da revolta que dá forma à anarquia como antipolítica.

Nesse sentido, com ou sem crise sanitária-securitária, é possível ver essa revolta antipolítica em outras ações, como no militantismo que se expressa em ações da tática *black bloc* em diversas cidades do mundo, mesmo com medidas de restrições de circulação, nas ocupações de prédios convertidos em centros sociais e moradias coletivas, nas ações de autodefesa de grupos antifa e/ou anarco-queer e junto a toda forma de viver o prazer do sexo que não reivindica reconhecimento, seja do Estado, do mercado ou de movimentos organizados. Ações que puderam ser observadas na atuação de pequenos grupos, em meio aos protestos antirracistas que pipocaram em todo o planeta no meio dessa crise-guerra, que foram além do protesto e bradaram pela abolição da polícia. Enfim, toda ação direta que, no momento em que é executada, não reconhece a pacificação da política de negociação e que, fatalmente, será acusada, por forças da esquerda e da direita, de ser radical demais. O que deriva de cada uma dessas ações é uma outra história e não pode mais ser vinculada a elas em uma relação de causa e efeito. Há uma imagem, na dissertação de mestrado de Matheus Marestoni (2019), na qual os *black blocs*, em junho de 2013 no Brasil, ao retirarem as pedras portuguesas das calçadas para resistir às investidas das tropas de Choque da Polícia Militar, estavam levantando a poeira dos mais de 500 anos de pacificação dos selvagens dessa terra. Essa imagem dá a dimensão desse militantismo que não busca disputar o político. Basta ver que, depois junho de 2013, nada mais no campo das lutas sociais e das disputas políticas foi o mesmo que antes. Se para melhor ou para pior, não cabe aqui dizer. Isso é agonismo, não tem batalha final, é apenas fogo.

A declaração de pandemia rapidamente se impôs como um acontecimento inédito aos viventes humanos na Terra; ou foi percebida, sobretudo por estes, como uma maldição. Mas tão rápida quanto a disseminação das contaminações e das infecções, foi a criação de uma imagem política de disputa em torno dela que, até o momento, serviu para intensificar os controles sanitários-securitários já existentes e animar as competições midiatizadas do ativismo autodeclaratório. Aos anarquistas, cabe se apartar dessa disputa ou correr o risco de serem tragados por ela. Está em jogo a revolta da vida contra o governo da ciência, tal qual ela se dá no momento em que nascemos. Este é um momento em que tudo é inédito, muito mais desconhecido do que tudo que se impôs com a chegada desse vírus no planeta; nessa vinda única à vida que cada um experimentou, não há declaração possível, apenas um grito, um choro, que anuncia nossa chegada, um grito que é, de certa maneira, também um grito contra o mundo tal qual ele se encontra neste momento singular. É por saber disso que, para os anarquistas, não cabe entrar em disputas, mas apenas ter saúde e anarquia no planeta e contra o mundo com suas guerras-crises.

BIBLIOGRAFIA

AUGUSTO, Acácio. "Guerra e pandemia: produção de um inimigo invisível contra a vida livre" In: *Pandemia Crítica*. São Paulo: n-1, março de 2020, vol. 18. Disponível em *https://www.n-1edicoes.org/textos/51*. Acesso em: 23/09/2020.

______. Municipalismo libertário, ecologia social e resistências. In: *Revista Ecopolítica*. São Paulo: Nu-Sol, janeiro/abril de 2012, n. 2, p. 64–98. Disponível em: *https://revistas.pucsp.br/index.php/ecopolitica/article/view/9076*. Acesso em: 21/09/2020.

BAKUNIN, Mikhail. *Deus e o Estado*. São Paulo: Nu-Sol/Imaginário/SOMA, 2000.

DELEUZE, Gilles. Post-scriptum sobre as sociedades de controle. In: *Conversações*. Tradução de Peter Pal Pelbart. São Paulo: Editora 34, 1992.

FACÇÃO FICTÍCIA(org.). *A luta é pela vida. Escritos anarquistas sobre capitalismo, Pandemia e a luta pela vida*. Março e Abril de 2020, vols. 1 e 2. Disponíveis em *https://faccaoficticia.noblogs.org/files/2020/03/LUTA_PELA_VIDA_F.pdf* e *https://faccaoficticia.noblogs.org/files/2020/04/Luta-Pela-Vida-f-2.pdf*. Acesso em: 21/09/2020.

FEDERAÇÃO ANARQUISTA DE TURIM. ¿Epidemia? Masacre de Estado. In: *nu-sol*, março de 2020. Disponível em *https://www.nu-sol.org/blog/epidemia-masacre-de-estado/*. Acesso em: 15/10/2010.

FOUCAULT, Michel. *A Coragem da verdade*. Tradução de Eduardo Brandão. São Paulo: Martins Fontes, 2011.

______. *Nascimento da Biopolítica*. Tradução de Eduardo Brandão. São Paulo: Martins Fontes, 2008.

GORTÁZAR, Naiara Galarraga. Paraisópolis, uma favela contra o vírus. In *El País Brasil*. 04/10/2020. Disponível em: *https://bit.ly/3u5yh3s*. Acesso em: 23/10/2020.

GRUBACIC, Andrej; GRAEBER, David. Introduction to Mutual Aid. An Illuminated Factor of Evolution. In: *The Anarchist Library*, 2020. Disponível em: *https://theanarchistlibrary.org/library/andrej-grubacic-david-graeber-introduction-to-mutual-aid*. Acesso em: 22/10/2020.

IBÁÑEZ, Tomás. Não! In: *Revista verve*. São Paulo: Nu-Sol, 2020, n. 38, pp. 25–30. Disponível em: *http://www.nu-sol.org/blog/dt_portfolios/v-e-r-v-e-38/*. Acesso em: 11/09/2020.

KROPOTKIN, Piotr. *El apoyo mutuo*. Cali: Ediciones Madre Tierra, 1989.

LOPES, Marina. Brazil's favelas, neglected by the government, organize their own coronavirus fight. In *Washington Post*, 10/06/2020. Disponível em: https://www.washingtonpost.com/world/the_americas/coronavirus-brazil-favela-sao-paulo-rio-janeiro-bolsonaro/2020/06/09/8b03eee0-aa74-11ea-9063-e69bd6520940_story.html. Acesso em: 18/10/2020.

MARESTONI, Matheus. *No fogo de 2013: ação direta anarquista, autonomismo e a democracia contemporânea*. Dissertação (Mestrado em Ciências Sociais) — Programa de Estudos Pós-Graduado em Ciências Sociais, PUC-SP, São Paulo, 2019.

NU-SOL(org.). Dossiê COVID-19: afirmações da vida. In: *nu-sol*, 2020. Disponível em: *https://www.nu-sol.org/blog/covid-19-afirmacoes-da-vida/*. Acesso em: 15/10/2020.

PASSETTI, Edson et al. *Ecopolítica*. São Paulo: Hedra, 2019.

______. *Ética dos amigos: invenções libertárias da vida.* São Paulo: Imaginário/CAPES, 2003.

PASSETTI, Edson & AUGUSTO, Acácio. *Anarquismos e educação.* Belo Horizonte: Autêntica, 2008.

SMITH, Zoe. Mutual aid is sweeping the world. Here's how we make this anarchist way of organising last. In: *The Correspondent*, 2/6/2020. Disponível em: *https://thecorrespondent.com/504/mutual-aid-is-sweeping-the-world-heres-how-we-make-this-anarchist-way-of-organising-last/553195377504-846fc559.* Acesso em: 15/10/2020.

O inimigo não é invisível

Adriana F. Martinez

Vírus, do latim: veneno. Sistema biológico muito simples e pequeno formado por uma cápsula proteica que serve de invólucro ao material genético. Parasitas microscópicos sem célula cuja reprodução só é possível quando invadem o interior das células de seres vivos, como o novo coronavírus (coV) ou SARS-Cov-2, desencadeador da doença COVID-19. Esse vírus, como qualquer um, forma parte da natureza, e a natureza não obedece a leis, finalidades, controles nem fronteiras. O vírus não é o inimigo assim como não é amigo. Por isso, os discursos fundados na guerra para combater o "inimigo invisível" não passam de antropomorfismos convenientes para produzir novas técnicas de governo que atendem à racionalidade neoliberal, por conseguinte, a uma economia de livre mercado que regula e organiza o governo do Estado em toda a sua espessura. E numa economia regrada pela concorrência e num modo de vida empresa como poder enformador da sociedade, a política social versa em cada um assumir a responsabilidade pelos riscos que venham a (o)correr durante a sua existência. Não à toa prioriza-se tanto a formação do capital humano como sujeito econômico ativo, provedor de seus rendimentos. Um projeto que é, em si, o próprio crescimento econômico requerido pelo capitalismo (FOUCAULT, 2008).

A atual pandemia é efeito do capitalismo. Um capitalismo em nível planetário no qual se destaca a capacidade de mobilidade do capital humano em termos de empreendimento individual para obter melhores posições sociais, aprimorar o conhecimento e aumentar as chances profissionais. Motivo pelo qual a diferença dessa pandemia com outras de contextos históricos anteriores, a exemplo do coronavírus H1N1, chamado de "gripe espanhola" (1918), é que o vírus não infectou primeiro os pobres, famélicos, moradores de lugares insalubres considerados *vulneráveis*, mas a contaminação e propagação inicial da COVID-19 ocorreu pelo deslocamento das camadas sociais mais abastadas. A doença foi importada pela *elite* social.

Como medida de *segurança*, ativada sob a justificativa de conter a transmissão do vírus, as fronteiras territoriais foram fechadas e foram instaurados limites entre os corpos, ampliando as técnicas de monitoramento. E as práticas constantes de monitoramento virtual, ou não, colaboram com o exercício de governo sobre todos os processos da vida, proporcionando a possibilidade de "acompanhar uma atividade, conduta ou ambiente sem a necessidade de interferir em sua pretensa continuidade infinita" (PASSETTI et al., 2019, p. 259). Não se sabe ainda o que irá ocorrer após o novo coronavírus. Porém, com o alastramento do contágio, admitiam-se apenas as viagens rotuladas *essenciais* ou o ingresso de concidadãos fora dos seus territórios nacionais, sem bloquear o fluxo de dados, produtos e transações financeiras. Ao blindar as fronteiras estatais com base no argumento de proteger seus cidadãos de possíveis infecções, escolhe-se a dedo quem pode ingressar e quando, com o propósito de salvaguardar a saúde do capital humano local. Tais critérios reforçam o nacionalismo virulento restaurado exponencialmente na última década.

Duas regras sanitárias foram de imediato instituídas: o "isolamento social" e o "distanciamento social". A primeira implantou-se sob o preceito de evitar a proliferação da COVID-19 e a segunda com a finalidade de restringir o contato entre as pessoas visando a amortecer a velocidade de transmissão. Configurações estas replicadas em quase todos os países do planeta, e antes que se interprete a questão como parâmetro a favor ou contra, já é bom responder que não se trata disso, tampouco se trata de estar deste ou daquele lado. Trata-se, sim, de questionar as medidas de segurança produzidas particularmente desde a última década do século passado, em que a noção de segurança nacional se espraiou para segurança universal em nome da *segurança humana* com o objetivo de barrar os deslocamentos de pessoas avaliadas como virtuais ameaças. Estratégia esta assimilada pelas condutas individuais que *compartilham* junto ao Estado o governo das condutas, no intuito de resguardar seus ambientes. Estratégia utilizada para manter os chamados *vulneráveis* fixos em suas regiões mediante programas de melhorias. Estratégia usada para criminalizar, punir e identificar as possíveis *ameaças*.

As diretrizes de isolamento e distanciamento tomadas por conta da atual pandemia expõem como a *segurança humana* diz respeito a ações governamentais bem precisas, encarregadas de monitorar fluxos, gerir processos, forjar condutas submissas, capturar revoltas em benefício da economia fundada na racionalidade neoliberal. Ademais, as disposições estipuladas devido à COVID-19 expressam como toda e qualquer *crise* (política, econômica, sanitária, etc.) constitui a forma corrente de governar na racionalidade neoliberal. A função consiste em, por meio de protocolos de prevenção e precaução, proporcionar opções às políticas vigentes com o objetivo de tornar o que agora é provisório em algo definitivo.

CÁLCULO DO CUSTO-BENEFÍCIO NA SAÚDE

O vírus, após ter visitado as coberturas dos estratos sociais superiores, desceu para os andares inferiores da sociedade que ficaram mais expostos ao contágio, ao adoecimento e à morte. Nos EUA, são os pretos e latino-americanos pobres os primeiros a morrerem em casa, na rua, na porta do hospital ou apinhados em prisões, algumas construídas especialmente para imigrantes *ilegais*, outras reservadas para o encarceramento em massa, preferencialmente, da população preta. Também morrem os refugiados abarrotados em campos, assentamentos, abrigos ou barcos aqui e acolá. Enquanto isso, o Alto Comissariado das Nações Unidas para os Refugiados (ACNUR)[1] monitora continuamente as fronteiras e os aeroportos para, segundo a Organização das Nações Unidas (ONU), conter potenciais *riscos* adicionais envolvendo a chegada de mais solicitantes de refúgio. As ações *humanitárias* promovidas pela agência abrangem informar, aos refugiados, sobre a doença e distribuir máscaras, luvas, sabão em lugares onde são disputados o uso da água e o espaço.

Morrem os indígenas na América do Sul. No Brasil, o vírus chega a eles pelos perdigotos de garimpeiros, fazendeiros, grileiros, "sojeiros", pecuaristas, madeireiros, militares e missionários, muitos deles dedicados a expandir o agronegócio. A propósito, como todo momento de *crise*, esta é uma *oportunidade* para dilatar lucros, uma estratégia que cumpre, no mínimo, com um dos três pilares do desenvolvimento sustentável ao transformar-se em *economicamente viável.* Nos 54 países do continente africano, as autoridades locais e a Organização Mundial da Saúde (OMS) dizem estar surpresas pelo baixo impacto do novo coronavírus. Falam, inclusive, que são países acostumados com epidemias e, por isso, souberam tomar medidas adequadas, mas não levam em consideração o quase nulo índice de testes aplicados na maior parte dos países do continente. Morrem os pobres sem assistência médica nos confins de regiões e cidades. Morrem

---

1. Cf. https://nacoesunidas.org/coronavirus-e-refugiados-o-que-o-acnur-esta-fazendo-no-brasil-e-no-mundo/. Acesso em: 19/09/2020.

pelo vírus. Morrem pela fome. Atalho próspero para aproximar-se dos dois primeiros objetivos da Agenda 2030: acabar com a pobreza e com a fome no planeta.

Outra morte promissora nessa pandemia é a dos velhos. Velhos pobres principalmente, porque os outros abastecem um largo mercado e não só no âmbito da saúde. Quanto maior o número de velhos mortos menos aposentadorias precisam ser pagas e mais rápido ficam vagos os leitos para serem ocupados por corpos economicamente produtivos. Por vezes, o processo consistiu em sequer permitir que ocupassem lugares nos hospitais, foram abandonados em asilos ou em suas casas. Em muitas circunstâncias são mortes não registradas, ocultas embaixo do tapete (de terra?) para difundir a baixa taxa de letalidade, como na Alemanha que, apesar de ter uma população com 25% acima dos 60 anos, nas estatísticas médicas são somente 20% do total de infectados. Os números seriam 11% a mais na Grã-Bretanha, se tivessem incluído os asilos nas estatísticas, ou na Suécia, onde a morte de velhos constitui 50% do total, sem contar a não realização de testes nessas pessoas em vários países.

Dito de outra forma, todos aqueles que carecem de condições econômicas, não apresentam *eficiência* para assegurar a sua sobrevivência, nem conseguiram investir na sua saúde, morrem nas filas de hospitais, em casa, nas ruas... Nenhuma novidade dentro da racionalidade neoliberal, posto que o projeto social incorre em o sujeito obter rendimentos suficientes para "se garantir por si mesmo contra os riscos que existem, ou também contra os riscos da existência, ou também contra essa fatalidade da existência que são a velhice e a morte" (FOUCAULT, 2008, p. 197). O mercado da saúde funciona igual a qualquer outro mercado, corroborando o jogo de desigualdades próprio da concorrência. Quem não adquiriu renda suficiente para arcar com o custo de sua saúde perece ou espera para ter a chance de ocupar um leito e usufruir dos equipamentos hospitalares públicos sem custo adicional, desde que o Estado os ofereça. A saúde redundou num amplo mercado e na exoneração da responsabilidade estatal. Nos EUA, por exemplo, 30 milhões de pessoas encontram-se sem cobertura médica alguma; na China, o auxílio público não estabelece que o atendimento seja gratuito; na Alemanha, as modalidades pública e privada são pagas, isto só para mencionar alguns dentre tantos países com esses modelos de saúde. A atual pandemia trouxe à tona como o direito universal à saúde, baseado no plano Beveridge (1948) que indicava ser de incumbência do Estado a saúde da população para ter certa paridade nos tratamentos de cura e prevenção de doenças, passou a ser, no cerne da racionalidade neoliberal, um cálculo previsto no orçamento individual, ao invés de estimativas de receitas estatais.

Resultou mais proveitoso, ao Estado, repassar benefícios ou proporcionar incentivos fiscais à rede privada de *prestação* de *serviços* de saúde e ao setor empresarial, que oferece assistência médica aos seus *colaboradores*, do que comprometer a sua arrecadação nesse quesito. "Vemos, assim, que a esperada igualdade de consumo médico mediante a seguridade social é pervertida em favor de um sistema, tendente cada vez mais a reestabelecer as grandes desigualdades da doença e da morte que caracterizavam a sociedade do século XIX. Hoje, o direito a uma saúde igual para todos é capturado em uma grande engrenagem que o transforma em uma desigualdade" (FOUCAULT, 2016, p. 391). Isso não exprime almejar a volta do Estado de Bem-Estar em que a interferência do Estado se expressava em manter saudáveis a força de trabalho e a força física nacional, apenas como capacidades militar e de produção. Trata-se de assinalar aqui como a saúde recai na responsabilidade individual, uma vez que alcançou valor econômico e foi inserida no mercado. Nesse sentido, tendo em vista que o sistema de saúde dos países é reservado para poucos e em face da mortalidade provocada pelo vírus, o discurso difundido pelos quatro cantos do planeta é a higiene, o uso de máscara, o isolamento e distanciamento como alternativas para contar, pelo menos, com assistência médica caso o indivíduo adoeça. Não obstante, grupos clamam pelas suas liberdades civis e pela liberdade econômica, requerem suas *liberdades* liberais garantidas pelas constituições nacionais, até mesmo exigem o *direito* de contagiar-se. Manifestações estas amparadas pela democracia numa política pluripartidária.

Basta ver como os princípios democráticos foram proferidos, solicitados e advogados pelo supremacista branco presidente dos EUA, Donald Trump, e por seu bajulador, o capitão reformado do exército presidente do Brasil, Jair Bolsonaro. Os dois declaradamente racistas, xenofóbicos, nacionalistas, homofóbicos, machistas, autoritários. Eles, sustentando que a COVID-19 é mais uma *gripezinha*, uma versão alarmista da OMS e da mídia ou uma conspiração chinesa, divulgam que a economia não pode parar. Desde a moral do protestantismo, ambos julgam que quem fica em casa não quer trabalhar, pouco importa a falta de vagas hospitalares para os indivíduos de baixa renda ou serem os países com o maior registro de mortes em números absolutos. Daí o empenho em defender o princípio liberal de ir e vir, embora não tenham hesitado em fechar as fronteiras, curiosamente, para impedir a entrada de pessoas infectadas pelo novo coronavírus, especialmente pobres e refugiados. Nesses termos, a *gripezinha* passa à categoria de segurança nacional.

A despeito de esses mandatários terem insinuado *superioridade* imunológica, no dia 7 de julho de 2020, o capitão reformado anunciou estar contaminado pelo vírus e o supremacista branco foi internado em 2 de outubro depois de ter testado positivo para a COVID-19. Bolsonaro, na época, disse que, poucas horas após a administração do fármaco hidroxicloroquina, já se sentia bem. Vale lembrar que Trump figura entre os acionistas da empresa Sanofi, uma das maiores no ramo farmacêutico, a qual detém a patente dessa droga. Um medicamento, segundo a OMS e pesquisadores, sem evidências científicas que comprovem bons resultados contra a doença. Talvez por esse motivo o presidente dos EUA não incluiu a hidroxicloroquina em seu tratamento. Tal ocorrência evidencia, não apenas o selo de acordos lavrados entre os dois Estados, como a confirmação de que o Estado brasileiro acata as coordenadas políticas oriundas dos EUA. Isto não é novo, basta revisitar a subordinação irrestrita dos países latino-americanos aos EUA no período das ditaduras civil-militar nas décadas de 1960 a 1980, quando a América do Sul foi o laboratório para realizar a implementação da racionalidade neoliberal. Aliás, hoje, no Cone Sul, predomina a ala da direita, seguidora de preceitos análogos aos do capitão reformado e do supremacista branco. Será essa região novamente eleita para serem processados os experimentos? Já estão sendo aprimoradas as estratégias para, quando a *crise* amainar, transformar as reformas em alterações permanentes? O vírus é invisível, não o inimigo.

ISOLAMENTOS E DISTANCIAMENTOS DE CORPOS

De modo complementar às reivindicações das liberdades liberais, já é possível vislumbrar como práticas de monitoramento acirram-se ainda mais sob o discurso de controlar a vida dos outros para *proteger* a própria saúde e a da população global: todos são suspeitos de *portar* e transmitir o vírus. Por isso, o *cidadão de bem* sente-se na *obrigação* cívica de delatar reuniões com muita gente, aglomerações em locais públicos, o uso inadequado de equipamentos de proteção individual, a falta de higiene. A saber: no território brasileiro, qualquer reunião com mais de seis pessoas é considerada aglomeração e passível de ser enquadrada como crime contra a saúde pública. A saúde, além de ter sido incorporada ao mercado, é uma questão política cujo efeito pretende-se totalizador e de governo enquanto gestão das condutas dos indivíduos.

De um lado, reclama-se das medidas de isolamento e distanciamento, exigindo a garantia dos direitos liberais. De outro, solicita-se punição para quem deixa de cumprir tais regras. Duas faces da mesma moeda. É à sombra de diretrizes globais que agem os sujeitos, alguns sequer conseguem imaginar-se fora delas. Para os que assim pensam, qualquer ação diferente é inaceitável, condenável e precisa ser punida, adequada ou extinta. Essa é a regra de corte: mais punição, regulamentações, prisões, legalismo. Em vez disso, por que não se ocupar da sua existência? Dedicar-se, por conta própria, aos cuidados pessoais para fortalecer-se, bem como não expor a saúde do outro, sem precisar da imposição de regulamentações. É curioso como tanto quem está contra quanto quem está a favor das disposições sanitárias não questionam algumas estratégias de isolamento e distanciamento relacionadas ao chamado *novo normal* que tornam *natural* certos procedimentos; pelo contrário, são aceitas com entusiasmo. Provavelmente porque tais estratégias se apresentam, para o indivíduo, como garantia de *segurança*, sobretudo as correlacionadas com áreas chamadas de *automação inteligente*.

O afrouxamento das medidas de isolamento ou distanciamento projeta um *novo normal* configurado num *ambiente* moderado, conformado, adaptado, pacificado. Medidas estas elásticas, capazes de estabelecer, a qualquer momento, barreiras restritivas em países, cidades, regiões ou bairros com base numa outra "onda viral". E após a vacina ser descoberta, testada, patenteada, produzida e comercializada, os sujeitos já estarão habituados a esse *novo normal*. A atual pandemia catalisa sobre os corpos mortos o *futuro melhor* para corpos distanciados. O quanto esse *distanciamento* vai emplacar no dia a dia de cada um ainda é incerto, mas possivelmente seus efeitos irão modificar o governo das condutas pós-pandemia. O distanciamento entre os corpos direciona-se para uma governamentalidade — compreendida enquanto condução da própria conduta e a dos outros (FOUCAULT, 2008) — em que se busca limitar o contato físico dos indivíduos mediante um conjunto de ações com as quais se sedimente a conduta de manter proximidade, de preferência, com as pessoas que convivem sob o mesmo teto.

Basta ver a propensão de afastar gradativamente crianças e jovens entre si fixando-os no espaço virtual com a "educação a distância" ou no estímulo de interações via redes sociais. Com isso, evitam-se os toques corporais a partir de uma dimensão moral e inibe-se a força da revolta característica da juventude. Sem mencionar estarem permanentemente monitorados e persuadidos a trocar atitudes rebeldes por práticas obedientes. Essa modalidade educativa abastece um vasto banco de dados, convoca à participação democrática moderada e favorece a politização orientada para o governo de condutas inerentes à racionalidade neoliberal, por conseguinte, sujeitos econômicos empresários de si (Idem). A sua implementação é um negócio rentável para *startups* ligadas ao *lobby* de empresas (Microsoft, Google, Facebook, etc.) que disponibilizam suas plataformas, ferramentas e programas de ensino remoto. Negócio bem-sucedido para as instituições de ensino públicas ou privadas, na diminuição de custos e na ampliação da formação do capital humano. O único inconveniente é, para alguns pais, que não suportam a convivência com os filhos em tempo integral. Para a mulher empoderada é inconcebível cuidar de seus rebentos cotidianamente, para o homem de negócios é ultrajante realizar os serviços domésticos, e ambos se sentem importunados por esses corpos alvoroçados quando precisam responder às suas responsabilidades laborais, primordiais em suas vidas. Quais serão os recursos *inovadores* a serem utilizados pelos progenitores ou indicados por especialistas, se persistirem as aulas a distância?

Separam-se, também, os trabalhadores em suas casas na execução do "trabalho remoto", por meio dos equipamentos computacionais, *familiarizando* o trabalho e *domesticando* ainda mais o trabalhador. As vantagens relacionam-se à redução das despesas fixas nas empresas, aumento de produtividade, melhores condições para obter *feedback*, comunicação instantânea graças aos aplicativos e gestão virtual de tarefas. Por sua vez, o indivíduo que consegue desempenhar suas atividades em seu *lar* sente-se satisfeito por manter seu emprego, pela sua eficácia, pela sua capacidade produtiva e pelo bom *investimento* em si mesmo. Deverá alternar-se o distanciamento com aproximações corporais nos espaços físicos? No fim das contas, os encontros podem servir de requisitos para verificar a adequação ou não às mudanças. A conformação do distanciamento ligado ao trabalho divide quem permanece detrás das telas e quem precisa trabalhar de forma presencial. Será esta uma nova divisão do trabalho? O que ela acarreta? Imprime-se, aos poucos, o distanciamento entre os corpos e quiçá perdure mais tempo do que se espera.

As áreas ligadas ao consumo de equipamentos culturais também indicam alterações. A tecnologia de *streaming*, capaz de transmitir instantaneamente dados de áudio e vídeo pelas redes, tem angariado mercado a ponto de as plataformas de conteúdo *personalizado*, como Netflix, Amazon, entre outras, faturarem, em 2019, mais que as indústrias cinematográficas tradicionais. À semelhança das aulas e do trabalho remotos, a área de consumo cultural certamente irá apresentar mudanças no *novo normal*, aliás, nesses três setores, nem tão novo assim. Os entusiastas de tais inovações sentem-se satisfeitos e preveem a adoção das atividades remotas como um caminho sem volta. Sem embargo, conclusões apressadas geralmente são válidas para os que naturalizam as soluções encontradas por outrem como se elas fossem inevitáveis.

E não para por aí. Recomendações para o sexo *saudável* já foram elaboradas. A exemplo de um guia organizado por médicos estadunidenses, no qual *aconselham*: masturbação, desde que com as mãos limpas ou com os *brinquedos* sexuais higienizados; encontros virtuais, sempre e quando haja segurança de não serem vazadas as imagens. Caso as pessoas decidam ter uma relação sexual física, os *peritos* indicam: em primeiríssimo lugar, relacionar-se com quem está em isolamento na mesma casa; reduzir o número de parceiros; usar máscara; evitar beijar; dispensar fazer sexo oral ou anal; não ter contato com sêmen ou urina; limpar antes e depois o lugar da relação, assim como tomar banho previamente e após o ato sexual (TURBAN et al., 2020). Obviamente que, para os especialistas, o menor risco é a abstinência sexual. Nada de cheiros, roces epidérmicos, troca de fluídos. Explicita-se, com isso, como se reafirmam a instituição família e os relacionamentos monogâmicos. É bom reiterar: o inimigo não é invisível, ele é sempre muito visível.

Afora essas configurações, incute-se, com o alastramento da chamada "tecnologia avançada" e da quinta geração de telecomunicação móvel (5G) — mediante a qual os dispositivos irão interconectar-se permanentemente na rede, desde drones até artefatos domésticos —, que as máquinas são indispensáveis porque não instituem um perigo biológico como os humanos. Uma ocasião favorável para acelerar a automação no âmbito cotidiano. Para uma parcela da população considerada privilegiada, quase tudo pode ser realizado a partir dos computadores pessoais ou dos dispositivos móveis, *compartilhando*, por meio das plataformas digitas interligadas, todo o registro de suas vidas. Para aqueles que inevitavelmente precisam deslocar-se — e são os que estão atendendo quem ficou *seguro* em casa —, a tecnologia também colabora para decodificar cada movimento, situar a posição geográfica, ranquear a eficiência. Com isso, facilita-se a centralização de dados sofisticando controle, persuasão e condução de condutas, numa parceria frutífera entre organizações governamentais e empresas de tecnologia.

Sistemas de tecnologia denominada *hightech* são testados para restringir o contato humano, dando cada vez mais lugar à Inteligência Artificial (IA). Antes da COVID-19, a IA, embutida nos aplicativos de celulares, era oferecida em prol da personalização do serviço ou do produto e da simplificação do dia a dia. Hoje está sendo comercializada em defesa de manter a *salvo* as pessoas, protegê-las desta ou de outra potencial pandemia. A expectativa de uma sociedade intermediada mais por vínculos digitais e menos por contato físico vinha gestando-se a largos passos em empreendimentos integrados entre Estados e empresas privadas. Redesenhar o futuro pós-COVID-19 implica investir em IA, não apenas para atender a finalidades econômicas, mas com o propósito de afirmar o chamado *distanciamento* físico.

Gilles Deleuze, ao sublinhar que na sociedade de controle se operava por computadores, mostrou como o "perigo passivo [era] a interferência, e, o ativo, a pirataria e a introdução do vírus" (DELEUZE, 2004, p. 223). Nesse sentido, se o vírus biológico propiciou a corrida para estender a IA e intensificar o controle, as resistências no chamado *novo normal* talvez consistam em propagar vírus virtuais direcionados a *infectar* os algoritmos da IA para quebrar códigos de segurança, invadir redes operacionais, destruir banco de dados e todos os sistemas utilizados para controlar initerruptamente cada um. E por que não pensar também como resistência a redução do uso de aparelhos portáteis ou dos contatos mediados só por telas? Inventar de que modo transgredir essa maneira controlada de viver.

Na *nova normalidade*, o imperativo é o distanciamento físico. A pandemia opera como o laboratório de práticas a serem prolongadas nos setores de telemedicina, comércio e prestação de serviços. As diretrizes de distanciamento irão redefinir ainda as instalações públicas, as acomodações das casas, o traçado urbano e enformar uma outra moral. Decerto, não será a primeira vez na história que medidas sanitárias reorganizam as cidades e consolidam o exercício de poder que estava em curso, como bem assinalou Michel Foucault referindo-se ao fenômeno urbano em Paris no final do século XVIII. Segundo ele, nessa época, surgiu um medo urbano relacionado à aglomeração da população, à concentração das fábricas, às tensões políticas, às grandes edificações e às epidemias. Assim, o planejamento de Paris, na ocasião, foi disposto mediante diretivas médicas com objetivos bem-definidos para avaliar lugares de "amontoação, desordem, perigos" na zona urbana; o controle da circulação de coisas e de elementos naturais como água e ar; a organização de distribuições concernentes a esgoto, água potável, etc. Em suma, "a medicina passou da análise do meio à dos efeitos do meio sobre o organismo e, por fim, à análise do próprio organismo" (FOUCAULT, 2016a, p. 415–418). Apesar de cada período histórico ter a sua especificidade, Foucault suscita certos indícios para compreender o presente.

Hoje ainda se mantém a preocupação do meio sobre o organismo, haja vista a hipótese levantada pela Universidade de Harvard[2] concernente à correlação entre a poluição do ar e o aumento de mortalidade por COVID-19. Tal pesquisa adere a outras efetuadas na China, na Itália, na Espanha, na França e na Alemanha. Esses estudos já começaram a interferir nos projetos urbanos, e as cidades *inteligentes*, ancoradas na sustentabilidade ambiental, sinalizam a opção desejada para se viver com *qualidade*, em paz e, quem sabe, constituir uma família *feliz*. Trata-se de lugares onde tudo é rastreado e onde a população consegue, por meio de aplicativos, saber o que acontece na cidade em tempo real, contribuindo com o monitoramento. Ou seja, se algo por acaso escapou do controle efetuado pela tecnologia, o *cidadão-de-bem* encarrega-se de denunciar. O que essas cidades precisam ofertar é segurança, ordem e a certeza de que todos vão ser *responsáveis* pelas suas vidas e pelo ambiente. A proposição é que nenhum fluxo escape de um governo ensimesmado em eliminar revoltas.

No entanto, embora as pesquisas se atenham à análise do meio pelos efeitos dele sobre o organismo, atualmente prevalecem os discursos direcionados aos efeitos do organismo de um indivíduo sobre o organismo do outro. A empresa Google lançou um aplicativo de realidade aumentada para identificar, por meio da projeção de um círculo em volta do usuário, a distância com os outros. Sem contar as marcações desenhadas para delimitar a separação entre as pessoas em ruas, parques, praias, escolas... Dentro do espaço *compartilhado*, encontram-se os conhecidos, a família, aqueles ligados por laços estreitos e, claro, *saudáveis*. Aos poucos vai introjetando-se o afastamento com os desconhecidos apontados, em geral, como potenciais perigosos. Aliás, a reorganização de espaços e a produção de objetos anunciam outras configurações de relacionamentos. Em Amsterdã, um restaurante construiu cabines com lugares para três pessoas recomendadas para quem mora junto, e, segundo os planejadores dessas acomodações, pretende-se incentivar a experiência de reinterpretar o conceito de *união* (HARROUK,

2. Cf. *https://www.hsph.harvard.edu/c-change/subtopics/coronavirus-and-pollution/*. Acesso em: 20/09/2020.

19/05/2020). As adaptações espaciais ocorrem em todos os lugares, e, com elas, evidencia-se como se formam as subjetividades nessa governamentalidade em curso. Contudo, parafraseando Nietzsche (1999), uma perspectiva imensa sempre se abre ante nós que faz cambalear verdades e crenças.

Há tanto para pensar! Há tanto para lutar! Como nos tornarmos outros nesse contexto outro que já se desenha à nossa frente? O distanciamento físico prenunciado parece sedimentar-se como algo ordinário, frequente, rotineiro. Demarcações instauram-se entre os corpos em defesa da vida, enquanto se rearranjam técnicas de controle e se naturaliza desde agora o *novo normal*. Projeção de um estado permanente de estar dentro. Dentro de governamentalidades, do que é recomendado, do decretado, das adaptações, do discurso do modelo universal de humano. Muitos desejam sair de suas casas com *segurança* para continuarem dentro de todo esse circuito. Não se ignoram aqui as pessoas que precisam amontoar-se nas ruas ou nos transportes coletivos para conseguir o ganha-pão diário. Tampouco se omitem os procedimentos apropriados para diminuir o contágio. Muito menos se apaga o querer aproximar-se dos corpos necessários em nossas vidas para um longo abraço e/ou o sexo livre.

Todavia, é vital encarar a morte ocupando-se da própria vida. Não se trata de renunciá-la em nome de uma salvação futura nem a deixar em mãos de outrem para tomarem conta. Ocupar-se da própria vida exige uma prática constante capaz de limitar o governo de condutas e impedir que alguns tentem conduzir como devemos fazer, pensar, dizer. Cada um precisa agir para que, no final das contas, saibamos o que é a grande saúde: um sim, como atitude afirmativa perante a vida. Uma atitude que nos permita experimentar saltar fora desta ou de qualquer outra situação por nós mesmos. Enfrentar o mais pesado dos pesos: o eterno retorno. E se é necessária a distância, que seja para afirmar a diferença. E se é necessário estar sozinho, que seja a *solitude* para experimentar estar consigo e se deliciar com o silêncio. Sim, vamos pôr o nariz para fora e no meio "da própria engrenagem", inventar a "contra mola que resiste"[3].

3. "Primavera nos dentes", de João Apolinário e João Ricardo, 1973, com o grupo Secos & Molhados.

BIBLIOGRAFIA

DELEUZE, Gilles. *Conversações*. Tradução de Peter Pál Pelbart. Rio de Janeiro: Ed. 34, 2004.

FOUCAULT, Michel. Crise da medicina ou crise da antimedicina? In: MOTTA, Manoel Barros (org.). *Arte, Epistemologia, Filosofia e História da Medicina*. Tradução de Vera Lucia Avellar Ribeiro. Rio de Janeiro: Forense Universitária, 2016, p. 334–393. (Ditos e Escritos; VII)

______. "O nascimento da medicina social". In: MOTTA, Manoel Barros (org.). *Arte, Epistemologia, Filosofia e História da Medicina*. Tradução de Vera Lucia Avellar Ribeiro. Rio de Janeiro: Forense Universitária, 2016a, p. 402–424. (Ditos e Escritos; VII)

______. *Nascimento da biopolítica: curso no Collége de France (1978–1979)*. Tradução de Eduardo Brandão. São Paulo: Martins Fontes, 2008. (Coleção tópicos).

HARROUK, Christele. Serres Séparées Proposes a Socially-Distant Dining Experience in Amsterdam. In: *ArchDaily*, 19/05/2020. Disponível em: https://www.archdaily.com/939806/serres-separees-proposes-a-socially-distant-dining-experience-in-amsterdam. Acesso em: 20/09/2020.

NIETZSCHE, Friedrich. *Genealogia da moral: uma polêmica*. Tradução de Paulo César de Souza. São Paulo: Companhia das Letras, 1999.

PASSETTI, E. et al. *Ecopolítica*. São Paulo: Editora Hedra, 2019.

TURBAN, J. L.; KEUROGHLIAN, A. S.; MAYER, K. H. Sexual Health in the SARS-CoV-2 Era. In: *Annals of internal medicine*, 2020, 173(5), p. 387–389. Disponível em: https://doi.org/10.7326/M20-2004. Acesso em: 16/09/2020.

Rompendo com a lógica capitalista de uma pandemia[1]

Allan Antliff

Assim como o vírus da COVID-19 varreu o globo durante os primeiros meses de 2020, ele também o impactou de diferentes maneiras. Minhas reflexões focam no anarquismo em Vitória, Canadá, que envolveu protestos e ações diretas, a manutenção de um centro/livraria social, o funcionamento de um círculo de leitura e a condução de uma feira anual do livro.

Até 2020, apoiar a luta do povo indígena Wet'suwet'en para afirmar sua soberania tinha sido, por algum tempo, o foco de anarquistas de Vitória. O território Wet'suwet'en encontra-se dentro da província canadense da Colúmbia Britânica (C. B.), e os Wet'suwet'en nunca assinaram acordos com nenhuma entidade colonial: nem com os britânicos durante os anos do primeiro contato (anos 1800), nem com o governo federal do Canadá (fundado em 1867), ou com a província da C. B. (fundada como colônia da Colúmbia Britânica em 1868 e que se uniu ao Canadá em 1871).[2] Em 2009, o clã Unist'ot'en (C'ihlts'ehkhyu) — um dos cinco clãs dentro do sistema de autogoverno dos Wet'suwet'en[3] — resolveu construir um posto de controle no caminho dos dutos projetados que deveriam transportar o chamado gás "natural" (fraturado) do norte da Colúmbia Britânica até a costa do pacífico, onde seria liquefeito para exportação em um navio-tanque. Em 2010, o posto de controle tornou-se um acampamento com construções para habitação e atividades culturais.[4] Eu e outros anarquistas de Vitória apoiamos a reivindicação dos Unist'ot'en pela soberania territorial por meio de arrecadação de fundos, organização de palestras realizadas por Unist'ot'en

---

1. Tradução do inglês por Eliane Carvalho.

2. Mapa de território do *Office of the Wet'suwet'en*. Disponível em: *http://www.wetsuweten.com/territory/*

3. Desenho do sistema de clãs, do *Office of the Wet'suwet'en*. Disponível em: *http://www.wetsuweten.com/culture/clan-system/*

4. Cf. *https://unistoten.camp/*.

e levando pessoas ao acampamento para ajudar com as construções. Os anarquistas estiveram envolvidos no apoio aos Wet'suwet'en daí em diante (recebendo palestrantes, visitando o acampamento, auxiliando com a promoção de mídia e arrecadação de fundos, comprometendo-se com as ações de resistência, etc.), ao mesmo tempo que os Wet'suwet'en construíam fortes redes de solidariedade com indígenas e não indígenas em todo o país.

Em outubro de 2018, os governos da Colúmbia Britânica e do Canadá coanunciaram que um duto pertencente a um consórcio de investidores, o CoastalGaslink, seria construído através do território Wet'suwet'en no caminho onde fora construído o acampamento Unist'ot'en. Membros do clã Wet'suwet'en Gidimt'en responderam construindo o segundo posto de controle para dificultar o acesso ao trajeto projetado para os dutos.[5] A vigilância sobre os Wet'suwet'en e seus apoiadores pela RCMP (Royal Canadian Mounted Police, a força policial do governo federal) se intensificou, e a polícia começou a reunir forças no final de 2018. Em janeiro de 2019, a RCMP, altamente armada, invadiu o posto de controle do clã Gidimt'en e prendeu 14 pessoas. Protestos irromperam em Vitória, pelo Canadá, e internacionalmente (mais de 70 cidades). Dez dias depois da invasão, anarquistas de Vitória organizaram uma conferência com o anarco-indígena soberanista Mel Bazil (Gitxsan e Wet'suwet'en), um dos cofundadores do acampamento Unist'ot'en, em Vitória. Em fevereiro, participamos da organização de uma segunda conferência com Molly Wickham, uma porta-voz que fora detida no posto de controle do clã Gidimt'en. No dia 29 de fevereiro, o posto foi reocupado pelos Gidimt'en. A RCMP, então, criou um destacamento no território Wet'suwet'en para manter a repressão contínua dos defensores indígenas enquanto a construção da CoastalGasLink estava em curso. Em abril, as acusações contra aqueles detidos no posto de controle do clã Gidimt'en foram retiradas, mas a RCMP continuou a reprimir e espionar os defensores das terras Wet'suwet'en durante o verão e o outono de 2019, enquanto os dutos eram introduzidos no território Unist'ot'en.

Antecipando os confrontos iminentes, em novembro, eu e outras pessoas organizamos um novo grupo, Wet'suwet'en Solidarity Victoria (Solidariedade aos Wet'suwet'en de Vitória), para realizar manifestações e ações diretas em Vitória.[6] Quando a RCMP lançou um cerco prolongado e

5. Cf. *https://www.yintahaccess.com/*

6. Ver nossa página no facebook, Wet'suwet'en Solidarity Victoria.

uma ofensiva contra os acampamentos Wet'suwet'en's, em meados de janeiro de 2020, protestos e ações diretas disruptivas irromperam por todo o Canadá. No dia 11 de fevereiro, a RCMP invadiu o último posto de controle e forçosamente prendeu defensores da terra no acampamento Unist'ot'em, e a resistência pelo Canadá intensificou-se exponencialmente. Em Vitória, envolvi-me em uma série de ações entre janeiro-fevereiro-março, trabalhando com uma extensa aliança de não indígenas e um grupo de militantes indígenas que, periodicamente, ocupavam os degraus da frente cerimonial do legislativo provincial. Assumindo a liderança de Wet'suwet'en e de outros indígenas que tinham conexões diretas com os Wet'suwet'en, milhares de pessoas participaram de uma série de manifestações, bloqueios em ruas e pontes, ocupação de gabinetes, suspensão de faixas e outros distúrbios que levaram o governo da Colúmbia Britânica a um desconcerto total (em certo ponto, fechamos todo o governo provincial por um dia). Em 27 de fevereiro, os governos da C. B. e do Canadá concordaram em iniciar um diálogo com os chefes hereditários dos Wet'suwet'en e, três dias depois, em primeiro de março, anunciou-se um acordo em que se reconheceu a soberania territorial e o sistema tradicional de autogoverno dos Wet'suwet'en's. O projeto dos dutos, no entanto, foi excluído desse acordo. Com a submissão do acordo para discussão e aprovação do povo Wet'suwet'en, o ímpeto diminuiu. Em Vitória, indígenas que ocupavam os degraus do legislativo (amparados por um acampamento com cozinha e mais de uma centena de apoiadores todos os dias)[7] decidiram realizar uma última ação em que se encontraram com um ministro do governo e se recusaram a deixar o prédio do legislativo, levando à sua prisão no dia 4 de março (foram soltos rapidamente). Levantamos acampamento em frente ao legislativo... e então veio a COVID-19.

De longe, estávamos cientes da quarentena da COVID-19, primeiro em Wuhan e, no final de janeiro, por toda a província de Hubei. A mídia acompanhou a chegada do vírus no Irã em meados de fevereiro, sua disseminação pela Coreia do Sul e o dramático *lockdown* no norte da Itália no início de março. Com a declaração de uma pandemia global, no dia 11 de março, e a disseminação exponencial do vírus nos Estados Unidos, casos também surgiam no Canadá. Em resposta, governos provinciais declararam estados de emergência, a fronteira com os Estados Unidos foi fechada pelo

---

7. O coletivo Victoria Anarchist Bookfair possui uma grande tenda que montamos nos degraus do legislativo, junto com outros abrigos improvisados.

governo do Canadá, para tudo que não fosse de deslocamento essencial (bens e serviços), e voos para o Canadá foram rigorosamente restringidos e depois suspensos. Em 17 de março, o governo provincial da Colúmbia Britânica fechou universidades, escolas, gabinetes do governo e a maior parte das operações comerciais (com exceção daquelas consideradas essenciais). Todas as aglomerações públicas foram banidas para evitar o contato físico. A mobilização de pessoas para mais ações nas ruas em apoio aos Wet'suwet'en tornou-se praticamente impossível.

Vitória não é somente um núcleo de militância. Nós mantemos um espaço social de voluntários e sem fins lucrativos a partir da venda de livros novos e usados (Camas Books, fundado em 2007), um círculo de leitura que se encontra duas vezes por semana (Victoria Anarchist Reading Circle, fundado em 2005), e organizamos uma Feira de Livro Anarquista de Vitória anualmente, sempre no mês de setembro (fundada em 2006). Quando foi declarada a emergência sanitária, nosso sentido de solidariedade/responsabilidade entrou em ação e fechamos o Camas Books no dia 19 de março. O coletivo Camas foi então confrontado em como sustentar o projeto pelo tempo necessário, até que as restrições sanitárias fossem atenuadas e que pudéssemos abrir a loja novamente. O fato de estar fechado não significou que o Camas tivesse uma pausa no pagamento de aluguel ou outros gastos. Ao mesmo tempo, o número de voluntários caiu drasticamente, uma vez que muitos tinham empregos precários e/ou eram estudantes que se viram forçados a lidar com suas questões pessoais. Ao fim, sobramos eu, minha companheira, Kim Croswell, e mais seis outros para manter o Camas funcionando. Nesse contexto, a criatividade engenhosa intensificou-se. Primeiro, Kim trabalhou com outro voluntário para renovar nosso website (camas.ca) e facilitar as vendas *on-line*. Dois outros voluntários providenciaram entregas por bicicleta para os compradores, o que se encaixou muito bem em nossos princípios ecológicos radicas. Kim também se atirou na fabricação de máscaras para vendas *on-line* ou para distribuição gratuita para os povos indígenas que necessitassem (remessas foram enviadas por correio para várias comunidades). A venda de máscaras mostrou-se popular e começamos a vender livros em um ritmo constante. Simultaneamente, recebemos doações de livros usados e dinheiro, sem que estas fossem solicitadas. Em resumo, descobrimos que a reputação do Camas enquanto uma presença duradoura era valorizada e, em tempos de adversidade, foi extremamente prazeroso perceber o quão profundamente nossas raízes anarquistas foram cravadas em Vitória. Reabrimos o Camas por meio período em 16 de maio e, quando a notícia se espalhou, inúmeras pessoas pararam para comprar livros, zines, máscaras e camisetas, mostrar apoio ou trazer doações. Gradualmente expandimos o horário de funcionamento à medida que antigos voluntários voltaram e novos se inscreveram para se juntar a nós (temos um rigoroso processo de inscrição e verificação para eliminar os voluntários em potencial, que não estejam em acordo com nossa declaração de missão ou não sejam, de alguma forma, receptivos ao envolvimento em um projeto social anarquista tocado coletivamente). No momento deste texto, já estávamos praticamente de volta ao horário normal, com a aplicação de alguns protocolos em relação a quantas pessoas poderiam estar no Camas de uma vez, higienizador para as mãos na porta da frente para a limpeza antes de entrar, uma barreira de acrílico na mesa do caixa, separando os voluntários dos clientes, e uma política segundo a qual o voluntário poderia usar uma máscara se quisesse (e a maioria usa). O coletivo agora olha para o futuro, quando poderemos mais uma vez realizar exibição de filmes, grupos de discussão, lançamento de livros e encontros de ativistas e anarquistas.

Com o Camas fechado e os protocolos de saúde em relação ao distanciamento social, as discussões quinzenais cara a cara do Victoria Anarchist Reading Circle (VARC — Círculo de Leitura Anarquista de Vitória) não foram mais viáveis. O VARC mantém seu próprio website (victoriaanarchistreadingcircle.ca), no qual são postadas as próximas leituras para discussão. Ao longo dos anos, acumulamos uma extensa lista de contatos de e-mails e, quando novas leituras são disponibilizadas *on-line*, as pessoas recebem um alerta; dessa maneira, se quiserem, podem participar do próximo encontro. Temos, também, uma política aberta em relação aos que chegam sem aviso: qualquer um e todos podem participar, desde que tenham lido o texto daquela semana e estejam prontos a tomar parte em uma discussão respeitosa (do contrário, é solicitado à pessoa que saia). Em todos os encontros, a pessoa que sugere a leitura daquela semana coordena a discussão e, ao fim do encontro, as pessoas propõem qual será a próxima leitura. Dessa forma a responsabilidade de "organizar" é alternada, e a variedade de temas é garantida. Ao menos, é assim que as coisas funcionam em princípio. Na prática, a participação pode aumentar e diminuir drasticamente. Consequentemente, um "núcleo" de participantes tende a sugerir as leituras, escaneá-las, postá-las no website e coordenar as discussões.

Em qualquer evento, dado seu hibridismo operacional, o VARC parecia estar bem-preparado para levar as discussões *on-line*. Anunciamos a implementação virtual dos encontros do VARC, utilizando uma plataforma de conferência de vídeo totalmente criptografada (que não coletasse o número de endereço do IP). As leituras foram postadas normalmente e um *link* disponibilizado para que as pessoas pudessem participar da discussão agendada previamente. O processo parecia familiar, mas não era. Alguns tinham uma capacidade limitada no computador e só conseguiam participar por mensagens de texto. Alguns novos participantes decidiram não ficar visíveis, o que era desconcertante para os visíveis. Tínhamos inscrições de pessoas de outras localidades, e isso não era um problema, mas não estávamos mais partilhando nossas perspectivas pessoalmente. Com o tempo, ficou claro que encontros cara a cara são inestimáveis para construir uma comunidade, especialmente quando a sua comunidade está em fluxo constante: a conferência de vídeo *on-line* não substituiu isso. O núcleo do grupo (por volta de 12 pessoas) que estava se encontrando antes da pandemia forçar o VARC *on-line* sustentou isso por um tempo, mas a participação foi diminuindo gradualmente. O VARC manteve-se até o início de setembro, quando decidimos suspender o círculo até podermos nos encontrar pessoalmente de novo.

A Feira de Livro Anarquista de Vitória (VABF) acontece em meados de setembro e atrai aproximadamente mil participantes durante os dois dias (sábado/domingo). Durante a semana que culmina na feira do livro, o coletivo da VABF geralmente organiza conversas, exibição de filmes, *performances*, exposições de arte, etc., na Camas Book e em outras localizações pelo centro de Vitória. A acomodação de editoras anarquistas, distribuidoras, e a vendas de camisetas, zines, *bottons*, bijuterias e outros itens de artesãos de orientação militante são complementadas com uma série de oficinas apresentadas por indígenas e não indígenas durante o sábado e o domingo (sempre que possível, as viagens de apresentadores indígenas de fora da cidade são subsidiadas). Apresentadores de oficinas que vêm de fora (e vendedores de livros anarquistas) se hospedam com os membros do coletivo VABF e outras pessoas em nossa comunidade. Dessa forma, a feira de livro possibilita redes de relações que nos ligam a comunidades anarquistas em Vitória e além. Ademais, a VABF é um espaço para mobilizar o envolvimento das pessoas com as lutas ecológicas, sociais e indígenas locais, assim como causas internacionais (o movimento anarquista em Rojava, por exemplo). Esse sucesso pode ser avaliado, em parte, pelas atividades da força policial da província e federal com a aproximação das Olimpíadas de Inverno de fevereiro de 2010. Organizada na região de Vancouver, C. B., com o início do revezamento da tocha olímpica, realizado em 30 de outubro de 2009, em Vitória, a nossa feira do livro de 2008/2009 mobilizou as pessoas para agitações e protestos em massa, sob o *slogan* "Nenhuma Olimpíada em Terra Nativa Roubada" (esse *slogan* foi cunhado pelo indígena anarquista Kwakwaka'wakw, Gord Hill, que teve um papel essencial no movimento *No2010 Olympics*).[8] A polícia conduziu uma vigilância sobre nossa feira do livro (assim como da Camas Book e dos ativistas locais *No2010 Olympics*, incluindo eu e Kim)[9] e tentou fechar a feira, informando, aos diretores do espaço em que organizamos o evento desde 2006, que estávamos sendo observados (soubemos da interação da polícia com os diretores — que adotaram uma postura de cooperação — por meio de um informante).[10]

O envolvimento no coletivo da feira do livro se dá por convite e, antes que um convite seja estendido, os membros vigentes avaliam a proposta de novo membro, que papéis ele poderia exercer e como ele poderia se encaixar com os princípios anarquistas da feira do livro (ou não: nós rejeitamos algumas propostas de indicação). Em março de 2020, havia cinco de nós. Naquele verão, uma sexta pessoa do Wet'suwet'en Solidarity Victoria foi convidada a participar. Conforme ponderávamos a situação em março, tornou-se bastante claro que não iríamos realizar uma feira do livro cara a cara em setembro de 2020, então decidimos fazer a feira *on-line*. É aí que o apoio mútuo e a construção de relações durante as 14 feiras do livro entraram em evidência. Eu contatei o From Embers[11], um coletivo de rádio anarquista sediado em Kingston, Ontário, Canadá, que concordou em nos ajudar com a produção e veiculação de uma série de *podcasts* de entrevistas realizadas pelos membros da VABF. Nós então nos comunicamos com os contatos indígenas e não indígenas por todo o Canadá e internacionalmente. As gravações foram realizadas e editadas para veiculação. A entrevista inicial com um membro do From Embers sobre a história da Feira — *A Feira de Livro Anarquista de Vitória está aqui e todos podemos ir (virtualmente)!* — foi veiculada em 23 de setembro de 2020. As outras foram "liberadas" durante os sete dias (14 a 20 de setembro) na

8. Fomos bem-sucedidos em prejudicar o lançamento do revezamento da tocha, obtendo atenção nacional e internacional. Ver: NO2010, 1º/11/2009.

9. Cf. OLYMPIC, 24/08/2009.

10. O gerente do espaço tentou dificultar a preparação da feira do livro de 2009 e anunciou, posteriormente, que não poderíamos mais realizar o evento lá. Mudamos para outro local.

11. Cf. https://fromembers.libsyn.com/

nossa página[12] e no *website* do From Embers.[13] As entrevistas refletem a amplitude de nossos contatos e as preocupações em nível local, regional e internacional.

O porta-voz do posto de controle Gidimt'en, Molly Wickham, sobre Resistência antes, durante e depois da pandemia (4 de set.); Kathy Ferguson sobre as mulheres de Emma Goldman e anarquismo como "um movimento do livro" (1º de set.); John Zerzan sobre sua vida como anarquista e o estado das coisas nos EUA *(16 de set.); o ativista Nuu-chah-nulth & Costa Salish, Queen Sacheen (Ancestral Pride), reflete sobre sua vida e a soberania indígena (17 de set.); a anarquista Ann Hansen e a trans ativista Naphtali discutem a (in)justiça da prisão (18 de set.); a teórica do Reino Unido Ruth Kinna (editora de Anarchist Studies) sobre capitalismo, anarquismo, e os comuns (19 de set.); Sem tetos na pandemia (20 de set.); a matriarca Ma'amtagila (Kwakwaka'wakw), Tsastilqualus, da House of Umbas, sobre soberania indígena e rematriação (20 de set.) e a bloqueadora Suzanne (Metis) sobre a série de ações de Fairy Creek /Yews convida; um colono anarquista anônimo da costa oeste reflete sobre a defesa autônoma da floresta de Kaxi:ks (Walbran) a Be:tadt (Fairy Creek) (20 de set.).*

Além disso, um coletivo hip hop anarquista, *RYMTHiNK*, doou uma coleção de canções para *download* no *site* da VABF. Também promovemos e disponibilizamos um *link* para um painel e discussão ao vivo organizado pelo Institute for Social Ecology no dia 20 de setembro: "Rojava hoje: onde está o movimento agora?". Finalmente, qualquer interessado em comprar livros, zines ou camisetas era direcionado à Camas Books (e, com certeza, houve um aumento nas vendas). Os *podcasts* foram muito fáceis de fazer, e estamos pensando em integrá-los em futuras feiras, assim podemos dar voz a quem não pode participar de nosso evento, devido aos custos da viagem ou a problemas na fronteira (todos conhecemos anarquistas impedidos de entrar neste ou naquele país).

Durante o verão, eu terminei um capítulo de livro sobre três artistas (ativos em tempos diversos, dos anos 1940 até os anos 2000) que promoveram modelos inspiradores de economia anarquista por meio das artes.[14] Enquanto escrevo, me impressiona que, em um tempo em que a economia

---

12. Cf. http://victoriaanarchistbookfair.ca/index.php/category/bookfair-2020/

13. Respondendo às últimas oportunidades, algumas entrevistas estão disponíveis apenas no *website* da VABF.

14. Escrevi a biografia de um desses artistas. Ver Allan Antliff, *Joseph Beuys* (London: Phaidon, 2014).

capitalista estava em queda livre (necessitando da intervenção do Estado com resultados variados), nosso sucesso comparativo com a livraria, o círculo de leitura e a feira do livro também diz muito, economicamente falando. Essas "instituições" (e aqueles que vieram em nosso auxílio) estabeleceram relativa autonomia do trabalho-assalariado/venda-para-o-lucro da economia capitalista muito antes da COVID-19 chegar, e isso foi chave para sua resistência. As estruturas anarquistas de autogoverno encorajaram o apoio mútuo, a iniciativa inventiva, a solidariedade e a responsabilidade coletiva: "modos de ser" que se provaram inestimáveis para a sustentabilidade durante tempos confusos. Isso criou um imenso contraste com a economia predatória em profundo declínio, sublinhando que nossos projetos constituem uma "ruptura no capitalismo... espaços na vida cotidiana em que o capitalismo *não* está presente" (SHANNON et al., 2012, p. 5).

BIBLIOGRAFIA

NO2010Victoria Statement on Torch Relay Disruption. In: *Anti-Olympics Archive*, 01/11/2009. Disponível em: *http://vancouver.mediacoop.ca/olympics/no-2010-victoria-statement-torch-relay-disruption/5759*. Acesso em: 27/08/2020.

OLYMPICCops Harass Victoria Activists. In: *Anti-Olympics Archive*, 24/08/2009. Disponível em: *http://vancouver.mediacoop.ca/olympics/olympic-cops-harass-victoria-activists/5801*. Acesso em: 27/08/2020.

SHANNON, D.; NOCELLA II; A. J.; ASIMAKOPOULOS, J. Anarchist Economics: A Holistic View. In: *The Accumulation of Freedom: Writings on Anarchist Economics*. Oakland, CA: AK Press, 2012.

O inimigo invisível

ANDRÉ LIOHN

> Nós estamos aqui para ajudar caralho! Se vocês preferirem, nós o levamos! O levamos como um saco de batatas jogado na ambulância... para nós será muito melhor porque poderemos ficar na ambulância, no calor, e fumar um cigarro enquanto ele morre! Vocês estarão melhor, mas ele, vai estar muito pior.

Leves calafrios, inesperado cansaço, fastidiosa dor por todo o corpo e, finalmente, início de uma inexplicável falta de ar piorada pela tosse seca e febre aguda que se seguiram. O mal-estar de Giuseppe Guardabascio, um homem tipicamente baixo como as pessoas daquela região, mas, por toda a vida, um homem muito forte, agricultor aposentado de 84 anos, havia começado por volta do dia 21 de março, pouco depois que o primeiro caso de COVID-19 foi detectado em uma mulher de 59 anos de idade na pequena cidade de Ariano Irpino, região da Campânia, Sul da Itália, onde ele vive com o filho, a nora e suas duas netas.

Novas doenças contagiosas são assustadoras porque são desconhecidas e imprevisíveis. Os noticiários do mundo todo já praticamente não tratavam de outro assunto, situação vista poucas vezes antes, as manchetes e debates em qualquer jornal, canal, revista e nas mídias sociais tratavam quase que unicamente de assuntos relacionados à nova doença, principalmente, o crescimento diário de infecções e mortes. Apesar dos repetidos esforços de suas netas em tentar mantê-lo em casa, teimoso, como as duas o definiam, porém, mais que tudo, forte apesar da idade e independente pela clareza de suas razões, Giuseppe nunca se preocupou com os noticiários e não aceitava as recomendações de sua família. Todos os dias, fazia pequenas visitas à loja de equipamentos agrícolas onde podia jogar conversa fora com velhos amigos, de tempo e, assim como ele, também de idade.

Os sintomas que surgiram fracos, rapidamente pioraram. A febre, condição que Giuseppe raramente tinha enquanto saudável, subiu para quase 40 graus, jogando-o imediatamente na grande cama onde dormia sozinho, desde que sua esposa havia falecido há mais de 10 anos. Durante a noite, mesmo que ininterrupta, depois de todos os dias naquela condição, sua tosse já quase não emitia qualquer som, apenas um chiado fino que se misturava aos seus também incessantes lamentos.

Atentas, mas emocionalmente fragilizadas, amedrontadas pelo pior que imaginavam estar acontecendo com seu avô e genro, suas netas e nora praticamente não podiam mais dormir durante a noite, revezavam-se como podiam nos cuidados do avô doente, evitando acordar seu pai, o filho mais velho de Giuseppe que, por ser um homem bastante comum, quieto e fechado, não sabia bem como lidar com a dor do pai e que, mesmo com o isolamento sanitário, imposto a todos os moradores da cidade pelo governo local e implementado pelo próprio exército nacional, era ainda o único que saía para trabalhar e precisava acordar cedo todos os dias para cuidar sozinho das terras que não podiam deixar de ser preparadas para o plantio de feno, que aconteceria em algumas semanas.

Em meio às alucinações que tinha, meio dormindo ainda meio acordado, Giuseppe não tinha mais forças para se levantar nem mesmo para ir ao banheiro. Sua respiração, que já havia se tornado curta e sofrida, ficara cada vez mais pesada, assim como a dor que dizia sentir em todo o seu corpo e a responsabilidade de mantê-lo vivo. Exaustas, temendo que o novo coronavírus, causador da COVID-19, recém-chegado da China, até aquele momento, já responsável pela morte de 76.190 pessoas ao redor do mundo e 14.681 pessoas somente na Itália, tivesse o infectado e certas de que Giuseppe poderia morrer se continuasse naquelas condições, na noite de 3 de abril, suas netas e nora ligaram para o número 118 de emergência e, depois de minutos esperando para serem atendias, do outro lado da linha, uma atendente perguntou sobre a temperatura corporal, respiração e o apetite de Giuseppe. A partir das respostas, que deixaram claro o quanto a situação era grave, concluiu não ser necessário ou possível o envio de uma equipe médica à casa, pois não havia ambulâncias ou leitos disponíveis no hospital local naquele momento.

A atendente recomendou que Giuseppe se hidratasse, descansasse e mantivesse o máximo de distância de todos. A noite e o dia seguinte foram insuportáveis para todos, Giuseppe já não se comunicava claramente, e as três mulheres, consumidas pelo esforço e tristeza daqueles dias e noites, começavam elas também a demonstrar pequenos sintomas que poderiam indicar que todos na casa pudessem estar doentes. Durante a tarde do dia seguinte, decidida que não poderiam mais esperar por ajuda, Ângela, a neta mais velha de Giuseppe, voltou a entrar em contato com o serviço médico que, desta vez, enviou uma ambulância com um médico e enfermeira vestidos com macacões brancos e luvas cirúrgicas, óculos brilhantes que cobriam quase todo o rosto, deixando apenas espaço para uma grossa máscara que protegia suas bocas e narizes. Imediatamente, o médico e a jovem enfermeira mediram sua temperatura e capacidade pulmonar. O resultado foi alarmante.

Os instrumentos indicavam que a febre de Giuseppe havia pelo menos temporariamente baixado, os medicamentos mais comuns, como paracetamol, haviam feito algum efeito, mas sua capacidade respiratória variava em níveis próximos a um colapso de seus órgãos vitais. Seu pulmão não era capaz de oxigenar seu sangue que indicava apenas 82% de saturação, mas, ainda assim, os médicos foram informados que não poderiam transferir o agricultor para o hospital. Depois de uma rápida conversa com a central que orienta as ações dos médicos depois de intervenções como aquela, o médico, evidentemente frustrado, foi informado que não havia leitos disponíveis para pacientes com suspeita de COVID-19 em toda a região.

O hospital da cidade de Ariano Irpino, Sant'Ottone Frangipane, sede do distrito sanitário n. 1, compreendendo 29 municípios para uma população total de 87.993 habitantes, havia sido recentemente reaberto, depois que dezenas de seus funcionários haviam sido contaminados pelo mesmo vírus, deixando, inclusive, o próprio médico infectologista internado em condições graves no maior hospital da região, na cidade de Nápoles. Apesar de o hospital estar praticamente vazio, além de uma tenda inflável, montada na área externa do estacionamento, onde alguns enfermeiros ficavam de prontidão, apenas 5 leitos haviam sido preparados para receber pacientes demonstrando sintomas da nova doença, e todos estes já estavam ocupados há dias.

Questionada, pelo médico, a caminho da porta de saída, se já havia administrado oxigênio em algum paciente, Ângela respondeu insegura que sim e foi então instruída a buscar um cilindro de oxigênio para seu avô. Foi também informada que uma das farmácias locais poderia fornecer-lhe um cilindro de 20 litros que seriam suficientes para garantir que o sangue de Giuseppe pudesse ser oxigenado artificialmente pelo menos até o dia seguinte. Na farmácia, confusa com toda a situação e depois de compartilhar com os funcionários a situação em que seu avô se encontrava, ela foi informada, com severidade, que o velho poderia morrer se não fosse rapidamente transferido para um hospital.

Ariano Irpino é uma cidade sonolenta e melancólica, com poucas indústrias e pequeno comércio, é um pequeno centro agrícola com 22.000 habitantes que plantam feno entre montanhas a uma hora de carro ao lado leste da costa mediterrânea, onde está a cidade de Nápoles. O passatempo preferido de seus moradores, as poucas crianças, alguns jovens, muitos adultos e os tantos velhos e idosos, é caminhar em passos infinitamente lentos em torno das ruínas de um antigo forte militar normando, carinhosamente chamado de "Castello", construído por volta do oitavo século depois de cristo.

Quando o governo italiano impôs um toque de recolher nas províncias mais duramente atingidas no Norte, em 8 de março, milhares de pessoas provenientes do Sul que se encontravam naquela região viajaram repentinamente para suas cidades de origem. Foram trabalhadores, estudantes e pessoas que buscaram refúgio com suas famílias. Muitos levaram consigo o vírus. Um jovem que já apresentava leves sintomas quando deixou a região da Lombardia, após retornar a Ariano Irpino, desconhecendo ou mesmo ignorando os riscos de difundir o contágio, foi a uma festa de carnaval onde estavam pelo menos outras 500 pessoas. Um médico local, que também havia estado no Norte a passeio com sua esposa, sem demonstrar sintomas, mas já portador da doença, infectou tantos de seus colegas, médicos, enfermeiros e técnicos hospitalares, que o hospital local teve de ser fechado pelo período de um mês para ser higienizado. Logo, o "Castello", local em que os arianeses se encontram e discutem as alegrias e as fortunas da vida, foi um dos primeiros locais públicos onde a convivência social foi proibida para evitar a propagação do vírus. Então veio o toque de recolher.

Durante os dias de isolamento mais severos, os "vecchi cinghialoni" ou, os "os velhos porcos do mato", definição jocosa, irônica, mas subliminarmente depreciativa, usada pelo governador da região da Campânia, Vincenzo de Luca, para descrever, segundo ele, os irresponsáveis. Mulheres e homens vestidos em apertadas calças de yoga ou aquelas "pula brejo", que, apesar da crise mundial, dos milhares de contaminados, da falta de leitos e de equipamentos hospitalares necessários, de uma vacina ou mesmo de um tratamento efetivo e, por isso, apesar das já milhares de mortes, em apenas míseras duas semanas de crise, e da explícita ordem de recolhimento vigente, tentando evitar isso tudo, aqueles entre estes que insistiam em sair nas ruas, passear pelos parques ou pela orla, fazer *jog-*

ging, vivendo em seus próprios mundos, enfim, qualquer pessoa que fosse pega fora de sua casa sem um motivo válido, como ir ao supermercado ou farmácia, ir ao hospital ou ter que trabalhar em funções definidas como "tarefas socialmente críticas", no melhor dos casos, deveria cumprir 15 dias de isolamento domiciliar forçado, e, se isso não fosse respeitado, cumpriria 3 meses de prisão e arcaria com uma multa de, no mínimo, 200 euros. E, então, no dia 15 de março, sem nenhum aviso prévio e por um decreto anunciado pelo governador da região, toda a cidade de Ariano Irpino e seus moradores foram isolados do mundo exterior.

O medo que até então era interno e pessoal se espalhou quando, inesperadamente, um cidadão comum, um homem de meia idade, gordo e malvestido, com voz áspera, aguda e nasal, sozinho, num pequeno carro cinza equipado com autofalantes de baixa qualidade, mas estridentes, cortantes como as cornetas de vendedores de pamonha, improvisadamente presas por cordas sobre o teto, reproduzindo uma fala alarmante de tom funesto, decidiu por conta própria dirigir lentamente pelo centro e outros bairros pregando que a situação era muito grave, que as crianças deveriam ser mantidas dentro de casa, que os idosos deveriam permanecer em suas casas, que toda a população deveria permanecer dentro de suas casas e que os sintomáticos não deveriam, sob qualquer condição, ir por conta própria ao hospital, mas procurar ajuda médica através do telefone com seus médicos de família. Imediatamente, as ruas ficaram vazias e, logo mais, soldados do exército e forças policiais de outras partes do país se enfileiraram nas estradas de acesso e saída da cidade.

Com seus braços cruzados e com seu corpo recolhido, triste e impotente, Ângela procurava acalmar sua mãe dizendo da sala vizinha ao quarto de seu avô, lugar de onde ela mesma chorava sozinha, que alguma solução seria inevitavelmente encontrada. Sua mãe, magra e visivelmente exausta, cuidando de seu sogro, tossia secamente e sem força, consecutivamente tentando esconder sua boca entre a dobra de seu braço fino. Seu olhar era caído e seu nariz estava ligeiramente vermelho, úmido e com a pele levemente ferida. O ar dentro da casa era estático e quente, grosso, quase palatável e perceptível na pele de quem ali entrasse. A televisão permanecia ligada mesmo que muda. O clima montanhoso continuava muito frio e muito úmido, mesmo que não houvesse mais neve pelas ruas ou pelos campos, a não ser os poucos e pequenos montes brancos que restavam nos locais onde o sol, todavia fraco, ainda não chegava. Entre as lágrimas, gotas de suor escorrendo pelo rosto faziam Ângela parecer ainda mais frágil e confusa, seu medo era que a condição de seu avô piorasse, caso as janelas ou as portas da casa fossem abertas para que o ar pudesse se renovar.

O oxigênio paliativamente recomendado pelo médico na noite anterior não havia sido capaz de melhorar a condição de Giuseppe até aquela manhã. Ele continuava sentindo a mesma lancinante dor física, o mesmo obstante mal-estar que o impedia de sequer poder se sentar na beira da cama com suas próprias forças e, sempre que dormia, demonstrava continuar penando com as mesmas alucinações, falando de forma confusa e angustiada com alguém presente apenas em seus sonhos. Sua família já não tinha mais condições emocionais, físicas ou de saúde para atendê-lo e, num desolamento que se aprofundava cada vez mais, as três mulheres decidiram chamar novamente pela ajuda médica, mas, quando chegaram, mais uma vez, com o paciente mal conseguindo respirar, os médicos se recusaram a levá-lo para um hospital.

Dessa vez, o novo médico em serviço, menos atento ou preocupado com a condição de toda a família e com evidente pouquíssima aptidão para o relacionamento direto com o público, fez desabar sobre as três quase moribundas um inesperado e incompreensível tsunami de acusações contra tudo e todos. Mesmo com o pulmão seriamente comprometido, depois que essa equipe decidiu aumentar fortemente a carga de oxigênio administrada artificialmente através de suas narinas, a saturação sanguínea de Giuseppe melhorou chegando a críticos, porém não mais desastrosos 90%. Com esse argumento em mãos e sem oferecer outras alternativas, sentado na última cadeira ao lado da cabeceira da longa mesa de jantar onde a família Guardabascio sempre se reuniu, protocolarmente paramentado com todo o equipamento de proteção hospitalar, macacão médico para ambientes contaminados, inteiriço de proteção biológica nível 6, com botas e gorro branco, largos óculos de proteção ocular e facial, máscara cirúrgica N95, com filtro, capaz de filtrar pelo menos 95% das partículas virais existentes no ar, mas constrangedoramente imprópria para permitir que sua voz pudesse ser ouvida com clareza, fazendo-o se mover e ouvir como se fosse um *alien* distante e imune ao ambiente em que se encontrava. Imperativo, porém, distanciando-se da responsabilidade que tinha sobre a recomendação que fazia, o médico definiu que Giuseppe não deveria ser levado para o hospital naquele momento, pois caso fosse, imediatamente seria enviado para casa, pois, com os hospitais superlotados, os médicos de plantão não receberiam casos que, como o dele, ainda não estavam próximos ao terminal.

Descontentes com a situação e ainda mais confusas sem saber o que decidir, se podiam ou deveriam aceitar que o doente não fosse hospitalizado, as três demonstraram sua insatisfação, que foi agressivamente repelida com ameaças vindas do médico que as acusava de terem votado mal nas últimas eleições, de estarem pensando em si mesmas tentando se livrar do avô e de, finalmente, virem a ser as responsáveis pela sua morte caso ele viesse a falecer durante o tempo de deslocamento até o hospital.

Tentando encurtar intencionalmente sua permanência na casa, o médico ensaiava sua saída pela porta que ainda se mantinha fechada. Abria-a, deixando metade de seu corpo fora e metade de seu corpo dentro, enquanto dizia que o velho seria transportado como um saco de batatas dentro da ambulância. Dizia também que, entre elas, uma deveria assinar um documento comprovando que a família estava de acordo com a decisão, algo que foi imediatamente negado por todas, apesar de todo o constrangimento e aflição.

O clima que, desde o início, não era amigável, piorou com a recusa da família em assinar o documento exigido pelo médico:

— Vocês me fazem gastar toda a minha energia e boa vontade. Caralho! Eu estou aqui para ajudar vocês. Estou perdendo tempo fazendo vocês entenderem como lidar da melhor maneira possível com essa situação, gritava o médico.

E continuava.

— Posso levá-lo comigo como um saco de batatas, mas com licença, tentem se controlar, essas explosões emocionais me deixam nervoso — e sugeriu que voltaria no dia seguinte para verificar as condições de Giuseppe, ou isso, ou então, pegá-lo, transportá-lo até um hospital e permanecer ali por horas dentro da ambulância, fumando um cigarro enquanto esperavam por um leito disponível.

— Querem assinar ou não? Insistia o médico.

— Não, respondeu a nora, já praticamente em prantos, pedindo conselhos às suas duas filhas, ambas, tão cansadas, confusas e emocionalmente abaladas quanto ela.

— Eu não aguento mais. Mama Mia, exclamava o médico dizendo que não tinha mais tempo para perder e que tinha outros pacientes precisando de ajuda e esperando por sua visita.

— Ângela, agora você tem que usar a cabeça! Completou o médico.

— Você acha que ele vai melhorar se eu o levar daqui? Acho que ele vai piorar, disse o médico, girando suas costas e caminhando de volta para o quarto onde Giuseppe permanecia deitado em sua cama.

— Nonno! O que o senhor prefere? Prefere ser levado para o hospital ou prefere estar aqui com a família? Perguntou o médico ao mesmo tempo em que ajudava o velho quase inconsciente a se sentar na beira da cama; que, depois de tudo, disse que preferia ficar em casa e que assinaria ele mesmo o documento assumindo a responsabilidade por qualquer coisa que pudesse acontecer consigo.

— "Bravo, Bravo", exclamou o médico antes de sair, enquanto o velho doente finalmente pegou a caneta e, tremendo, assinou o papel.

A iminente escassez de ventiladores durante uma onda de infecções virais evoca a cena no romance de William Styron, de 1979, *A escolha de Sophie.* Ao chegar a Auschwitz, Sophie, interpretada no cinema, em 1982, por Meryl Streep, uma jovem mãe católica polonesa deve escolher qual de seus dois filhos seria gaseado imediatamente e qual teria permissão para viver. A decisão a perseguirá pelo resto de seus dias.

Assim como Giuseppe Guardabascio, na Itália, milhares de pessoas doentes foram deixadas em suas casas durante o pior período da pandemia; um número ainda desconhecido dessas pessoas morreu sem ter recebido do Estado a ajuda de que elas precisavam. Naquele momento de incertezas científicas e processuais, de grande demanda de hospitais, o acesso a equipamentos médicos, especialmente respiradores, que eram vitais para os casos mais graves como o de Giuseppe, era excepcionalmente escasso e em situações limites como as vividas na região Norte do país, principalmente nas cidades de Brescia, Bergamo e Cremona, médicos intensivistas foram forçados a decidir quais pacientes deveriam ou não ser salvos. "Decidimos quais pacientes salvar pela idade e pelas condições de saúde. Como em todas as situações de guerra". Testemunho assustador do médico Christian Salaroli, 48, anestesista do hospital Papa Giovanni XXIII em Bergamo. Um médico civil que se via na linha de frente de uma guerra contra o que se definia como um "inimigo invisível".

Ângela é cortês com as pessoas. Como a maioria dos italianos e habitantes de Ariano Irpino, é católica, é também tímida e romântica e, explicitamente, muito afetuosa com as pessoas de sua família. Ela tem 27 anos de idade e um namorado com quem passa muito tempo. Estudou ciências da educação e trabalha como *baby-sitter* enquanto se prepara para prestar concursos públicos, e seu objetivo é lecionar nas escolas públicas da Itália.

Sua família tem posses, mas não é rica, e ela e sua irmã mais nova, Laura, são as primeiras da família Guardabascio a terem frequentado e concluído um curso universitário.

Até então, viveu toda sua vida na mesma casa em que seus avós e descreve seu avô como um bom homem, que definitivamente não merecia ser ignorado num momento tão delicado. Seu pior temor, naquele momento, era não poder ajudá-lo e, também, talvez ainda pior que isso, não poder estar presente para ajudar sua mãe que, mesmo não sendo filha de Giuseppe, o havia sempre amado como um verdadeiro pai.

Na última noite, depois que os médicos o haviam praticamente abandonado, assistindo à deterioração da grave condição de sua saúde, sozinhas, as duas permaneceram ao lado do avô doente até o dia clarear. Além de medicá-lo e cuidar para que se alimentasse, com muito esforço físico, precisaram carregá-lo até o banheiro onde ele precisou ser limpo e, então, não com menos esforço físico, novamente carregá-lo até sua cama. Em exasperação, sentindo ela própria alguns dos sintomas e dores que poderiam ser da COVID-19, como se estivesse caindo, apoiando seu ombro esquerdo na parede ao lado da cama em que o avô delirava, repetindo palavras sem um sentido claro, Ângela começou a chorar com dissabor. Também visivelmente abatida, mas concentrada no que fazia, sua mãe tentava girar o corpo pesado do velho que já praticamente não respondia a qualquer comando. Com um pequeno termômetro de vidro e mercúrio em suas mãos, tentava medir sua temperatura. Giuseppe estava com 39 graus de febre e assim permaneceu durante todo o dia até que, novamente, uma nova equipe médica fosse chamada.

A nova equipe médica fez apenas os exames rápidos e protocolares, algumas poucas perguntas aos familiares e, em poucos minutos depois, já havia conseguido acomodar Giuseppe numa maca para transferi-lo imediatamente até o hospital local da cidade. Um paciente havia morrido exatamente no mesmo tempo em que a ambulância havia se deslocado para atender ao chamado e, ao chegar no hospital, as duas macas praticamente se chocaram, enquanto o corpo morto de um saía e o corpo do outro, ainda vivo, entrava.

Desde o início da crise até hoje, 09 de outubro de 2020, 30 pessoas morreram em Ariano Irpino em decorrência do vírus e, segundo dados estatísticos produzidos pelos governos regional e federal, uma nova onda de contaminação está tomando forma em toda a Itália e, dessa vez, a região Sul, principalmente a zona urbana em torno à cidade de Nápoles, local da maior concentração habitacional de toda Europa, corre o risco de se tornar o grande epicentro dessa nova fase de contágio e mortes.

As fotos e vídeos que produzi acompanhando o caso da família Guardabascio foram publicados ao redor do mundo, inclusive no Brasil, no jornal *Folha de S. Paulo* no dia 04/03/2020 (LIOHN, 04/03/2020).

Desde que Donald Trump, presidente dos Estados Unidos da América, fez seu *mea-culpa* em relação à crise do novo coronavírus em meados de março, admitindo a possibilidade de um desastre sanitário eminente, ele tentou rotular o SARS-CoV-2, responsável pelo contágio da doença COVID-19, como um "inimigo invisível" e, desde então, líderes políticos conservadores ou mesmo os que se denominam "progressistas", representantes da sociedade civil, profissionais da saúde e segurança, professores, grande parte da imprensa e, finalmente, indivíduos ao redor do mundo passaram a observar a atual crise sob a fachada artificial de uma guerra.

Trump usou a frase pela primeira vez durante uma coletiva de imprensa da força-tarefa contra o novo coronavírus no dia 16 de março, dizendo: "Não importa para onde você olhe — é um inimigo invisível". Obviamente, uma metáfora cunhada conscientemente. Dias depois, também durante uma nova coletiva de imprensa, dessa vez acompanhado de seu vice e do presidente da Agência Federal de Gestão de Emergências, Trump fez questão de retornar à frase, adicionando: "Sou um presidente servindo em tempo de guerra".

A associação da atual crise com uma guerra rapidamente se popularizou e passou a ser explorada amplamente por qualquer um interessado em antropomorfizar o vírus, um fato concreto, em um ser senciente, com más intenções, contra a humanidade.

Pode parecer estranho alguém atribuir inteligência a um emaranhado de ácidos nucléicos dentro de uma casca de proteína revestida por uma capa de gordura, mas essa estratégia foi, é e ainda será empregada amplamente. O discurso de guerra serve para que o Estado justifique sua incapacidade de observar o indivíduo, algo fundamental para que o encontro coletivo seja formulado, e literalmente, campos de guerra são o resultado de encontros mal formulados, feitos de perdas coletivas.

Em julho de 2017, descrevi a última batalha contra militantes do Estado Islâmico na cidade de Mossul no norte do Iraque da seguinte forma:

> Apesar do rosto sério e abatido, de sua expressão de terror e cansaço, quando foi capturado pelos soldados da primeira divisão da polícia federal, ao sair do rio, o homem estendido, morto a poucos metros de nossos pés, aparentava estar em

boas condições físicas. Ao contrário dos milhares de civis que haviam deixado aquela mesma parte da cidade, esqueléticos e doentes, seu corpo estava bem nutrido, seus braços eram fortes e suas costas eram largas como as de alguém que se exercita especificamente para isso. Seu cabelo era curto e sua barba suficientemente longa para que um soldado o tirasse da água puxando-a. Ele vestia uma calça escura que chegava até pouco abaixo de seus joelhos e usava uma camiseta branca com a palavra 'Florida' estampada sobre o desenho de uma paisagem muito diferente daquela em que ele se encontrava naquele momento. Ele tentava desesperadamente se comunicar com os soldados que o espancavam, gritavam e filmavam toda a situação com seus celulares. Gritava repetidamente não ser um combatente; "Ana last Daesh, Ana last Daesh Saidi!" Suas forças e suas esperanças de sobreviver duraram apenas os poucos metros e minutos que os soldados iraquianos precisaram para arrastá-lo, enquanto o despiam, rasgando suas roupas violentamente. Sem suportar a dor e a humilhação dos golpes e ameaças que recebia, em total desengano, o homem permitiu que seu corpo caísse sem nenhuma resistência sobre o chão para ser imediatamente executado com diversos disparos de fuzis e pistolas.

[...]

Uma nuvem de poeira fina se levantou, irritando ainda mais os olhos e as narinas de todos. Um jovem soldado usando uma bandeira iraquiana como se fosse uma capa de super-herói e outros dois companheiros seus escalavam as ruínas dos prédios destruídos para chegar no ponto recém-conquistado. Braços, pernas, cabeças, centenas de corpos inteiros ou destroçados, decompondo há muito e há pouco tempo estavam espalhados por todas as partes, por cima e embaixo de um enorme amontoado de escombros. A cena em que os últimos combatentes do Estado Islâmico e suas famílias foram mortos só poderia ser comparada a um inferno. — A menos de dois metros de tocar as águas do rio Tigres, o corpo sujo de um bebê vestindo apenas uma camiseta camuflada ainda estava inteiro jogado debaixo de pedaços de metal e arame farpado. Seu nascimento e sua morte haviam acontecido há pouco. Sob seus pés, um retrato colorido de um homem jovem que não aparentava ser iraquiano. O corpo ressecado pelo sol direto de uma mulher estendida em forma de crucifixo e os corpos mutilados de pelo menos outras quatro crianças mais velhas estavam há poucos metros de distância. Seriam eles seu pai, sua mãe e seus irmãos e irmãs? Como se tivessem marcado um encontro para caminhar de mãos dadas, a gestação daquela criança e as ofensivas militares que derrotaram o EI em Mossul haviam começado há exatamente 9 meses antes e, agora, continuam aqueles que nascem e vivem com as consequências dos crimes cometidos para que o feto da paz possa também tentar um dia existir no Iraque.

Associar a atual crise a uma guerra é tão ou mais oportunista que o próprio vírus que, em si, não tem uma agenda política, religiosa, racial, social ou histórica. O vírus é um fato concreto que precisa ser administrado e eventualmente solucionado, mas que, dentro da narrativa de guerra, serve como álibi para que o Estado controle, não apenas as ações das pessoas, mas, finalmente, tutele o próprio sentimento de medo imposto sobre cada uma delas.

Até o presente momento, um milhão e setenta mil pessoas morreram infectadas pelo vírus da COVID-19 em todo o planeta. Giuseppe Guardabascio ficou internado 16 dias e sobreviveu podendo retornar à sua família.

BIBLIOGRAFIA

LIOHN, André. Na Itália, uma família tentava internar avô com coronavírus. Conseguiu quando alguém morreu. In: *Folha de S. Paulo*, 04/03/2020. Disponível em: *https://www1.folha.uol.com.br/mundo/2020/04/na-italia-uma-familia-tentava-internar-avo-com-coronavirus-conseguiu-quando-alguem-morreu.shtml*. Acesso em: 10/08/2020.

______. Retomada de Mossul das mãos do Estado Islâmico deixa rastro de mortos. Disponível em: https://www1.folha.uol.com.br/mundo/2017/07/190 5598-retomada-de-mossul-das-maos-do-estado-islamico-deixa-rastro-de-mortos.shtm. Acesso em: 10/08/2020.

Coronavírus[1]

Claire Auzias

Às vezes tenho medo, mas não percebo. Às vezes me sinto estrangulada, só porque não posso sair. Mas, de fato, posso sair. Talvez, então, seja só porque não posso divagar. Mas, habitualmente, há muito tempo não divago mais pelas ruas. Então, por quê? Mental, abstrato, psíquico. Não é a prisão. Sou invadida pela compaixão por meus camaradas encarcerados em revolta contra a proibição das visitas. Sinto o sufocamento que se fecha ao redor deles, mas, na verdade, as visitas também podem trazer o vírus. Faz muito tempo que aprendi o confinamento, esse louco corte em relação aos outros. Será que atualmente isso é mesmo tão difícil assim? Sim, há um grau a mais. Não há como negar. Quase ficamos melhor sozinhos em nossas casas, sem riscos. De repente, mergulhados na Idade Média... será que consigo compreender isso? Não, acho que não consigo entender. É profundo demais, é antigo demais, inacessível à minha compreensão. A Idade Média está muito longe. O que me acontece hoje, nesses dias de hoje, está longe demais. Não é possível comparar. Todos os dias, aprendemos um pouco mais sobre isso. Agora, dizem oficialmente que as portas e maçanetas, teclados e outras superfícies comuns são portadores do vírus. É preciso desinfetar, mas nem sempre os produtos — nem o álcool 90°, nem os lenços umedecidos antissépticos, nem os álcoois em gel — são encontrados nas farmácias. Se entendi bem, parece que as entregas por correio não estão funcionando. Não é mais possível encomendar livros pelo correio. Vou realmente acabar sendo obrigada a ler a *Enciclopédia.* Eu teria gostado de ler *Decameron* e *A peste em Londres* de Daniel Defoe. *Niet!* Além disso, vou ter que mudar meus hábitos de abastecimento e planejar bem minhas saídas. Fazer compras a cada dois dias, ou três. Os amigos

1. Tradução do francês por Martha Gambini.

e amigas mandam *links* de internet para passar o tempo, filmes e música para escutar grátis, livros para serem lidos *on-line*, mas, como não tenho talento para a internet, não acho grande coisa.

19 de março de 2020. Esta noite sonhei com um exame médico num laboratório cujo resultado teria sido de alguma forma falsificado, interpretado malevolamente (sic) num sentido abusivo, e que então seria preciso repetir para obter dados corretos. Ou ele foi mal transmitido (no sonho) por uma mulher, nascida de um pai vietnamita. Lembro disso ao despertar, pois subitamente pensei que a figura de uma mulher asiática estava no sonho para me indicar a ameaça. A ameaça do vírus asiático. E, então, lembrei-me de Charlotte Beradt e de seu livro *Sonhar sob o III Reich*, os sonhos sob o império nazista. Esse livro causou surpresa quando Annelise apresentou a nós. Sonhar um acontecimento mundial histórico como aquele é distorcer o sonho, espaço privativo por excelência, na esfera pública, política e mundial. Foi o que fiz esta noite. Sonhei com o coronavírus.

20 de março. Caio toda hora no choro, a emoção está à espreita; não longe. Ontem à noite, às 20 horas, aplaudiram nas varandas. A rua estava animada. Ufa!

21 de março. Não tenho pressa de me atirar aos miasmas da rua e dos outros. Não sofro muito por estar isolada. Em primeiro lugar, todo mundo está. Parece que há um bilhão de confinados na Terra. Inacreditável. Tudo bem, pelo menos enquanto durar meu vinho. E, na verdade, posso sair quando quiser, munida de meu atestado. Mas, como não tenho vontade de ficar passeando lá fora, só dou breves pulos ao supermercado e volto rapidamente para o aconchego do lar.

24 de março. Nossos governantes perderam a cabeça: convocaram os desempregados e os confinados para virem trabalhar de graça pelas atividades essenciais para o país (a agricultura). Em vez de criar empregos para os desempregados, eles chamam as pessoas para virem gratuitamente formar o "exército da sombra". Como se estivéssemos num drama vital que pudesse justificar um alistamento sem qualquer remuneração. A irracionalidade vigente no mundo atual é inconcebível. Parece que eles não entenderam o que foi o nazismo ("o exército das sombras" era a resistência ao nazismo).

Alguns amigos — amigas — de longe atendem o telefone se ligo para eles. Outros, mais raros, dão uma passada na minha casa. A sociabilidade ainda não está superativada. O isolamento predomina. Decidi encomendar o filme *O cavaleiro no telhado*, na Amazon, sem uma ponta de vergonha.

A bela França, de Darien, me faz bocejar um pouco. Estamos esperando minha sobrinha do Chile, que está voltando para casa. Não gosto de sair para fazer compras, pois tenho a impressão de cruzar com muitos curiosos, muita gente sem noção, desorientados, que não acreditam no que se passa. Em casa, o ambiente é muito mais relaxado. Acho que escutei no rádio que somos agora dois bilhões de seres humanos confinados, ou seja, um terço do planeta. Será que escutei bem? À noite, às 20 horas, aplausos para as equipes médicas, o que nos dá, por alguns minutos, sensações de sociabilidade.

26 de março. Escutando a bela ideia dos atores de *Lundimatin* (o jornal esquerdista) que irão ler diariamente um conto do *Decameron*, imaginei inventar um jogo de escrita coletiva para criar vínculos em tempos de isolamento. Duvido que cheguem respostas favoráveis, por enquanto um único amigo se recusou. Vai ser preciso procurar em outros grupos ou eu mesma inventar, mas pelo jeito a escrita confinada não cria vínculos. Retorno ao ponto de partida. Imaginei uma fábula coletiva, uma colcha de retalhos, de acordo com o que cada um trouxesse. Que nada, não parece que a ideia inspire nossos amigos. Paciência, esses tempos exigem muita paciência!

27 de março de 2020. Acordei esta manhã com um torcicolo danado do lado esquerdo. Tentei massagear, tratar com calor, mas, em vez de se dissipar, ele se espalhou por toda a parte inferior da cabeça e subiu até o meio do crânio. Será que fui pega por um tipo de corona virulento e devo esperar pelo pior? Não tenho febre alguma nem tosse. Não estou com coragem de contar para ninguém, achariam que estou paranoica. Como não se conhece exatamente o que acontece com essa doença, tudo fica perigoso. Ontem, uma jovem de 16 anos morreu, mesmo com dois testes negativados, antes de ser testada novamente pela terceira vez, quando perceberam que sim, ela era positiva. E foi o fim. Tomei dois Doliprane (medicamento para dor), para ver se ele resolvia a questão.

28 de março. Despertei às 3 horas da manhã e foi impossível dormir novamente. Tenho tanta dor de cabeça que não consigo me mexer, nem para o lado, nem no sentido da altura. Nem me virar na cama. O Doliprane é pouco eficaz, as ondas de calor da almofada elétrica também, não sei mais o que fazer. Não tenho febre, só 37.5 ao meio-dia. Um pouco de dor de garganta, pequenos gânglios, dificuldade para engolir quando a cabeça, ou melhor, a nuca, está doendo muito. A nuca está totalmente endurecida. Postei no Facebook uma mensagem dizendo que estou doente, o que é ver-

dade, e não sei o que tenho, o que também é; os amigos médicos consultados por telefone parecem concordar com o diagnóstico de contração muscular em razão do estresse. E estão também de acordo quanto às formas de combatê-la, ou seja, até aqui sem sucesso. À noite, a febre aparece, 38.1.

29 de março. O pico do pânico passou, 37.2 hoje de manhã. Portanto, não há infecção. A nuca continua endurecida, mas um tantinho menos dolorida. Dei uma volta pelo bairro para tomar um pouco de ar, conforme aconselhou um amigo médico. Esta noite, temos uma hora de verão a mais. O Facebook funciona muito bem para manter unido nosso grupo de amigos. Sinto que vai faltar leitura para me distrair. O isolamento foi prorrogado até 15 de abril. Na minha opinião, vai durar o mês inteiro. Depois, ficaremos medrosos, não vamos ter coragem de nos abraçar e beijar, iremos evitar perdigotos. Pela rua, muitos entregadores de bicicleta, negros ou árabes. Triste, é o novo proletariado.

Segunda feira, 30 de março. Continuo sem febre. Preciso me tranquilizar, pois esse ataque continua parecendo muito estranho. Tomei o metrô várias vezes na última semana antes do isolamento, há oito dias meu resfriado aumentou, depois apareceram gânglios e dificuldade de engolir, finalmente me senti febril muitas vezes antes de tirar a temperatura corretamente. Minha nuca, todos os músculos do pescoço continuam doendo. Massageio, a dor alivia, mas não desaparece. De qualquer forma, e independentemente das sequelas e sua reabsorção, não corro perigo. As mensagens de amizade afluíram no Facebook. Isso aquece o coração, faz companhia, afinal de contas, os amigos virtuais são amigos. Eles estavam lá, respondendo "presente". Obrigada a todos. O instrumento internet funciona, o que é vital nesses nossos tempos.

31 de março. Continuo sem febre, mas as dores não passam. Após uma retrospectiva de minhas sucessivas casas anteriores, fica claro que nunca morei por muito tempo em um lugar tão pequeno. Montparnasse, com seus 13 metros quadrados, destinava-se a servir de promontório a curto prazo. Exatamente o que ele foi. Meus quartinhos (de empregada, no sexto andar) de antigamente eram ambos tão vastos quanto minha habitação atual. Eu nunca teria imaginado isso, o que é sinal de uma pauperização, nem mais nem menos, em minha vida. Terminar tão cedo num lugar tão exíguo.

1º de abril. Nenhuma febre quando acordo, e não preciso tirar a temperatura para saber disso. Mas as dores dos músculos inflamados continuam, alastrando-se por todo o pescoço a partir da nuca. A inflamação não desaparece magicamente. Mas minha capacidade de virar a cabeça aumenta a cada dia, embora com incômodo e dor. Os sintomas formam um conjunto que já experimentei outras vezes, mas não a crispação muscular. Espero poder ser testada um dia para saber se estou imunizada. O ataque se manifestou sexta-feira à noite por meio de angústia e de "alucinações" olfativas. Tive a impressão de que havia fogo no prédio. Saí no corredor e não senti nada. A não ser, claro, que fossem odores efetivamente insinuados através das paredes da vizinhança. Se não for uma forma benigna de corona, talvez seja uma forma ativa de estresse em razão da angústia pelo vírus invisível e onipresente. Não consigo produzir nada intelectualmente, não estou estudando coisas sérias, quase não leio, minha escrita é totalmente rasa. Sem elevação onírica, imaginativa, sem entusiasmo. Chumbo nas asas. A dor de cabeça muda. Hoje, ela subiu um grau acima do nível da orelha; isso é novo. A dor na nuca fica mais forte à noite. Tudo bem que os sintomas circulem, desde que um dia isso passe. A Coisa.

2 de abril. Minha cabeça dói sem parar. Sinto a nuca afogueada. Nunca passa. O intelecto está confinado, desorientado. Nenhum sopro de inteligência me atravessa. Muita internet, pouca leitura, nada de escrita. Estou sufocada. O consumo cultural disponível graças à internet é apenas consumo no sentido estrito. Ontem eu vi Beckett, *Esperando Godot* no teatro filmado, notável; agora estou assistindo *O sr. Deligny, vagabundo eficaz*. Tudo isso é belo e bom, mas não ativa meu espírito, não anima meu intelecto nem minha imaginação. Sinto-me árida, estagnada. Apenas consumindo o tempo, que se desenrola de modo ordinário. E isso é tudo.

4 de abril. Vivaldi na estação de rádio de música clássica, sempre a mesma dor na nuca, embora eu tenha escrito que melhorou e que a dor diminuiu. Sim, ela diminuiu, mas ainda sinto dor, de fato. Nem febre, nem Doliprane, mais nada. Mas a dor se agarra ainda à minha nuca. Entro devagarinho em *Glória incerta* de Joan Sales, traduzido do catalão por Bernard Lesfargues.

5 de abril. Todos os sinais discretos de uma doença de inverno continuam: sempre a dor de cabeça, nuca, músculos do pescoço. Sempre o desarranjo intestinal, sempre a garganta arranhando e o resfriado ativo. Não tomo mais Doliprane nem meço a temperatura, não tenho febre. Mas o corpo sofre, há um claro ataque sendo combatido por minhas defesas imunológicas. Ontem, fui arrastada por um amigo para o problema dos ciganos de Perpignan. A relação com o vírus. Os observadores e cuidadores locais não entendem as reações dos ciganos, que são tratados como "outros" distantes. Na realidade, segundo a imprensa, esses ciganos demonstram

ser bem-informados em tempo real, além de revelarem uma intensa angústia, como todos nós. Lamento por eles que a população francesa em geral manifeste tanto desconhecimento a respeito de seus vizinhos ciganos.

E lamento amargamente, uma vez mais, que os espíritos esclarecidos e emancipadores não se aproximem mais dessas pessoas que, finalmente, poderiam partilhar raciocínios sensatos e modernos, em vez de confiná-los — devemos dizer assim — numa tradição com a qual ninguém se importa e que é subestimada. Esses homens e mulheres só pedem uma coisa: ser poupados do contágio. Para isso, interlocutores minimamente corretos poderiam aperfeiçoar a prevenção, em vez de abandoná-los a charlatães que os expõem aos piores riscos. A situação parece melhor no Nordeste com os Ciganos e Viajantes, se deixarmos de lado o fato de que as caravanas não permitem medidas de distanciamento suficientes. E que, para alguns, permanecem precárias as condições para imprimir as autorizações de saídas ou para ter acesso a redes de wi-fi, muitas vezes caras, além de outros problemas específicos dos terrenos de estacionamento.

6 de abril. Continuo doente. Os sintomas não desaparecem. Não estou bem e não tenho coragem de contar sobre isso, pois vão achar que estou sofrendo de uma angústia delirante. Ontem clonaram meu cartão de crédito, então, a partir de agora, estou sem cartão; vou precisar recorrer aos amigos para ter dinheiro líquido. Não posso mais fazer transações *on-line* por internet. Sinto o peso do isolamento, como todo mundo. Passagem difícil por essa quarta semana de isolamento que está começando. E, no entanto, não tenho nenhuma vontade de sair, de ir ao encontro da COVID! Nesse caso, o objetivo não é não cair doente, mas como fazer para se tratar? Aonde ir? Chamar "SOS Médico" por causa de uma doença benigna quando comparada à pandemia? Não; vou reunir minhas forças e resistir. É espantoso que a inteligência não funcione, que o espírito esteja paralisado. Trata-se apenas de sobreviver ao fenômeno, sem qualquer outra ambição. Gralhas enormes, e pombas, vêm ciscar em meu gramado. É a primeira vez que as vejo. Elas estão com fome, diz uma amiga. Não há mais piqueniques na cidade, nos jardins, nenhuma migalha nas varandas dos restaurantes. Nossos animais urbanos sofrem. É com as flores, e pela primeira vez na vida, que tenho a mais íntima proximidade. Eu as observo várias vezes por dia, avalio se estão precisando de água, observo como elas se estendem para o sol e a luz, aprendo tudo. Eu as amo. Elas são a presença viva sensível mais próxima a mim, nesses tempos confinados. Há quem converse com os animais. Eu converso com as plantas.

9 de abril. A dor na cervical continua terrível. Um sofrimento concreto que protege do sofrimento abstrato do coronavírus, que me impede de galopar nas restingas imaginárias de uma peste bubônica inapreensível. Ontem celebramos, no Facebook, o Dia Internacional dos Roms, com algumas controvérsias atuais sobre os benefícios e malefícios da URI (União Romani Internacional). Continuo me arrastando pelo meu romance catalão de uma burguesia em plena guerra que, na verdade, não me inspira muito. Converso com minhas flores que se abrem uma depois da outra. Descubro os mistérios vegetais. As tulipas chegam à maturidade envolvidas por uma capa verde que se transmuta em um dia em cores brilhantes e abrem-se ao sol. Mas elas duram pouco, sua longevidade não ultrapassa a marca de poucos dias. Quando acabar o isolamento, vou me abastecer de mudas e sementes, bulbos e plantas para cultivar na minha varanda. Entrei em hibernação, em isolamento, ensimesmada, totalmente encolhida e sem qualquer pressa de sair. Já me sinto ansiosa com a ideia de voltar a sair diante das ameaças infecciosas. Acho que nunca mais vou ter coragem de beijar alguém nem de trocar apertos de mãos... Será uma fronteira a atravessar.

10 de abril. O heliotropismo das tulipas é extraordinário: durante o dia elas estão na horizontal, completamente oferecidas ao sol e à luz; à noite, fecham-se como ostras. Quantas lições vegetais tenho tido por esses dias! Nenhum filme realmente bom para assistir, nenhum livro realmente bom nas mãos. Como tudo isso é insípido e, de alguma forma, sofrido... Não consigo retomar a iniciativa, a criatividade, o sentimento de agir por mim mesma. Trata-se apenas de fazer com que as horas passem. Olho o despertador com alívio: ufa, finalmente já são 21 horas! Logo vou poder dormir. Estamos vivendo uma mera caricatura do normal. Quanto à música, é preciso muita sorte para conseguir descolar alguma que seja agradável nas ondas públicas!

14 de abril. Ao que parece, produzi um ataque de artrose cervical para me proteger da angústia do corona, uma dor contra a dor irrepresentável do corona. Assim, pelo menos, sei onde e como dói, e isso me ocupa: isso ocupa o primeiro plano, embora se trate da parte de trás de minha nuca. Uma muralha de dor contra outra dor. O futuro não tem rosto, não tem perfil nem contornos. O presente nunca foi tão plano, atordoante. O passado ficou para trás como uma anedota. Como se meu passado tivesse se tornado anedótico, ele murchou.

15 de abril. Estamos mergulhados na hipótese invasora da morte e, no que me diz respeito, de uma velhice certeira, na qual vejo desaparecer muitos dos meus entusiasmos de antigamente. Um verdadeiro umbral foi ultrapassado, estou perdida para a vida. Vou assistir novamente ao filme sobre Eric Clapton, para tentar fazer reviver os anos quentes. No entanto, acolhi vivamente a autobiografia de Keith Richard, com entusiasmo; eu a havia devorado há dez anos.

18 de abril. Dor na nuca. Estou cheia disso, será que essa sensação de prensa na nuca vai durar até a vacina? Boas-vindas à somatização! De Ponta-Negra, no Congo, Lionel nos envia charadas pelo Facebook, mas não consigo resolver nenhuma por completo. Minha mente está lerda. Finalmente, os velhos não ficarão mais confinados que os outros, mas para mim isso é indiferente. Tenho que reaprender a me interessar pelo mundo exterior; tive um sonho muito emocionante neste 20 de abril. Fiquei profundamente emocionada e reagi com lágrimas.

21 de abril. Hoje levei a ousadia até a loja do Monoprix no meio da avenida Gambetta, na altura da rua Pelleport. Sinto necessidade de sair do torpor protetor no qual me aninhei esse mês inteiro. Preciso reescrever, retrabalhar, re-refletir e andar até os confins de meu perímetro autorizado. Chegou a hora de me mexer. Livrarias e floriculturas reabriram. Ou seja, soou o pré-desconfinamento. No nicho de livros grátis de meu bairro, descolei um Pontalis. Que leio com mais fervor do que Hampaté Bâ, que descobri com cinquenta anos de atraso. Se eu tivesse lido Hampaté Bâ quando tive a felicidade de conhecer o Mali, teria adorado. Mas hoje, o gosto requentado dessa leitura me parece insípido.

23 de abril. Lá fora o sol brilha forte nesta tarde. Saí apressada para comprar algo para beber e vi muita gente pelas calçadas. É inegável que as pessoas voltaram a passear. Relaxamento. Se as coisas continuarem nesse ritmo, atenção à segunda onda! Em casa já está escuro, minha gruta entra na obscuridade às 15 horas, devido à posição do prédio. Geralmente, essa precocidade também me coloca fora dos comportamentos gerais: eles estão ainda brilhando ao sol, e eu já estou inclinada sob lâmpadas elétricas. Isso muda os modos de pensar.

24 de abril. Primeiro pesadelo do confinamento nesta noite. Entre outras coisas, iam me guilhotinar. Alguém me segurava pelo pescoço e passava gordura nele para que a lâmina da guilhotina cortasse melhor. Ignoro qual faísca pôde me lançar a um pesadelo como esse. Vou me tratar com cinema. Quero assistir a tudo o que houver de Visconti. Vou

compensar todo meu atraso de cinéfila. É o que mais me agrada nestes dias. Ao som do adágio de Mahler.

1º de maio. Tudo vai mal. Passei seis dias em refúgio climático na casa de uma amiga, por causa da devastação em meu apartamento causada por um curto-circuito no relógio de luz. Inabitável. Foi um parêntese muito simpático, caloroso e tenso de meu lado, tenso devido à ansiedade. Agora já voltei a meus domínios, é 1º de maio, meu modem de internet está novamente em pane, tenho algumas questões materiais dos seguros para resolver. Isso me ocupa. Estou me sentindo meio para baixo. Ouvi uma leitura de Charlotte Delbo, com Louis Jouvet, muito forte. Sinto muito cansaço; é a ressaca das panes elétricas. Tenho a sensação de estar confinada para sempre. Não imagino como vou conseguir voltar a beijar os amigos, as amigas, tomar o metrô. Alguns amigos reagem melhor que eu, menos aturdidos, relutam em seguir as ordens autoritárias do governo. No meu caso, deixo acontecer, deixo-me levar. Quanto à minha casa, nunca antes tinha sofrido tanto por causa de seu tamanho, mas agora estou vivendo como um caracol em sua concha. Não consigo abrir as asas. Estou quebrada. Sinto estar caminhando rápido para o fim. Qual energia devo aspirar para reaprender o gosto das coisas, de fora, dos outros? Onde encontrar forças?

8 de maio. Esta noite, eu estava preparando a saída de Didier (meu marido) da prisão, com sua família, e disse de repente: "Didier não vai sair da prisão, porque ele está morto". Pela primeira vez na vida sonho explicitamente com a morte.

11 de maio. Sonhei com a morte de minha mãe há alguns dias. Mas hoje é sobretudo o dia 1 do des-confinamento. Não imaginem que isso me faz ficar exultante. Meu livro *Um fato de verão* ainda não tem editor. Um livro sem editor sofre de uma orfandade sem fim. Dois editores o leram e o recusaram. Dois outros o receberam (há muito tempo), mas nem leram, nem acusaram o recebimento. Sobra um, que me garante que quer lê-lo e quer publicá-lo, mas ainda não o leu. Isso parte inefavelmente meu coração: abandonar um manuscrito escrito, e perdido. Sem posteridade, sem leitores, sem futuro, sem existência. Apagar o esforço, a dinâmica, a força que impulsionou a escrever. E subitamente nada mais disso existe. O livro não existe. Havia entre essa escrita, esse levante psíquico, e os leitores, um vai e vem, uma troca, um movimento que teria feito a existência do livro, sua partilha e nossos comentários, sua força e sua pouca existência. Mas agora ele fracassou, não existe absolutamente, é um natimorto. Na verdade, é

terrível e eu não saberia expressar o que estou sentindo com essa imolação. Se ao menos fosse um romance que pudesse suportar alguma espera, algum amadurecimento. Mas não é o caso. Trata-se de um diálogo entre contemporâneos, com meus contemporâneos, e tal diálogo é não advindo. É essa a cruel evidência de minha realidade. Mais um encontro fracassado. Escrever e clamar no deserto só podem acontecer em certas circunstâncias e certas condições. Não era assim que eu entendia esse livro. Estou ferida.

26 de maio. Escrevi sobre G. e para G., meu primeiro amor. Li Giono e me senti reconfortada. Finalmente saí de meu estupor confinado e pude saborear as alegrias da literatura. De novo, mergulho no tédio. Com exceção da cinemateca, a falta do que fazer é o que me domina, ferozmente. Há quinze dias, meus semelhantes já estão livres do confinamento, mas eu quase não saio, dou um passo para frente e logo recuo. Os pedestres da minha rua parecem arrogantes, descuidados, perigosos. Mas estou entediada, vai ser preciso inventar alguma coisa.

30 de maio. Estou encantada com os filmes antigos da cinemateca e vou continuar. Encontrei alguns magníficos. Até recebi como presente um filme muito bom sobre Antonin Artaud que conseguiu me agradar. Só saio de meu abrigo pouco a pouco. Ainda não estou usando o transporte público, a não ser uma vez há uma semana, para ir ao hospital. Não foi uma boa experiência! Senti uma grande vontade de ir para o campo neste fim de semana, mas, diante de minhas incapacidades, a ideia me abandonou. O jardim de infância da minha rua está aberto. Quem sabe ele recebe pessoas como eu. Tenho que me convencer a retomar os costumes de sociabilidade de antigamente.

18 de junho. Voltei esta semana para a psicanálise presencial, no consultório. Retomei imediatamente o trabalho e redigi dois artigos, um após o outro. Decidi que eu mesma vou publicar *Um fato de verão.* O caso está sendo estudado por meu camarada O.

22 de julho. Depois de um mês de correspondência regular com G., mais nada. Pena, foi um reencontro feliz, embora um pouco delirante. Era uma companhia. Novamente, eis-me aqui comigo própria. O livro está sendo fabricado pelas mãos de O., que conhece muito bem seu negócio, mas está soterrado de trabalho. A coisa se arrasta um pouco, e isso também é pena, mas vamos conseguir, se eu aceitar ter paciência.

Ainda dez dias em Paris, depois uma viagem no Sul. Quanto ao corona, ele volta a galope depois de breve pausa. As pessoas não tomam cuidado, não acreditam mais, habituaram-se, pensam que vão atravessar incólumes.

O metrô é uma provação especialmente penosa, as pessoas se sentam em qualquer lugar, e os trens estão sempre cheios, mesmo fora do horário de pico. É enlouquecedor. Como o vírus oficialmente voltou em alta, não sei mais se devo circular ou não. Não tenho alternativa para os transportes públicos.

24 de agosto. Como previsto, é a segunda onda do vírus. Os veranistas demonstraram que não conseguiam manter os gestos de proteção e que não conseguiam sustentar uma prevenção do contágio. Minhas férias foram muito agradáveis na casa de amigos. G. escreveu todos os dias nesses últimos tempos, mas hoje, nada. Estou lendo Ursula le Guin.

O fim das férias está anunciado para 31 de agosto, as crianças voltarão para as escolas da França. Os deslocamentos em transportes públicos são uma catástrofe, tem gente demais por toda parte. Todo mundo parece ter se acostumado ao corona, e ninguém se esforça mais. São cada vez mais numerosos os recalcitrantes que cruzo, na rua ou mesmo no metrô, sem máscara.

Li várias tentativas de análise por parte de meus contemporâneos, muitas delas por parte de esquerdistas. Todos questionam a ordem liberal, até mesmo protofascista, tanto econômica quanto social, no tempo do novo coronavírus. O que eu poderia pessoalmente acrescentar? Não estou sofrendo em razão das medidas sanitárias impostas pelas autoridades. Minha rebelião não está focada nessas ordens, certamente autoritárias, e até mesmo infantilizantes. Pois o perigo existe e é preciso se proteger e proteger os outros. Essa máxima não sofre qualquer contradição de minha parte. Enquanto não houver vacina, somos vulneráveis. Ora, mesmo que a vida não seja tão interessante assim, não estou disposta a perdê-la devido à incivilidade de meus semelhantes. As recusas obstinadas de se conformar às prescrições provêm principalmente da extrema direita e dos idiotas iluminados que enxergam complôs por toda parte. A esquerda e a extrema esquerda criticam principalmente o autoritarismo e a grave perspectiva de que as medidas provisórias de coerção sanitária possam se perenizar e instalem uma nova ordem de marcação cerrada contra os cidadãos. Na medida em que a pandemia atingiu abertamente o mundo todo, é fácil imaginar que uma resposta local será insuficiente como resistência à tentativa autoritária. Além disso, os comportamentos irresponsáveis de certa parcela da população fazem com que as práticas repressivas sejam toleradas e mesmo apoiadas. E, ainda que essa infecção fosse mínima, ninguém faz questão de ser agraciado com ela. Mesmo no caso de resfriados de inverno, deveríamos usar máscaras para não contaminar o vizinho.

Como sou aposentada, vou escapar em parte das calamidades econômicas que nos espreitam nos próximos meses e anos em consequência da pane econômica da ordem capitalista. E é verdade que algumas das propostas que li *Para o Mundo de Depois* chegam a se mostrar sensatas e encorajadoras pela inovação, preconizando uma retomada mais igualitária e ecológica para o futuro. Mas não acredito nisso. Na minha opinião, elas pertencem ao campo da ficção e dos bons sentimentos. Não estou dizendo que essas projeções sejam inválidas, longe disso. Estou dizendo que não acredito, nem por um minuto, que haja alguém, dentre os agentes políticos e econômicos do capitalismo mundial, que tenha a menor intenção de melhorar a vida na Terra. Numerosas proposições já poderiam ter sido concretizadas para amortecer o choque para os mais frágeis, entre os quais se encontram os pobres esfomeados do mundo. Mas, hoje, nada é feito. E é de se esperar que esse nada continuará a ser feito numa escala ainda mais ampla. Não consigo acreditar. Talvez seja uma questão de crença pessoal. E como não coloco meu narcisismo no esplendor das teorias abstratas, a exemplo de tantas falsas celebridades, permaneço na superfície dos fluxos da cotidianidade, na minha opinião, muito mais importante.

Anuncia-se uma magistral recessão econômica, desemprego maciço, etc. Mas quem é que propõe que os recursos sejam partilhados, as horas de trabalho repartidas para que cada um tenha um pouco? Ninguém! Quem propõe alimentar os cidadãos a partir de agora privados de recursos, por exemplo num país como a Índia, onde os "bicos" do mercado negro permitem que toda uma família possa viver? Ninguém. Todo mundo considera que isso é normal numa ordem capitalista. Como anarquista, ouso proclamar que o texto mais inteligente que li sobre a situação foi o de Dominique Strauss-Kahn, *O Ser, o ter e o poder.* Claro que não estou afirmando que se trata de um texto anarquista ou feminista. Mas, deixando de lado os pressupostos que não dizem respeito aos anarquistas, como o exercício do poder, por exemplo, ou a representatividade política parlamentar, fora dessas evidências, no que se refere à análise material da situação gerada pela COVID-19 nos próximos anos, nenhum esquerdista teria feito melhor.

Portanto, quero dizer que nós, anarquistas, somos como todo mundo: fomos pegos de surpresa por um acontecimento imprevisível para a grande maioria da população mundial. Sim, eu sei, também li textos anunciando a chegada da pandemia, há mais de dez, e até vinte anos, por parte de certos observadores. Ninguém acreditou. E ninguém tomou providências dada a previsão da explosão sanitária. De fato, teria sido possível. Lembrem-se dos agentes, como por exemplo da CIA, que avisaram há muito tempo que esse risco era atual. Vou repetir o que dizemos há muitas décadas: este mundo, tal como é, caminha para sua perdição, e nós poderíamos lhe dar um pouco de harmonia, caso ouvíssemos as propostas dos anarquistas do mundo inteiro. Sim, posso dizer isso mais uma vez, mas o que é que isso traz para o debate de hoje?

Hoje, as pessoas querem saber quando teremos a vacina e quando é que vamos poder novamente ficar nas baladas até a manhã seguinte. O resto não passa de peripécias de especialistas, não é problema nosso, dos vivos. É essa a mensagem que a rua nos envia, todos os dias. As pessoas estão se lixando para o resto.

8 de setembro. Foi oficializada a notícia de que a segunda onda grassa no mundo inteiro, mas que é preciso aceitar ser infectado, pelo bem da economia mundial. Nesse sentido, poderíamos certamente nos ofender e indignar. E administrar a pandemia de outra forma em benefício da humanidade, e não para a sua perda, como escolhe o capitalismo. Os efeitos devastadores ainda não são evidentes: por exemplo, nossos amigos livreiros conseguiram compensar seu atraso devido aos dois meses de isolamento social e de fechamento de seu comércio.

Reencontrar o gosto da liberdade nesses tempos? Vai ser difícil, mas felicito aqueles que conseguirem. Que nossos sucessores possam desejar que a alegria ainda se encontre no tumulto!

Pandemia, saúde pública e liberdades

Edson Passetti

Começou em dezembro de 2019, na China. Chegou no Brasil entre fevereiro e março de 2020 com contaminações e mortes trazidas pelos segmentos mais ricos dos humanos. É o novo coronavírus, depois batizado de SARS-CoV-2, produtor de uma doença chamada COVID-19. Veio pelo ar de longínquo oriente, por avião. Ocupa o ar por meio de perdigotos lançados por contaminados, atinge preferencialmente os que estabelecem relações de proximidade ou em aglomerações. Chegou pelo transporte aéreo e se expandiu pelo ar; invisível e alojado em um condutor, contamina os lugares por onde se transita: escolas, empregos, áreas de transportes, espaços de lazer... Parece que nenhum lugar lhe escapa. Em 11 de março, a Organização Mundial da Saúde (OMS) decretou pandemia.[1]

Dizia Hipócrates que as doenças vêm de ares, águas e lugares em um livro em que buscava a harmonia entre o homem e o seu ambiente. Na Grécia já se constatava a presença de doenças endêmicas e de outras, nem sempre regulares, mas com uma capacidade de expansão surpreendente, chamadas de epidêmicas. Duas epidemias deixaram marcas na história desde a Idade Média. Foi a peste de Justiniano, em 543, e a peste negra em 1348. Entretanto, a lepra que incidia preponderantemente entre pobres nos séculos VI e VII, trazida para Europa pelas Cruzadas, foi a doença mais temida por provocar o "isolamento". O leproso passava a ser o morto-vivo, e seu isolamento servia, ao mesmo tempo, para a proteção dos sadios e para combate ao mal. Foi com a peste negra que se instituiu a prática da

1. Cf. *https://www.gov.br/pt-br/noticias/saude-e-vigilancia-sanitaria/2020/03/oms-classifica-coronavirus-como-pandemia.* Acesso em: 02/10/2020.

quarentena[2], noção que se fundamenta nos escritos bíblicos (o dilúvio durou 40 dias) e na crença, desde o século XIII, que o 40º dia era o que separava formas agudas e crônicas das doenças. Doenças epidêmicas estavam diretamente relacionadas com mal, punição divina, risco à natureza e aos humanos moralmente sãos; com a necessidade de se viver sob boas condições higiênicas para que ares, águas e lugares não fossem infestados.

A medicina grega não se pautou na cura, mas na higiene que acompanhou a história da medicina sanitária e de saúde pública. Trata-se da busca pelo ideal do organismo são em oposição ao organismo doente. Discute-se a natureza do mal, mas não o ideal de bem. À sociedade importa "saber qual é seu estado ideal ou a sua norma" (CANGUILHEM, 2005, p. 76). A natureza dos males sociais é pouco questionável e a discordância se dá em função dos remédios a serem aplicados, a necessidade de medicalização. Por isso, as vias de reformas são variadas, as regulações conturbadas nas institucionalizações e sobressaem as discordâncias não só quanto ao enfrentamento com epidemias, pois o que está em jogo é como equacionar a crise, conceito que veio da medicina para o governo da sociedade.

Sabemos, modernamente, que saúde pública é o nome que se dá à gestão das doenças endêmicas, epidêmicas, pandêmicas e pestilentas no interior de um território-Estado e/ou disseminadas pelo planeta. Para Canguilhem (2005), o mais correto seria chamar a saúde pública de sanitarismo, pois o que está em questão é o governo das doenças. A higiene atravessa a noção de saúde médica, com ambição sociopolítica e médica de regulamentar a vida do indivíduo, e transforma a vida em cálculo na definição de saúde pela OMS.[3]

Para muitas doenças há vacinas, recomendações de precauções, medidas sanitárias enquanto, para outras, incluindo o HIV-AIDS, aguarda-se a descoberta de uma vacina, e não se deixa de constatar os interesses e moral em se descobrir ou não uma vacina, seus limites técnicos, morais e

---

2. Foram dois os modelos de organização média no Ocidente, o da lepra e o da peste. Neste "o poder político da medicina consistia em repartir os indivíduos uns ao lado dos outros, isolá-los, individualizá-los, vigiá-los um a um, controlar seu estado de saúde, verificar se ainda viviam ou se estavam mortos e em manter, assim, a sociedade em um espaço compartimentado, constantemente vigiado e controlado por meio de um registro, o mais completo possível, de todos os acontecimentos sobrevindos" (FOUCAULT, 2011, p. 414).

3. Conceitos: *https://conceitos.com/organizacao-mundial-de-saude-oms/*; definição de saúde pública: *https://conceitos.com/organizacao-mundial-de-saude-oms/*. Acesso em: 02/10/2020.

políticos, as maneiras de administrar a contenção da doença e os respectivos medicamentos. Enfim, cada vez que o humano se vê surpreendido por uma doença nova que coloca em risco sua continuidade e reprodução, múltiplas medidas são buscadas pelas ciências e nas práticas de laboratórios e de higiene para contê-las, fazendo da medicina um saber que absorve uma pluralidade de disciplinas.

Para a gestão planetária das doenças e das respectivas contaminações, considera-se central o desempenho da Organização Mundial da Saúde (OMS), fundada em 7 de abril de 1948 e vinculada às Nações Unidas, pautando suas ações em fundamentações científicas e traduzidas em recomendações a todos os Estados no planeta. A OMS foi uma das primeiras institucionalizações planetárias desde quando o exercício de poder passou da biopolítica (FOUCAULT, 1978) das populações e meios controlados pela estatística, economia política e políticas públicas compensatórias, para a ecopolítica (PASSETTI et al., 2019) em que o planeta e os ambientes são controlados pelos monitoramentos eletrônicos e pessoais, a economia política, as políticas públicas e as específicas, com variadas políticas de direitos de minorias, para o meio ambiente e medidas e programas de segurança.

Notícias vão e vêm de todos os lugares por todos os meios disponíveis. Uma das primeiras matérias que marcaram a surpreendente contaminação pelo novo coronavírus e as medidas sanitárias necessárias indicadas de imediato foi a da escritora polonesa Olga Tockarczuk, traduzida e publicada no jornal *Folha de S. Paulo*, como "Janela indiscreta" (11/04/2020): "para mim, já havia um bom tempo, o mundo estava em demasia. Por demais, rápido demais, barulhento demais". Indo contra a maré, a escritora saúda o isolamento, lamenta pelas pessoas que perderam empregos em coisas e espaços que ela prescinde e pergunta: "não teríamos, por acaso, voltado para o ritmo normal da vida? O vírus não seria, então, um desvio da norma, muito pelo contrário — aquele mundo frenético antes do vírus teria sido anormal?". O vírus teria deixado claro a qualquer mortal que há pessoas mais fracas e que precisam de nossos cuidados, e que, apesar de tudo, voltamos para nossas casas e nelas fazemos nossos aquartelamentos. A casa é o quartel; a epidemia exige uma ação de polícia e medidas repressivas. Foi assim que, segundo a autora, a Europa mostrou sua face mais frágil com o fechamento das fronteiras entre Estados. Todos que vêm do estrangeiro são tidos como suspeitos. Será mesmo que o vírus nos mostrará, como supõe a escritora, quanto somos desiguais? E o que acontecerá depois de passada a chamada pandemia?

Seis meses depois do artigo e dez ou onze da detecção do novo coronavírus, muitas empresas buscam a vacina: China, Rússia Inglaterra e EUA disputam a dianteira. No Brasil, seu presidente decidiu negar a existência da chamada pandemia, ridicularizando os demais, enfatizando ser necessário não parar a economia, como se algo pudesse parar a economia capitalista que não fosse a mobilização dos trabalhadores-empreendedores desse capitalismo neoliberal em que parecem estar quase todos satisfeitos ou sofrendo, em conjunto, de embotamento de imaginação, de insensibilidade epidérmica para as misérias, de desconhecimento proposital das desigualdades, de anestesias contínuas com direitos de minorias ofertados, empoderamentos prometidos, qualidade de vida no horizonte ou um *novo* normal, redutores maquiados de racismo, etc. Há um *pharmacón* contemporâneo, destinado menos à cura e mais ao envenenamento gradativo chamado democracia.

DESIGUAIS, DEMOCRATAS, MODERADOS CONSERVADORES

Não é difícil constatar, hoje em dia, os modos e as modulações que se produzem em função da gestão da dinâmica das desigualdades socioeconômicas que, entre outras coisas, cria a lista anual de bilionários, incluindo gente deste país em que eu vivo; que desova mais e mais crentes na economia capitalista, no trabalho, no emprego, como se tudo ficasse azul depois de passada mais uma crise, nesta vida que é só de crise, medo, dissimulações e demonstrações contínuas de felicidades *by selfies*; que reproduz o ideal de democracia equalizando as diferenças de direitos e fomentando mais formalizações jurídico-políticas, judicializações e medicalizações. Não há como olhar para o planeta sob a chamada pandemia e não se perguntar como os súditos se governam, ou seja, deixar de lado a transcendentalidade humanista e nos voltar à luta diária contra as desigualdades, principalmente contra o exército (não só das forças armadas e policiais de Estado) de súditos que amam, enaltecem e gozam com a economia capitalista para si e para sua vitória como membro da manada em estado de engorda para o abate e o corte ou como o tísico e o nanico em estado de inveja de ser a carne tenra para os superiores.

Desde as Declarações dos Direitos do Homem e do Cidadão de 1789 e 1793, está em jogo a defesa dos homens livres e iguais, sua emancipação segundo direitos e modos de acesso e conservação da liberdade, propriedade e segurança. Direito de resistir à opressão do soberano quando este exacerba sua autoridade no exercício de seu governo e se torna um anormal. Somos todos governados pela iluminação do Estado e pelas variadas formas de exercício da soberania em regimes políticos fundados na autoridade centralizada, explicitando o exercício do entendimento na maioridade alcançada pela emancipação. E assim será, como o escrito nas velhas escrituras.

Contra o nocivo para sociedade, haverá a lei (via constituição e direito penal, e com os livros sagrados das mais variadas religiões), como vacina e medicamento. E está claro que o nocivo para a sociedade é decorrente do humano passível de punição, por isolamento, asilamento (de refugiado, de velhos, de doentes mentais) ou encarceramento. Mas como será diante da morte anunciada por um novo coronavírus quando não há, nem jamais haverá, lei a ser edificada contra essa ou outras tantas invisibilidades? Não houve, há ou haverá uma guerra entre o visível humano e o invisível vírus, a não ser na mente metafórica e dissimuladora de certos analistas ou de agitação regular de noticiários. Diante de uma normalidade a ser almejada, de um novo normal a ser aceito ou atingido, não há também punição efetiva capaz de conter aqueles que duvidam, desafiam e se arriscam desconsiderando as recomendações da OMS, repassadas por parte da imprensa, das redes digitais e de uma infinidade de alertas constantes. Não há vida da norma sem a possibilidade da aplicação, ainda que tênue, de sanção que sustente a própria norma. A norma é que endireita o torto, o desviante potencial, que esquadrinha os espaços (CANGUILHEM, 2019; 2012; 2005). A vida sob o coronavírus permanece realizando a continuidade do normal (ainda que para adocicar a população se fale de um novo normal em trânsito para o qual todos são convocados a participar da mesma vida normativa como se fosse a procriação de uma nova).

A propriedade é o direito inviolável e sagrado em ambas as declarações, assim como a necessidade de força pública para garantir os direitos é garantida nas duas. A declaração de 1793 promete a felicidade pelo governo que garante o gozo dos direitos naturais imprescindíveis (igualdade, liberdade, segurança, propriedade) porque os homens são iguais perante a lei (o que pode ser retocado, traduzindo homens por humanos e dando os "mesmos" direitos às mulheres, mais de dois séculos depois). Afinal, é o "não faças ao outro o que não quiseres que te faça", fundindo razão e religião. Preservar direitos é garantir o uso legítimo da punição, garantindo a segurança da pessoa, dos seus direitos e de suas propriedades, da mesma maneira que as autoridades que excedem de modo arbitrário no uso da lei deverão ser punidas. Direitos que só existem porque há punições à vista e um suposto nivelamento hierárquico por onde todos punem: os pais, os patrões, os juízes, os políticos; e todos podem punir no retorno, com fiscalização sobre como os pais ultrapassaram o tolerável como "maus-tratos", os patrões com suas normas de funcionamento e pagamento de salários; os juízes com as sentenças e suas legítimas interpretações da lei; os políticos punidos pelo não cumprimento de seus programas na próxima eleição, ou por meio de um impedimento imediato mediante uma fraude constatada, etc. E toda e qualquer outra profissão de educação, saúde, arte até a repressão. Punição pela lei, pela norma, pelos direitos, em favor da segurança. Pela saúde do Estado e da sociedade. Nenhuma pessoa pode ser propriedade alheia (direitos contra a escravidão, segundo as especificidades e legislações parciais de libertação, de acordo com a respectiva maneira de exercício da dominação branca superior sobre indígenas, pretas e qualquer outra etnia).

Cabe ao Estado o auxílio público, também conhecido como dívida sagrada aos infelizes. Pode ser com os descendentes de escravos pelas peculiares políticas compensatórias; pode ser com populações pobres e miseráveis sob a situação atual de pandemia por meio de auxílio emergencial. A garantia social está na conservação de direitos baseada na soberania nacional. Por conseguinte, a revolta só é tolerável quando o governo viola o direito do povo. Por isso, medidas como as brasileiras, de redução de salários, jornadas de trabalho, dispensas do trabalho durante este ano da chamada pandemia, são legais! Ainda no caso brasileiro, quando em agosto deste 2020, certas forças antifascistas se organizaram para tomar as avenidas, rapidamente a imprensa liberal e similar, o judiciário, o legislativo e até mesmo o executivo que financiou, entre outras, várias encenações de derrubada do judiciário, decidiram apaziguar tudo, em nome do consenso em torno do conservadorismo moderado na democracia. O investimento foi em alijar certas forças antifascistas das ruas, orquestrado pela proeminência de muitas forças à direita e à esquerda como a verdadeira força antifascista capaz de garantir a democracia e o governo do Estado, reconhecido legitimamente nas urnas na última eleição. O governo deu em troca o silêncio de sua força de atuação e apoio declaradamente fascista, sua extrema direita, no dizer pluralista. A aproximação do executivo do chamado centro (o antigo Centrão), dentro do que esse governo chamou de nova política, evidenciou que a política democrática pluralista vai da extrema esquerda à extrema direita (por isso mesmo que nunca capitalistas, liberais e socialistas deixaram de compor ou pretender compor com forças fascistas até a recomposição da democracia liberal), sacrifícios saudáveis em nome da continuidade do *regime*.

Mas há alguma coisa dissonante nessa composição de imbecis certificados. Na tradição moderna, a epidemia e a peste[4] estão relacionadas às doenças que vêm dos de baixo, dos que vivem embaixo, de pobres e miseráveis. A *sua* sujeira contamina o meio urbano destinado à circulação livre de pessoas e mercadorias; contamina as águas com esgoto a céu aberto, fonte de mananciais de águas, nascedouro de espécies, polui o meio ambiente onde vivem, os ares e lugares, incluindo os asilos, os hospitais, os leprosários: os espetáculos da doença. Mesmo que o higienismo os transforme em pobres-limpinhos, asseados e obedientes, ainda são vistos como o bando de pobres sujos, empesteados, doentes, nocivos tanto com sua presença física maltrapilha e encardida quanto por meio de suas ilegalidades políticas que sobressaem, desde o fim do século XVIII, quando já são acusados de ameaçar acabar com a *boa* sociedade. Todas as práticas corajosas desde então se voltam para a morte dessa sociedade fundada na desigualdade socioeconômica e na ilusão dos direitos fundados na diferença. A sociedade deve morrer (STIRNER, 2004). Isso é normal. "É possível que o normal seja uma categoria do pensamento popular porque o povo sente — de maneira profunda, apesar de confusa — que sua situação social não é justa" (CANGUILHEM, 2012, p. 187). Anormal é a vida que nos impõem; é o superior que pretende nos governar; é o súdito que se espelha no superior; é o eterno retorno *do mesmo*; é preciso arruinar essa sintaxe.

Todos aqueles que se aproximam desses corajosos e que convivem contando com o apoio mútuo (CARNEIRO, 2020) na autogestão de suas vidas são nocivos, são mais do que disseminadores de vírus (novo ou velho), são a peste (OLIVEIRA, 2020). A história da saúde pública é sempre a história dos efeitos de pobres, sujos e nocivos sobre os bons, saudáveis, ricos e ilustrados (aristocratas ou classe). Desde o século XVIII "a pandemia é uma tessitura mais compacta de fenômenos constantes e mais homogêneos, [...] um modo autônomo, coerente e suficiente de ver a doença" (FOUCAULT, 1980, p. 24). Contagiosa ou não, a epidemia tem sua individualidade histórica, pois como fenômeno coletivo ela exige "um olhar múltiplo; processo único; é preciso descrevê-la no que tem de singular, acidental, imprevisto; [...] só pode haver

---

4. "Sabemos que diferentes doenças infecciosas desapareceram do Ocidente antes mesmo da introdução da grande quimioterapia no século XX. A peste, ou o conjunto das doenças ao qual os cronistas, os historiadores e os médicos darão esse nome, apagou-se ao longo dos séculos XVIII e XIX sem que se conheça de fato as razões nem os mecanismos desse fenômeno que merece ser estudado." (FOUCAULT, 2011, p. 402).

medicina das epidemias se acompanhada de uma polícia" (Idem, p. 27). E, assim, formaram-se não só as comissões de saúde nacionais como foi sendo esboçado o jogo das relações internacionais entre variadas instituições (até chegar à OMS), transformando a consciência coletiva dos fenômenos patológicos, ou seja, aqueles que estão fora da normalidade. Assim como é a história dos humanos à espera de um condutor de consciência capaz de levar a manada ao paraíso e reiterar o mito do desaparecimento total da doença em uma sociedade sem distúrbios e paixões, restituída a saúde de origem. Mas isso nada mais é que idealizar a vida no paraíso, no sonho justo dos mortos, e jamais matar a sociedade que morre, talvez restaurá-la na misericórdia dos reformistas melancólicos e saudosistas do *welfare-state*. Como os padres aliviam a dor da alma, os intelectuais racionais abrandam o sofrimento (incluindo os médicos). Normal é o matrimônio religião-razão. Normal é até mesmo o revolucionário porque sinaliza para a perpetuação do Estado; patológico será o anarquista, assim como foram os combatentes das ilusões dos direitos nos primeiros 40 anos seguintes da Revolução Francesa que definiram a unidade política dos ilegalismos populares.

Mas ainda somos governados pela razão liberal, para a qual a primeira tarefa dos médicos, e dos demais racionais, é sempre política: o combate à doença é uma luta contra os maus governos, para que uma vida humana com figuras positivas de saúde, virtude e felicidade a serviço do Estado se realizem como norma. Há um pêndulo do justo que deve oscilar para encontrar estabilidade no meio; deparar-se com a necessidade de ver tudo em *processo*, um processo que avista a utopia tanto quanto a consolidação imediata do real; portanto, simplesmente kafkiano. Todo médico vive e viverá assim em uma bipolaridade entre o normal e o patológico, pois a medicina é o *corpus* de técnicas de cura e do saber, e, ao mesmo tempo, conhecimento do homem saudável (o não doente e também definição do homem modelo) (FOUCAULT, idem). O médico, o político e o cidadão respiram *direitos*.

A pandemia reiterou as desigualdades e, no Brasil, as colocou em um plano (ou seria uma plataforma?) distante, ofuscadas pelas discussões acerca das diferenças sociais e acessos a direitos (muitas notícias sobre situações consideradas patológicas de subjugação de mulheres e pretos), possibilidades de auxílios emergenciais, a saúde de todos por meio de ameaças de *lockdowns* (ou estado de sítio?), aquartelamentos, controle mais acentuado de populações de riscos (maiores de 60 anos e portadores de comorbidades), trabalhos deslocados do presencial para *home office*, escolas para crianças e jovens fechadas, universidades particulares e algumas estatais funcionando por acesso remoto, trocas de ministros da saúde, descaso do presidente com a pandemia reduzida a gripezinha ou coisa de fracos (até ele mesmo ser pego). Depois de contaminado, ele espertamente reduziu seus pronunciamentos aos devotos em busca certo consenso nas sondagens, com vista às eleições de final de ano, restaurando sua figura de mito justiceiro em uma democracia em exercício... O uso de máscaras permaneceu recomendado, assim como a assepsia de mãos, distanciamento de contatos próximos e de aglomerações, mas, com a chegada do calor, ainda no início de setembro, as praias e ruas/avenidas foram tomadas de jovens (e nem tão jovens) à procura de algo, de alguém, de uma presença... E muitas notícias! Foi o isolamento e não o trabalho, que segundo muitos, provocou o desejo de suicídio, depressão, doenças da alma para pastores laicos e religiosos. Tudo normal em direção ao novo normal, ou não?

LIBERTÁRIAS

Na produção de notícias não é imediato estabelecer a incidência regular de assuntos. Para efeitos deste artigo, basta relembrar por que as prescrições permanecem nítidas para cada uma, ainda que nem sempre sejam seguidas (ele/ela não usa máscara na rua, no transporte, na praia; mas não deixa de usar no *shopping center*, no hospital..., simplesmente porque nesses lugares não se entra sem máscara). Não faltaram ou faltam comunicações sobre a contaminação pelo novo coronavírus e sobre o atendimento dos casos médicos em hospitais, leitos suplementares, hospitais de campanha, segundo a gravidade dos casos em relação direta com o até então desconhecimento dos medicamentos eficazes, o que ocorreu segundo as *n* tentativas de conter a morte. Médicos, paramédicos, equipes de enfermagem, auxiliares, por vezes voluntários, em um esforço enorme para garantir a continuidade da vida de infectados. Testagens em série foram acionadas principalmente no Oriente; atenção com os ambientes fechados após a infecção se alastrar pela Europa; medidas interesseiras de alguns governos indicando o uso "preventivo" de cloroquina e hidroxicloroquina aos que acreditam mais na autoridade do Estado fundada em si mesma e em seus interesses do que nas recomendações científicas da OMS e nos efeitos iniciais devastadores da COVID-19, divulgados pelas agências de comunicação. Curvas estatísticas são produzidas diariamente por universidades estrangeiras e/ou por conglomerado de imprensa no Brasil (que explicitou o mau uso da estatística pelo Ministério da Saúde) sobre mortes, contaminações em alta e depois em estabilidade, em baixa. Medicamentos combinados são encontrados para o atendimento imediato. Não há mais notícias insistentes sobre morte de médicos e equipe de enfermagem. Hospitais de campanha são desativados, a redução do uso de leitos de UTI constatável, há muita gente nas ruas, de volta ao trabalho presencial. Só não voltaram ainda em grande parte dos municípios as escolas para crianças e o lazer cultural (outubro de 2020). Falam do crescimento de suicídios, de pessoas que estão confusas com o isolamento, de como é *natural* as pessoas voltarem às praias e ruas, porque "ninguém aguenta mais", enfim, um rol de temas sobre o novo normal, que se confirmará após o fim da pandemia (ou pelo menos sua contenção regular e regulamentada, a fase de testagem de vacinas, gestão sobre os novos "picos"). Novo normal?

Normal é uma condição de ajuste moderador de condutas, a condução esperada de condutas que não firam a continuidade da ordem: o normal é tolerante, solidário, humanista, democrata... Com as normas, o normal vai se ajustando segundo as situações para que ocorra a prevenção de uma revolta ou insurreição, o retorno à ordem democrática sem a ameaça de uma contenção de uma convulsão social, corrigindo a descontinuidade circunstancial, com a contínua educação punitiva aos iracundos. Há sempre um normal até mesmo nas pandemias, assim como há um normal no patológico. O que está em questão é justamente a implosão simultânea do desejo e da efetivação do normal, da normalidade, do normativo. Ou, como situam os anarquistas, escapar da normalização é a sua saúde também. Como disse certa vez um poeta: "de perto ninguém é normal", verso contundente da canção "Vaca Profana"[5]. Ainda relembrando Canguilhem, o único normal convincente é o que diz respeito a como o povo vive e constata a sua situação real, não justa.[6] Um povo e não o povo como totalidade, posto que neste *mundo* em que vivemos não são episódicas as

5. "Vaca profana" de Caetano Velosos. Disponível em: *https://www.letras.mus.br/gal-costa/153885/*. Acesso em: 03/10/2020. Curioso que o contundente verso acabou sendo apropriado pelos lados menos imaginados da indústria cultural e editorial. Mas não perde sua força estranha.

6. "Quando eu falava dessas cores mórbidas/ Quando eu falava desses homens, sórdidos/ Quando eu falava desse temporal/ Você não me escutou/ Mas isso é tão normal (Você não quis acreditar)". "Paisagem na janela" de Lô Borges e Fernando Brandt, 1972, *Clube da esquina*.

maiorias populares que se espelham na existência aristocráticas ou elitistas e se voltam contra uma quantidade ou qualidade de seu próprio povo. Os anarquistas sempre souberam bem traçar esse governo dessa maioria do povo contra as suas minorias capazes de subversão (GOLDMAN, 2008).

O início da pandemia provocou o entrecruzar de informações e de inquietações libertárias como o documento da Federação Anarquista de Turim (2020), o de Ian Alan Paul, "Dez premissas sobre a pandemia" (2020), seguidos de muitos outros de pessoas e associações voltados para ressituar a urgência de lidar com o risco de morte e, ao mesmo tempo, com a realização de uma vida livre, livre de governos por hierarquias, condutores de consciência, superiores, platônicos, plantonistas humanistas, e os que se autodefinem capazes de falar da espécie para espécie, pastores eruditos e *populares*. Um outro olhar para a peste embutida no discurso pandemia. A peste vista como a guerra moral contra o que é capaz de destruir o humano hierarquizado e consolidado daquela ou desta época. O anunciado perigo da extinção apocalíptica da espécie, da degradação do planeta, da morte iminente que deve ser combatida a qualquer custo pelas reformas. O perigo do retorno da peste anarquista (DOSSIÊ COVID-19, NU-SOL, 2020).

O medo da morte, curiosamente a única certeza do humano desde seu discernimento sobre as coisas e as gentes. É o que fortalece os pilares do edifício da ordem. No presente, essa ordem fundada na racionalidade neoliberal põe para crescer edifícios assustadoramente altos, gigantescos falos arquitetônicos, pontos móveis de acesso para além das nuvens como ilusão e proximidade do céu. Vida explicitamente hierarquizada e governada pelo alto, com o apoio de todos os andares inferiores da construção, incluindo suas garagens e subsolos. Vida que começa na origem divina e na comunicação com o terreno que bate e volta. A morte real e visível está imantada ao invisível dos céus. A morte de cada um, seu esquife e sua sepultura, privada ou coletiva, e a invisibilidade do vírus. O terrível instante que se torna normal quando o médico na UTI deve decidir para quem ele destinará o que há de equipamento respiratório restante aos casos extremos; ele decidirá e decidiu quem deve viver. Não se viu ou ouviu, todavia, um médico se pronunciando contra a falta de equipamentos que o levava a se assenhorar explicitamente da vida do *paciente*.

A pandemia tende a *perdoar* os equívocos da administração lucrativa dos hospitais, as desatenções corriqueiras das instituições de saúde pública, as vantagens dos planos de seguros privados e enaltecer qualquer coisa visível no chamado sistema público diante do extraordinário. Um extraordinário que comprime o ordinário, fazendo com que hospitais funcionem apenas para o grande problema chamado pandemia, havendo retração generalizada de exames e cirurgias até então consideradas cotidianas e necessárias. Há diretamente uma escolha de quem deve morrer! Há indiretamente o exercício de uma nova clínica submetida às exigências da medicina diante da pandemia. E, mesmo assim, não entra em questionamento o esperado zelo do Estado e das instituições de saúde pública pela vida da população (dos pobres e miseráveis). Aliás, essa população se satisfaz com qualquer declaração de que o Estado, a província e o governo da cidade estão fazendo seu melhor para o bem de todos. Entretanto, se essa população se visse, ainda que momentaneamente, como povo provocaria um susto no Estado. Mas, quando ela se vê como povo, é para se posicionar diante do que *falta* e o que sempre lhe falta é mais uma política pública, mais Estado. E se a falta de política pública é um problema, essa parte do povo exerce sua compaixão pela solidariedade e, muitas vezes, com mais eficiência que a solidariedade entre empresários. Ambas funcionando para conter a convulsão social e atendendo, minimamente, às necessidades dos pobres e miseráveis, também contemplados pelo auxílio emergencial em dinheiro pelo Estado.

A pandemia produz a aversão à possibilidade de alteração da vida normal, seja pela compaixão individual, cívica ou empresarial, seja pela obliteração da atração de forças antifascistas que são também antiordem, seja pela crença de que todos caminhamos para o novo normal em um futuro próximo, quando, além de medicamentos de primeira hora, além das medidas de proteção recomendadas, haverá a vacina. A economia capitalista, enfim, estará salva porque *todos nós ajudamos a nos salvar.* E, dessa maneira, a prática do apoio mútuo anarquista vira palavra-chave em um discurso fundado na compaixão religiosa convencional e racional como solidariedade S/A.

A peste está relacionada aos "de baixo". A chamada pandemia provocada pelo novo coronavírus (SARS-CoV-2,) espalhou-se pelos "do alto" (pelas camadas superiores da sociedade, viajando em aviões e, também, em transatlânticos turísticos). A peste está sempre relacionada no imaginário dos *acusados* à sentença do juízo divino, anúncio do juízo final ou causa do juízo da ciência por meio da economia política, medicina, estatística e ciência política dizendo quem é são. Há vírus para os quais não há vacina, como o HIV-AIDS, vírus governáveis a partir de um certo momento, assim como há bactérias (principalmente as hospitalares) para as quais não há medicamento para a cura. Estão e estamos enquanto população, sob o governo do Estado, da ciência, da religião e de nossa crença na punição. E não estamos libertaria-mente!

Estamos em um planeta em degradação onde forças políticas reacionárias e liberais (e outras) voltadas para a sustentabilidade (crença em capitalismo civilizado) se enfrentam em função da salvação do planeta. Há uma pandemia à vista gerada pelas queimadas (para além daquelas esperadas nas estações climáticas, ainda que seus efeitos, ano a ano, tenham se tornado mais prejudiciais pelo acúmulo de condescendências com as devastações anteriores)? No Brasil, a crença dos normais na economia viva exige exploração extensa de terras ocupadas por florestas, e nelas indígenas e populações ribeirinhas, segundo interesses agrários que, vez por outra, pressionam o atual governo para que o Ministério do Meio Ambiente esteja fundido ao da Agricultura (o que não é novidade na pandemia, mas regra do atual governo desde sua posse em janeiro de 2019, rejeitando desde o Acordo de Paris à estrutura institucional de controle herdada sobre a Amazônia e o Pantanal).

A pandemia atual, com várias modulações, fortalece as forças liberais e de sustentabilidade e condena o governo e seus parceiros (os miseráveis que se prestam a devastar as florestas e matar indígenas ou mesmo contaminá-los, em nome do emprego e da economia *viva*) a serem combatidos pelos antibióticos e/ou os anti-inflamatórios da democracia. Resta aos demais a pecha de agentes da peste. A pandemia, assim, fortalece os ativismos de saúde planetária em que o humano ainda vive e ajuda a produzir mais jovens lideranças. O *novo* normal funda-se na mesma regra da normalidade entre as forças políticas em disputa pelo governo do Estado e de suas naturezas e gentes. Novo normal é apenas a atualização do normal.

Quando se imaginava que tudo ficaria muito mais ampliado com a consolidação da Europa, vieram o *brexit* da Grã-Bretanha, os governos nacionalistas no leste europeu, o acomodamento de forças fascistas nos parlamentos europeus do oeste, a aversão a estrangeiros, a defesa da nacionalização de empregos, as proteções ao nacional, o governo Trump nos EUA, a continuidade governamental na China e Rússia (que não são mais comunistas), o saber tratar com os procedimentos democráticos que se estenderam do regime político para o governo das empresas por meio do empreendedorismo e da seguridade da saúde.[7]

---

7. Impossível não lembrar de *Você não estava aqui*, 2018, e de *Eu, Daniel Blake*, de 2016, ambos de Ken Loach.

A pandemia ocupou as redes digitais, e novas plataformas apareceram para incentivar o aparecimento de mais pastores digitais (os que têm milhões de seguidores e os que têm milhares; os que pretendem ter mais do que dezenas e centenas, ou seja, um local de produção de pastores que complementam os religiosos e os laicos do Estado moderno e de suas filantropias). A chamada pandemia precisa de mais pastores zelando pela circulação de pessoas e coisas, reiterando precauções, mostrando alternativas de vida saudável aos aquartelados: como melhorar a dieta alimentar, os exercícios para o corpo, as meditações, as leituras e blogs recomendáveis, etc., tudo dentro do normal e da normalidade anteriores. A comunicação computo-informacional é o grande centro da produção de verdades, estejam elas rubricadas de veracidade ou de etiquetas *fake news.* Mostra a vida no espaço da comunicação pelos ares em qualquer lugar. Nela também há vírus incontornáveis e que levam à ampliação de seus dispositivos de segurança. Trata-se de uma forma de produção por modulações que corre o risco de estar sob uma pandemia a qualquer momento, mesmo porque nada mais acontece de modo endêmico por muito tempo. Somente pandemia e peste se comunicam. Não há Estado democrático que não produza miséria. A miséria é endêmica a qualquer Estado. Assim como a epidemia é a política e o Estado é a peste para um povo.

BIBLIOGRAFIA

ALAN PAUL, Ian. Dez premissas sobre a pandemia. 2020. Disponível em: *https://www.ianalanpaul.com/ten-premises-for-a-pandemic/* e também em *https://www.nu-sol.org/blog/dez-premissas-para-uma-pandemia/*. Acesso em: 15/09/2020.

CANGUILHEM, Georges. *Escritos sobre a Medicina.* Tradução de Vera Avellar Ribeiro. Rio de Janeiro: Forense Universitária, 2005.

______. O normal e o patológico. In: *O conhecimento da vida.* Tradução de Vera Lucia Avellar Ribeiro. Rio de Janeiro: Forense Universitária, 2012, p. 169–185.

______. *O normal e o patológico.* Tradução de Maria Thereza R. de C. Barrocas. Rio de Janeiro: Forense Universitária, 2019.

CARNEIRO, Beatriz. A prática anarquista da ajuda mútua e seu sequestro na atualidade. In: *Revista verve.* São Paulo: Nu-Sol, 2020, n. 38, pp. 10–24 Disponível em: *http://www.nu-sol.org/blog/dt_portfolios/v-e-r-v-e-38/*

FEDERAÇÃO ANARQUISTA DE TURIM. Epidemia, massacre de Estado? 2020. Disponível em: *https://www.nu-sol.org/blog/epidemia-masacre-de-estado/*. Acesso em: 14/09/2020.

FOUCAULT, Michel. *O nascimento da clínica*. Tradução de Roberto Machado. Rio de Janeiro: Forense Universitária, 1980.

______. *História da sexualidade I: A vontade de saber*. Tradução de Maria Thereza da Costa Albuquerque e J. A. Guilhon Albuquerque. Rio de Janeiro: Graal, 1978.

______. O nascimento da medicina social. In: MOTTA, M. B. da (org.) *Arte, epistemologia, filosofia e história da medicina*. Tradução de Vera Lucia A. Ribeiro. Rio de Janeiro: Forense Universitária, 2011, p. 402–424. (Ditos e escritos; VII).

GOLDMAN, Emma. Minorias versus maioria. Tradução de Eliane Carvalho. In: *Revista verve*, São Paulo: Nu-Sol, 2008, n. 13, p. 123–133. Disponível em: *http://www.nu-sol.org/wp-content/uploads/2018/02/Verve13.pdf*

NU-SOL. Dossiê COVID-19: afirmações da Vida. In: *nu-sol*, 2020. Disponível em: https://www.nu-sol.org/blog/COVID-19-afirmacoes-da-vida/. Acesso em: 14/09/2020.

OLIVEIRA, Salete. urge arruinar a cultura do castigo. vestígios de anotações. In: *Revista verve*, São Paulo: Nu-Sol, 2020, n. 38, pp. 31–54. Disponível em: *http://www.nu-sol.org/blog/dt_portfolios/v-e-r-v-e-38/*. Acesso em: 15/09/2020.

PASSETTI, Edson et al. *Ecopolítica*. São Paulo: Hedra Editora, 2019.

STIRNER, Max. *O único e a sua propriedade*. Tradução de João Barrento. Lisboa: Antígona, 2004.

SZYMBORSKA, Wislawa. Reciprocidade. In: *Para o meu coração num domingo*. Tradução de Regina Przybycien e Gabriel Borowski. São Paulo: Companhia das Letras, 2020, p. 336–337.

TOKARCZUK, Olga. Janela indiscreta. In: *Folha de S. Paulo*. São Paulo: Folha de S. Paulo, 11/04/2020, p. B12.

Sexo em tempos de COVID-19

Eliane Carvalho e Flávia Lucchesi

O sexo está relacionado ao risco. É considerado a porta de entrada de várias doenças assim como de comportamentos ditos perigosos. Ao mesmo tempo, como um dos efeitos da chamada liberação sexual nos anos 1960, proliferou o discurso do sexo como elemento essencial para uma vida saudável, desde que seguro.

A situação colocada pela propagação em nível planetário do novo coronavírus — isolamento social, medidas de higiene, uso de máscara, trabalho remoto quando possível, educação a distância, intensificação do uso dos meios eletrônicos — salientou outras questões relativas à saúde física e mental da população, como os efeitos nos relacionamentos afetivos e sexuais em meio ao confinamento.

De um lado, casais monogâmicos que vivem juntos são tidos como a forma mais segura de se relacionar, ainda que a convivência confinada tenha levado ao "desgaste das relações" em alguns casos e, no limite, acentuado a chamada violência doméstica. De outro lado, aqueles que, por opção ou acaso, não se encontram em um relacionamento monogâmico ou não vivem no mesmo espaço, enfrentam dificuldades de encontrar novos parceiros ou de se adaptarem a um relacionamento a distância, o que para alguns é considerado uma fonte de ansiedade ou solidão.

Obviamente, o problema passa pelo cálculo de risco do contágio. Até o momento, início de outubro de 2020, considera-se ampla e consensualmente que o vírus é transmitido por mucosas orais, pela saliva e também pela respiração. De maneira que o beijo, a troca de salivas, é tido como uma forma de alto risco de contaminação. Assim como a chamada "Zona T": nariz, olhos e boca.

Há poucas pesquisas que analisam uma possível transmissão sexual do vírus. A pesquisa "Clinical Characteristics and Results of Semen Tests Among Men With Coronavirus Disease 2019" (LI, D. et al., 2020), produzida na China, epicentro da doença, é uma das pioneiras na investigação do contágio via fluídos genitais.

Realizada entre janeiro e fevereiro de 2020, a pesquisa coletou e analisou via RT-PCR amostras seminais de 38 homens hospitalizados, infectados pelo vírus da COVID-19. Os pesquisadores concluíram que, apesar da pequena amostragem, era provável que a contaminação ocorresse também por meio do sêmen. Indicaram a necessidade de maiores estudos com esse material, abrangendo também a temporalidade do contágio mesmo após a recuperação sintomática. De antemão, orientaram o uso de camisinha e a abstinência. Essas orientações foram replicadas por outras pesquisas, por guias estatais e de organizações da sociedade civil, por médicos e profissionais da saúde, pela imprensa, e produzem verdades sobre as práticas sexuais e relacionais de acordo com cálculos de riscos atualizados.

Entre janeiro e março, uma pesquisa semelhante foi realizada pelo Comitê de Revisão Institucional da Universidade de Medicina de Nanjing, a partir de amostras seminais de 13 infectados (SONG et al., 2020). Ainda que os testículos sejam abundantes na enzima ACE2 — reconhecida como porta de entrada para a infecção do vírus — e que seja constatado maior número de homens contaminados do que mulheres, os pesquisadores relataram que nenhuma das amostras coletadas apresentou carga viral do novo coronavírus. Concluíram: "nossos dados sugerem que 2019-nCov está ausente no sêmen e nos testículos de homens infectados pela COVID-19, tanto em fase aguda quanto em recuperação. Assim, é altamente improvável que o 2019-nCov possa ser sexualmente transmitido por homens" (Idem).

Essas duas pesquisas seguem como referências em relação às probabilidades de transmissão via fluídos sexuais masculinos. Repercutem em orientações para condutas seguras durante a chamada pandemia que, em grande parte, levantam a suspeita do contágio pelo sêmen. Mas há também as que alegam não haver comprovação dessa forma de disseminação do vírus. No Brasil, "recomenda-se o banho antes e depois das práticas sexuais. Masturbação, carícias no corpo, masturbação a dois (hétero ou homo) e relação sexual pênis-vagina apresentam menos risco, com camisinha e sem beijos" (FEDERAÇÃO, 22/04/2020). Estas são as orientações da Federação Brasileira das Associações de Ginecologia e Obstetrícia, em abril, possivelmente o primeiro documento oficial a tratar desse tema no país. Depois, algumas secretarias municipais de saúde publicaram informações e orientações para o sexo seguro.

A primeira investigação sobre a presença do novo coronavírus em fluídos vaginais ocorreu em fevereiro, também na China (QIU et al., 2020). Foi realizada a partir de amostras de 10 mulheres em fase pós-menopausa e acometidas por problemas respiratórios graves, internadas com a doença na UTI. A hipótese que levou à pesquisa foi a permanência dos vírus da Ebola e do Zika nos fluídos vaginais, também após o período de recuperação sintomática dessas enfermidades (o que também ocorre em relação aos fluídos seminais).

O interesse não era apenas aferir uma possível transmissão sexual, mas também vertical, de mãe para bebê. Uma pesquisa chinesa anterior (CHEN et al., 2020), identificou presença viral no líquido amniótico e no sangue do cordão umbilical. Contudo, testes feitos nos bebês não foram positivos para COVID-19. Concluiu-se que o nível de transmissão vertical do novo coronavírus é muito baixo. A pesquisa com os fluídos vaginais não detectou carga viral, mesmo após 40 dias do início da infecção, sinalizando baixo risco de transmissão por essa via. Em função do número reduzido de pesquisas, não há ainda uma conclusão sobre o contágio da COVID-19 pelo sexo.

Mas, se os resultados são inconclusivos e, até o momento, considera-se pouco provável o contágio pela troca de fluídos genitais, não se ignora a relevância do tema no atual contexto. Tanto pela produção de documentos de orientações para uma prática sexual segura — ou mais segura[1] — em meio à chamada pandemia, quanto pelo investimento em pesquisas que comprovem maior possibilidade de transmissão por meio de práticas sexuais específicas e atreladas ao "comportamento" de grupos de "alto risco".

A primeira pesquisa sobre "comportamento sexual" relacionada à COVID-19 também veio da China. Em março, 270 homens e 189 mulheres chineses participaram voluntariamente de um questionário *on-line*. Os investigadores concluíram que "a atividade sexual, a frequência e os comportamentos de risco diminuíram significativamente entre homens e mulheres jovens [...] a saúde sexual sofreu impactos durante a pandemia da COVID-19, o que representa uma área potencial a ser reconhecida e tratada por especialistas da saúde sexual" (LI, W. et al., 2020). Em números gerais, menos da metade dos entrevistados alegou redução no número de parceiros e na frequência sexual.

1. O termo "mais seguro" vem do inglês *safe/r sex* — sexo (mais) seguro — e surgiu no contexto do controle da disseminação do vírus do HIV na comunidade gay, reconhecendo que há sempre um risco nas práticas sexuais.

Os resultados foram muito semelhantes aos de outra pesquisa chinesa realizada em maio, na qual 3.500 jovens (cujas idades não foram informadas) foram recrutados via WeChat e Weibo (redes sociais chinesas) para responder questionários sobre desejo, frequência e satisfação sexual (LI, G., 2020). Do total de participantes, apenas 967 foram considerados na pesquisa[2] que contemplou também questões sobre o consumo de álcool antes de relações sexuais (com queda de 20%, segundo os voluntários) e a "deterioração" com o parceiro sexual (31%).

O uso de álcool e outras "drogas", associado à prática sexual durante os períodos de quarentenas e afins, foi uma questão recorrente nessas pesquisas. No contexto da COVID-19, o consumo de bebidas alcoólicas e, principalmente, de "drogas" é classificado como uma porta de entrada para o sexo menos seguro ou "comportamentos de risco".

Entre março e abril, ápice da disseminação do novo coronavírus em parte da Europa, uma parceria entre pesquisadores espanhóis, italianos e iranianos indicou impactos nas relações entre casais e nos indivíduos, na chamada saúde mental, refletindo na libido e saúde sexual. Destacaram o aumento de diagnósticos de ansiedade, depressão, estresse, por vezes associados à disfunção erétil. Consideram que "a saúde sexual e reprodutiva é um estado de bem-estar físico, emocional, mental e social em relação a todos os aspectos da sexualidade e reprodução, não é meramente a ausência de doenças, disfunções ou enfermidades" (MEHRAD, 2020). O argumento reflete a definição de saúde sexual da Organização Mundial da Saúde: "A saúde sexual é um estado de bem-estar físico, emocional, mental e social, em relação à sexualidade. Não é a simples ausência de doença, disfunção ou enfermidade" (WHO, 2006, p. 5). A OMS não produziu recomendações específicas voltadas ao sexo em meio à COVID-19.

Os cientistas também postularam o uso de camisinha e a abstinência como os métodos mais seguros para fins preventivos. Declararam não haver evidências de transmissão vaginal, mas consideraram a possibilidade de transmissão seminal, reiterando a necessidade de pesquisas mais abrangentes no futuro. Destacaram que, apesar de inexistirem pesquisas que

2. Não há nenhuma referência ao motivo de se utilizar as respostas de apenas 967 participantes. Houve coleta de dados demográficos incluindo "orientação sexual", mas não foram divulgados esses resultados específicos. Vale ressaltar que, na China, a chamada homossexualidade deixou de ser considerada crime somente, em 1997, e como doença mental em 2001. Entretanto, até hoje, há uma censura nas redes sociais relativas a qualquer conteúdo gay.

comprovem transmissão anal, há evidência de infecção por meio de material fecal de doentes. Portanto, para eles, a constatação de transmissão oral-fecal da COVID-19 implica que a *anilingus* pode representar um alto risco infeccioso. Este é o tom da maioria das pesquisas realizadas nesse âmbito até o momento. Ainda de acordo com os pesquisadores, "para homossexuais, a propagação por meio de relações anais e via oral-fecal é possível" (MEHRAD, 2020). Chama a atenção a conexão direta entre sexo oral-anal como ligado especificamente aos gays, uma vez que independentemente do gênero, sexo, orientação, etc., todos (ou quase todos) têm cu e boca. Essa associação parece remeter às primeiras pesquisas relativas à AIDS e ao vírus do HIV. No entanto, até o momento, a propagação da COVID-19 não é associada a nenhum grupo identitário. Apesar de uma primeira onda racista contra asiáticos, que permanece entre nacionalistas e supremacistas brancos ("vírus chinês"), e dos alardes apocalípticos de alguns religiosos enquanto castigo divino ("homovírus").

Relativo à pesquisa, concluíram: "as recomendações gerais que podem ser feitas são as de que começar um novo relacionamento é muito arriscado porque talvez uma das pessoas esteja infectada, e fazer sexo não monogâmico também é um risco. A única forma segura de fazer sexo é a primária ou monogâmica, caso nenhuma das duas pessoas tenha saído de casa ou possua um emprego de risco" (Idem). Resultado muito semelhante ao de outro estudo desenvolvido, quase simultaneamente, por pesquisadores espanhóis sobre as recomendações consensuais para o sexo seguro durante a chamada pandemia, com o objetivo de evitar o contágio e manter ativa a prática sexual, devido às "múltiplas vantagens que uma sexualidade saudável traz, de acordo com evidências científicas" (CABELLO, 2020).

Endossaram como principal recomendação: "você é seu parceiro sexual mais seguro", em conformidade com o guia "Sexo mais seguro e a COVID-19", publicado pelo Departamento de Saúde de Nova York no início de junho (DEPARTAMENTO, 2020). Mas, assim como o guia de recomendações nova-iorquino, consideraram que as pessoas "vão, e devem, fazer sexo" — com exceção dos doentes e em recuperação, e profissionais da saúde e da "linha de frente" (CABELLO, 2020). Alguns governos foram pioneiros na produção de guias para evitar o sexo casual e as relações não monogâmicas, como medidas de controle da disseminação do novo coronavírus. Os Estados da Alemanha, Holanda e Bélgica orientaram os indivíduos solteiros a terem um "amigo sexual" (BBC, 15/05/2020).

Contudo, foram as recomendações do Departamento de Saúde de Nova York as que mais repercutiram para além do território estadunidense, sendo mencionadas em pesquisas científicas, traduzidas por organizações LGBT+, replicadas em jornais de outros países. "Sexo mais seguro e a COVID-19" oferece estratégias de "redução de danos", buscando auxiliar nas "decisões sobre sexo e sexualidade [que] precisam ser equilibradas com a saúde pessoal e pública" (DEPARTAMENTO, 2020).

Os pesquisadores espanhóis dividiram as orientações de segurança em dois grupos: para casais que vivem na mesma casa e para casais que não moram juntos ou que têm relacionamentos "poliamorosos".

Para o primeiro grupo, as recomendações resumem-se em guardar quarentena de ao menos 28 dias, caso alguém tenha sido infectado ou saído do isolamento. Pessoas com COVID-19, ou que manifestem sintomas da doença, devem ser isoladas e voltar suas práticas sexuais para o ambiente virtual e fazer uso de "jogos eróticos criativos", combinados com masturbação. A segunda orientação é lavar bem as mãos antes de ter relações sexuais ou se masturbar. Preferencialmente não tocar nas "zonas T" do parceiro, evitar beijo, sexo oral e anal, preferir posições em que uma das pessoas fique de costas (CABELLO, 2020).

Para o segundo grupo, determinam que "sob nenhuma circunstância" se deve fazer "sexo *in vivo*" com um novo parceiro, a menos que esteja imunizado. "Para aqueles que não têm um parceiro ou que são muito 'erotofílicos', casais não heteronormativos e poliamorosos ou aqueles que vivem separadamente, a recomendação é a abstinência de relações sexuais, até que passe o período de incubação [de 28 a 33 dias] sem sintomas e depois de começarem a coexistir. Somado a isso, pode ser funcional usar *sexting*[3] ou sexo virtual" (Idem).

Neste "desafio de manter a vida sexual saudável e segura", os pesquisadores destacaram que homens que fazem sexo com homens e trabalhadores do sexo são os "grupos mais vulneráveis" e enfatizam que a pesquisa cobriu apenas uma parcela da diversidade sexual: heterossexuais, homossexuais e bissexuais. Porém, há "peculiaridades de minorias sexuais durante a pandemia que ainda não são conhecidas, portanto, essas recomen-

3. Prática de compartilhamento de conteúdo erótico/sexual por meio de aplicativos de mensagens instantâneas e nas redes sociais.

dações podem não ser generalizáveis" (Ibidem). Logo, para serem *mais bem* assistidas pela ciência e saúde pública, essas minorias sexuais devem *participar*, se disponibilizar e confessar.

Não muito diferente dos pesquisadores espanhóis, o guia nova-iorquino estabelece que a variação de sexo mais segura é a masturbação com mãos e brinquedos eróticos bem higienizados. A segunda forma mais segura é com a pessoa que vive com você, mesmo que não seja um casal. Propõe que haja um círculo pequeno de pessoas com quem se tenha contato, também sexual (DEPARTAMENTO, 2020). As recomendações não se restringem ao sexo, mas também aos encontros entre amigos, sempre prezando pelo menor número de pessoas, assim como as orientações alemãs, belgas e holandesas.

Caso a pessoa desconsidere todas essas orientações e vá fazer sexo com alguém desconhecido ou não muito próximo, enfatizam que tenha atenção a possíveis manifestações sintomáticas, converse a respeito com a outra pessoa, considere a convivência dela com pessoas do "grupo de risco" como fator determinante, não negligencie as medidas de proteção e faça um teste para COVID-19, se possível antes e depois (idem). Os "cuidados" durante o sexo, além das ponderações gerais, incluem o uso de dique de borracha[4], que reduzem os riscos durante sexo anal e oral (Ibidem).

A masturbação, outrora condenada e perseguida constituindo o interdito maior (FOUCAULT, 2015), passou a ser a recomendação mais recorrente, considerada mais segura e *universalizável*, porque aplicada a todos independentemente do estado civil e da sexualidade. É atrelada ao bem-estar, à saúde sexual e mental. Outras práticas sexuais também condenadas, perseguidas e criminalizadas, no passado, agora são toleradas e, em um contexto monogâmico, até aceitas. Estimula-se sua inclusão. Contudo, há práticas que passam, ou voltam, a ser consideradas mais arriscadas, perigosas sob chancela científica. Procura-se conhecer e mapear outras práticas sexuais e modos de se relacionar para controlar seus riscos. Sob a categoria de "vulneráveis" ou grupos de "alto risco", homens que fazem sexo com homens[5] fo-

4. O dique de borracha é uma folha de borracha utilizada na prática ortodôntica. No Brasil, a recomendação mais comum para a mesma finalidade é o "papel filme".

5. É interessante notar que o uso do termo "homens que fazem sexo com homens" também surge no contexto da disseminação do HIV, como resposta à luta contra a identificação da comunidade gay masculina, enquanto uma categoria específica, com a doença, e ampliando o alcance dos estudos, uma vez que nem todos os homens que se relacionavam sexualmente com outros homens se identificavam como gays.

ram objeto de pesquisas *on-line* por meio de redes sociais e aplicativos de encontros, que se inserem no rol das que investigam as formas sexuais de transmissão da COVID-19 e das que procuram rastrear as mudanças de condutas.

Talvez um dos primeiros estudos voltados para esse grupo tenha sido desenvolvido em Israel, entre março e abril. Participaram 2.562 homens israelenses, maiores de 18 anos. A maioria diminuiu o número de parceiros, de relações sexuais e o consumo de álcool e outras "drogas"; aumentou a prática de *sexting*, o uso de preservativos e evitou beijar. Mas 39,5% disseram continuar a encontrar novos parceiros no período da quarentena. Relatou-se, entre os mais jovens e solteiros, maior propensão a "distúrbios mentais". Para os pesquisadores, o sexo casual durante o distanciamento social está atrelado a "sentimentos negativos de angústia". Concluíram: "ter sexo casual, desafiando as regulações de distanciamento social, esteve associado a distúrbios mentais. Sentimentos negativos de solidão devido ao isolamento social são vistos como uma das sérias consequências da COVID-19, especificamente entre populações vulneráveis, e deveriam ser considerados uma barreira potencial à aderência às regulamentações entre outras populações vulneráveis, como os HSH" (SHILO et al., 2020).

O aumento de ansiedade e solidão entre homens que fazem sexo com homens, especialmente jovens, também foi observado em pesquisas realizadas nos Estados Unidos. Assim como a redução do número de parceiros, de relações sexuais e o consumo de alteradores de consciência. Uma pesquisa *on-line* realizada na primeira quinzena de abril com 1051 homens que fazem sexo com homens, de todas as faixas etárias a partir de 15 anos, constatou que os mais jovens foram os que mais aumentaram esses usos e os que indicaram menor acesso a preservativos (SANCHEZ et al., 2020). Entre abril e maio, outra pesquisa *on-line* com 728 homens adultos bissexuais e gays estadunidenses indicou que nove entre dez tiveram relações sexuais durante a quarentena apenas com um parceiro ou não tiveram relações (MCKAY et al., 2020). Os pesquisadores qualificam as mudanças como importantes para reduzir a propagação do novo coronavírus e, também, de infecções sexualmente transmissíveis (Idem).

Outra pesquisa realizada no mesmo contexto contou com a adesão de 696 homens que se identificam como gays e bissexuais, metade deles estavam solteiros. Os participantes mostraram-se cientes das possibilidades de contágio elencando o beijo, o sexo oral-retal e o sexo anal, respectivamente, como as práticas mais arriscadas. Contudo, houve aumento médio no número de relações sexuais durante a chamada pandemia, incluindo essas mesmas práticas, exceto o sexo sem preservativo. Os cientistas vincularam o uso de "drogas" com o aumento no número de parceiros, concluindo que esses "comportamentos" podem ser mecanismos de resposta ao estresse da COVID-19 (STEPHENSON et al., 2020).

Ainda que alguns pesquisadores indiquem uma tendência de homens gays a terem mais parceiros e relações sexuais ou "comportamentos de risco", evitam condenar explicitamente a promiscuidade. As pesquisas científicas na área da saúde mostram-se tolerantes e buscam enfatizar como condutas menos cautelosas ou consideradas arriscadas estão vinculadas ao contexto social e histórico de perseguições às minorias sexuais. Reiteram que são grupos mais "vulneráveis" às violências (também no âmbito familiar), aos problemas financeiros e às doenças, por recorrerem menos ao sistema de saúde devido aos tratamentos majoritariamente "excludentes e preconceituosos". Em meio às medidas de governo com suas modulações de quarentena, essas situações se agravaram ainda mais para os solteiros. Acredita-se que homens gays casados têm uma redução no grau de vulnerabilidade. Nesses contextos, frequentemente, sinaliza-se para os impactos na saúde mental, podendo produzir *quadros* de ansiedade, depressão, estresse, entre outros *transtornos.* O que, por sua vez, seria intensificado pelo uso de substâncias classificadas como drogas e de álcool. Em todas as pesquisas, foram propostas medidas para amenizar os danos causados pela COVID-19 na vida dessas pessoas, por meio de assistência psicológica e de saúde. Documentos assinados por organizações LGBT+, em diversos países, reiteram o discurso de sua "vulnerabilidade", de seu "alto risco" e da necessidade de um melhor tratamento na saúde pública. Reivindicam *cares* e se dispõem a serem monitorados e cientificamente (re)conhecidos.

A chamada pandemia acentuou um modo de vida que já estava posto e, com isso, ampliou também os problemas que o acompanhavam. Constatou-se que, com a situação colocada pelo vírus, houve um aumento significativo no uso de *sites/apps* de encontro e no consumo de pornografia e *sex toys.* O *sexting* e a masturbação com brinquedos sexuais ou vídeos pornôs foram amplamente divulgados na mídia. Combinando a segurança com a circulação financeira no mercado. O incentivo ao *sexting*, além de ser propagado por alguns governos, como o da Argentina, foi defendido pela International Society for the Study of Women's Sexual Health, "o novo sexo 'realmente seguro' em muitos casos deve requerer 'e-sex'" (INTERNATIONAL, 24/04/2020, p. 1). Assim como a European Society for

Sexual Medicine "acredita que a saúde e-sexual pode oferecer oportunidades para melhorar a saúde sexual da população" (DÖRING, 2020).

Nesse sentido, o mercado do sexo acompanhou a tendência de renovação e ampliação do mercado pelas vias digitais. Os produtos sexuais, por seu caráter "privativo", já vieram recobertos com o *know-how* e experiência do uso das redes para impulsionar os negócios.

O exacerbado uso das redes sociais, somado ao distanciamento, colocou ainda a questão dos efeitos psicológicos, e o sexo como forma de "alívio". Muito se falou sobre "cibercrimes", enfatizando os sexuais, como exposição de fotos e vídeos íntimos, e a chamada pedofilia[6], configurando a internet e as redes sociais — e o sexo no meio disso — como uma saída para o isolamento social e uma ameaça, classificadas no âmbito jurídico como criminal. Como é praxe, essa questão permaneceu intocada, apenas se reiterou o punitivismo direcionado àqueles identificados como "monstros".

O sexo em si não é tido como um perigo na atualidade. No entanto, o sexo em meio à "pandemia" evidencia o problema do governo das condutas, por cada um ou cada par, e como este se mostrou fundamental para garantir o sucesso da manutenção da normalidade, o que retoricamente se chama de *novo normal*. Se a epidemia do vírus do HIV teve como efeito um controle de condutas por meio da identidade, a disseminação do novo coronavírus levantou uma questão econômica. Pois, apesar de ter se difundido primeiramente por meio da população mais abastada, são os pobres, miseráveis e as minorias "vulnerabilizadas" que enfrentam os efeitos mais devastadores.

Mas a atenção às práticas sexuais parece retomar de alguma maneira a questão da identidade, quando ela é associada ao que escapa das condutas desejáveis, ou seguras. Mais do que a identificação e estigmatização dos gays, como ocorreu com a AIDS, as orientações e recomendações parecem ter como alvo modos de vida que não foram enquadrados e, muitas vezes, procuram defini-los por parâmetros de saúde mental de modo a tentar normalizá-los. Não se trata de uma sexualidade específica, mas de modos de se relacionar e de práticas sexuais que não se governam a partir de prescrições de segurança.

6. Ainda que se reconheça que grande parte dos nomeados abusos aconteçam dentro de casa e por pessoas próximas, a ênfase na discussão midiática girou em torno do risco proporcionado pela maior utilização da internet por crianças e jovens nesse período.

Michel Foucault alertou, em 1982, que a cultura gay, que não se confunde com a produção de aparatos culturais pelos homossexuais, é: "uma cultura que inventa modalidades de relações, modos de vida, tipos de valores, formas de troca entre indivíduos que sejam realmente novas, que não sejam homogêneas nem se sobreponham às formas culturais gerais. [...] É preciso inverter um pouco as coisas, e, mais do que dizer o que se disse em um certo momento: 'Tentemos reintroduzir a homossexualidade na normalidade geral das relações sociais', digamos o contrário: 'De forma alguma! Deixemos que ela escape na medida do possível ao tipo de relações que nos é proposto em nossa sociedade, e tentemos criar no espaço vazio em que estamos novas possibilidades de relação [...]. Creio que uma abordagem interessante seria fazer com que o prazer da relação sexual escape do campo normativo da sexualidade e de suas categorias, e por isso mesmo fazer do prazer o ponto de cristalização de uma nova cultura" (FOUCAULT, 2012, p. 119–120).

Diante da *profusão de direitos inacabados*[7], as minorias que os *portam* tendem a prosseguir participando para melhorar suas condições de vida. Constata-se, pelas reivindicações atuais de organizações LGBT+ acerca de seus direitos em meio à COVID-19, que a maioria continuará melhorando o possível, bem adequada ao normal e aderindo às regulamentações de saúde pública. Pessoas que experimentam outros modos de vida em suas relações afetivas e sexuais, livres de identidades, enfrentarão o governo das evidências científicas?

A chamada pandemia do novo coronavírus anunciou uma "crise social", mas foi tomada como uma grande oportunidade para se intervir de forma incisiva nos modos de vida da população. Confinados entre quatro paredes, a maior parte do tempo atrás de telas e nos comunicando, é quase imperceptível um espaço vazio. Talvez ainda precise ser criado, construído em meio a escombros. Se há um investimento em preencher esses espaços por meio de controles milimétricos sobre o corpo e seus fluidos, e a vida em seu descompasso, é preciso rasgar e ruir com a ordem para que possa entrar o ar. Sem nos esquecer que a vida não é mero fato biológico.

7. Cf.: PASSETTI, 2013, p. 2–37; PASSETTI et al., 2019.

BIBLIOGRAFIA

BBC. Coronavirus: Dutch Singletons Advised to Seek "Sex Buddy". In: *BBC News*, 15/05/2020. Disponível em: *https://www.bbc.com/news/worl3europe-52685773*. Acesso em: 25/09/2020.

CABELLO, F.; SÁNCHEZ, F.; FARRÉ, J. M.; MONTEJO, A. L. Consensus on Recommendations for Safe Sexual Activity during the COVID-19 Coronavirus Pandemic. In: *Journal of Clinical Medicine*, 2020. Disponível em: *https://pubmed.ncbi.nlm.nih.gov/32698369/*. Acesso em: 25/09/2020.

CHEN, H.; GUO, J.; WANG, C.; LUO, F. Clinical characteristics and intrauterine vertical transmission potential of COVID-19 infection in nine pregnant women: a retrospective review of medical records. In: *The Lancet*, 2020. Disponível em: *https://www.researchgate.net/publication/339216834_Clinical_characteristics_and_intrauterine_vertical_transmission_potential_of_COVID-19_infection_in_nine_pregnant_women_a_retrospective_review_of_medical_records*. Acesso em: 25/09/2020.

DEPARTAMENTOde Saúde de Nova York. Sexo mais seguro e a COVID-19. In: *NYC Government*, 2020. Disponível em: https://www1.nyc.gov/assets/doh/downloads/pdf/imm/Covid-sex-guidance-pt.pdf. Acesso em: 25/09/2020.

DÖRING, N. How Is the COVID-19 Pandemic Affecting Our Sexualities? An Overview of the Current Media Narratives and Research Hypotheses. In: *Archives of Sexual Behavior*, 2020. Disponível em: *https://www.ncbi.nlm.nih.gov/pmc/articles/PMC7405790/*. Acesso em: 25/09/2020.

FEDERAÇÃOBrasileira das Associações de Ginecologia e Obstetrícia. FAQ FEBRASGO — COVID 19 — Perguntas e Respostas que o GO precisa saber. In: *FEBRASGO*, 22/04/2020. Disponível em: https://www.febrasgo.org.br/pt/Covid19/faq. Acesso em: 25/09/2020.

FOUCAULT, M. O saber gay. Tradução de Eder Amaral e Silva e Heliana de Barros Conde Rodrigues. In: *Revista Ecopolítica*, São Paulo: Nu-Sol, 2015, n. 11, p. 2–27.

______. O triunfo social do prazer sexual: uma conversação com Michel Foucault. In: *Ditos & Escritos V*: Ética, Sexualidade, Política. Manoel Barros da Motta (Org). Tradução de Elisa Monteiro e Inês Autran Dourado Barbosa. Rio de Janeiro, Forense, 2012, p. 116–122.

INTERNATIONALSociety for the Study of Women's Sexual Health. Position Statement: Sexual Activity and COVID-19. In: *ISSWSH*, 24/04/2020. Disponível em: *https://www.isswsh.org/images/COVID_Position_Statement_5-08-20_-_revised.pdf*. Acesso em: 25/09/2020.

LI, D.; JIN, M.; BAO, P. et al. Clinical Characteristics and Results of Semen Tests Among Men With Coronavirus Disease 2019. In: *JAMA Netw Open*, 2020. Disponível em: *https://jamanetwork.com/journals/jamanetworkopen/fullarticle/2765654?utm_source=For_The_Media&utm_medium=referral&utm_campaign=ftm_links&utm_term=050720*. Acesso em: 25/09/2020.

LI, W.; LI, G.; XIN, C.; WANG, Y.; YANG, S. Challenges in the Practice of Sexual Medicine in the Time of COVID-19 in China. In: *The Journal of Sex Medicine*, 2020, p. 1225–1228. Disponível em: *https://pubmed.ncbi.nlm.nih.gov/32418751/*. Acesso em: 25/09/2020.

LI, G.; TANG, D.; SONG, B; WANG, C.; QUNSHAN, S.; XU, C.; GENG, H.; WU, H; HE, X.; CAO, Y. Impact of the COVID-19 Pandemic on Partner Relationships and Sexual and Reproductive

Health: Cross-Sectional, Online Survey Study. In: *Journal of Medical Internet Research*, 2020. Disponível em: *https://pubmed.ncbi.nlm.nih.gov/32716895/*. Acesso em: 25/09/2020.

MCKAY, T.; HENNE, J.; GONZALES, G.; QUARLES, R.; GAVULIC, K. A.; GALLEGOS, S. G. The COVID-19 Pandemic and Sexual Behavior among Gay and Bisexual Men in the United States. In: *SSRN*, 2020. Disponível em: *https://papers.ssrn.com/sol3/papers.cfm?abstract_id=3614113*. Acesso em: 25/09/2020.

MEHRAD, M.; MAURO, M.; GODOY, M. F. P.; CRUZ, E. G.; NILFOROUSHZADEH, M. A.; RUSSO, G. I. Impact of the COVID-19 pandemic on the sexual behavior of the population. The vision of the east and the west. In: *International braz j urol*. Rio de Janeiro, 2020, vol. 46, supl.1. Disponível em: *https://www.scielo.br/scielo.php?pid=S1677-55382020000700104&script=sci_arttext*. Acesso em: 25/09/2020.

PASSETTI, E. Transformações da biopolítica e emergência da ecopolítica. In: *Revista Ecopolítica*, São Paulo: Nu-Sol, 2013, n. 5, p. 2–37. Disponível em: *https://revistas.pucsp.br/index.php/ecopolitica/article/view/15120/11292*. Acesso em: 02/10/2020.

PASSETTI, E. et al. *Ecopolítica*. São Paulo: Hedra, 2019.

QIU, L.; LIU, X.; XIAO, M.; XIE, J.; CAO, W.; LIU, Z; MORSE, A.; XIE, Y.; LI, T.; ZHU, L. et al. SARS-CoV-2 Is Not Detectable in the Vaginal Fluid of Women With Severe COVID-19 Infection. In: *Clinical Infectious Diseases*, 2020, vol. 71, n. 15, p. 813–817. Disponível em: *https://academic.oup.com/cid/article/71/15/813/5815295*. Acesso em: 25/09/2020.

SANCHEZ, T. H.; ZLOTORZYNSKA, M.; RAI, M.; BARAL, S. D. Characterizing the Impact of COVID-19 on Men Who Have Sex with Men Across the United States in April, 2020. In: *AIDS and Behavior*, 2020. Disponível em: *https://doi.org/10.1007/s10461-020-02894-2*. Acesso em: 25/09/2020.

SHILO, G.; MOR, Z. COVID-19 and the Changes in the Sexual Behavior of Men Who Have Sex With Men: Results of an Online Survey. In: *The Journal of Sexual Medicine*. 2020, vol. 17, issue 10. Disponível em: *https://www.sciencedirect.com/science/article/pii/S1743609520308365*. Acesso em: 25/09/2020.

SONG, C.; WANG, Y.; LI, W.; HU, B.; CHEN, G.; XIA, P.; WANG, W.; LI, C.; DIAO, F.; HU, Z.; YANG, X.; YAO, B.; LIU, Y. Absence of 2019 novel coronavirus in semen and testes of COVID-19 patients. In: *Biology of Reproduction*, 2020, vol. 103, n. 1, p. 4–6. Disponível em: *https://academic.oup.com/biolreprod/article/103/1/4/5820830*. Acesso em: 25/09/2020.

STEPHENSON, R.; CHAVANDUKA, T. M. D.; ROSSO, M. T.; SULLIVAN, S. T.; PITTER, R. A.; HUNTER, A. S.; ROGERS, E. Sex in the Time of COVID-19: Results of an Online Survey of Gay, Bisexual and Other Men Who Have Sex with Men's Experience of Sex and HIV Prevention During the US COVID-19 Epidemic. In: *AIDS and Behavior*, 2020. Disponível em: *https://doi.org/10.1007/s10461-020-03024-8*. Acesso em: 25/09/2020.

WHO. Defining sexual health: Report of a technical consultation on sexual health, 28–31 January 2002, Geneva. In: *who.int*, Genebra: WHO, 2006. Disponível em: *https://bit.ly/3fwRjLU*. Acesso em: 25/09/2020.

Amor selvagem

Gustavo Ramus

> amor é o jeito que você pisa no chão.
> arrudA, 2010

O inesperado aconteceu: o mundo parou. Ninguém esperava que o capitalismo fosse capaz de cessar suas atividades, mesmo que por alguns instantes. A crise causada pelo novo coronavírus mostrou, para algumas pessoas, que suas vidas valem mais do que o lucro de seus patrões, e viver em função do trabalho não faz sentido algum. Ao mesmo tempo também evidenciou, para outras pessoas, que a vida de seus empregados não vale mais do que seu próprio lucro.

No início da pandemia, pareceu haver um movimento de repensar a sociedade e o nosso estilo de vida. Impactamos brutalmente no planeta. Por onde passamos, deixamos nossas pegadas de sangue e rastros de destruição. No entanto, esse pensamento não teve muito fôlego e logo foi engolido pelo desejo da volta à normalidade e ao ritmo frenético das máquinas. Mesmo à beira do abismo e de um cenário próximo de fim do mundo, a Humanidade insiste no que não deu certo. Estamos aprisionados em uma estrutura de pensamento que produz verdades universalizantes, nas quais se fundamentam as práticas e as relações de poder.

Em *Do governo dos vivos*, Foucault (2014) narra a passagem do imperador romano Sétimo Severo, que reinou entre 193 e 211 d.C. Sétimo Severo pintou no teto do seu palácio uma representação da conjunção astrológica no dia de seu nascimento, cuja finalidade era legitimar suas decisões pelo *logos* que presidia esse dia, fundando, assim, o seu reinado na astrologia. Assegurado pelos astros, Sétimo Severo não somente justificava sua ascensão ao poder, como afastava a possibilidade de quem quer que fosse de conspirar contra sua fortuna. Contudo, a "verdade dos astros" não era um monopólio do Império e poderia estar ao alcance de qualquer um. Sétimo

Severo então decretou a pena de morte contra os astrólogos ou qualquer outro que pudesse afirmar uma nova "verdade" que ameaçasse seu poder. Nota-se como uma "verdade", fundada na astrologia, mostrava uma ordem do mundo sobre a qual o imperador apoiava seu poder e proferia sua justiça e, também, como ele utilizava esse dispositivo de governo para anular outras formas de verdade que poderiam, eventualmente, contrariar aquela na qual ele se firmava.

O saber proferido por essa ordem cosmológica tornava o exercício do poder do imperador quase uma necessidade. Estava em jogo o governo como a manifestação de verdade da ordem mundana. Esse exemplo evidencia que o exercício de um poder não pode ser separado da produção de saberes verdadeiros, não importando qual a sua procedência; mais do que isso, expõe como é preciso produzir conhecimento para se governar. Assim, Foucault nos apresenta a uma nova palavra: *alêthourgia*[1], conjunto de procedimentos pelo qual se manifesta a verdade. Tanto o discurso científico como o religioso produzem um determinado conhecimento e são formas de *alêthourgia*, ferramentas essenciais para governar a conduta dos indivíduos.

A retomada do céu estrelado de Sétimo Severo é uma tentativa de demonstrar como a ligação entre o exercício de poder e a manifestação da verdade é muito mais antiga do que a constituição do Estado moderno, e anterior ainda ao próprio Sétimo Severo. Para assegurar o exercício de um poder, é necessário combater e anular tudo que possa abalar as verdades que o sustentam. Isso explica as diversas guerras religiosas ao longo da história, períodos como a inquisição, em que pessoas eram queimadas vivas, e o recorrente extermínio de etnias e povos que não compactuam com um "entendimento de mundo" que foi dado e estabelecido como "verdadeiro" por alguém que se diz, posiciona ou está em patamar superior.

A partir do momento em que a cultura judaico-cristã criou um Deus à imagem e semelhança do Homem, a nossa espécie foi definitivamente apartada da natureza. Esquecemos do elementar: somos animais, dependemos de ar para respirar, de água para sobreviver e de alimentos para nos sustentar e, como bichos, somos elementos constituintes da natureza. A divinização do ser humano é a *alêthourgia* que sustenta nosso domínio

1. Palavra forjada por Foucault a partir do termo *alêthourguês*, expressão grega utilizada por Ponticus Heraclides (388–322 a.C.), gramático grego e discípulo de Platão, para designar quando alguém pronuncia a verdade ou para designar o que é verídico.

predatório em relação aos chamados recursos naturais e às demais espécies que habitam o planeta. É evidente que, mesmo no interior do cristianismo, podemos encontrar outras interpretações, como a de Francisco de Assis, que tinha o sol e a lua como irmãos, uma percepção de mundo capaz de compreender que tudo que move é sagrado e todos nós carregamos uma parcela de divino e do maravilhoso. No entanto, preponderou o pensamento-posse. O que entendemos hoje como Humanidade é uma consequência desse Deus/Homem, fruto de um narcisismo antropocêntrico, e de um modo de "estar no mundo", que prolifera relações de dominação, propriedade, exploração e aniquilamento.

Não se trata aqui de um ataque direto ao cristianismo ou a qualquer outra religião. Sabemos que é possível estabelecer uma perspectiva libertária mesmo tendo como ponto de partida os ideais cristãos. Liev Tolstoi anarquizou o cristianismo e elaborou um pensamento próximo ao de Spinoza (1957), no qual Deus e Natureza convergem. Ao desvencilhar-se da soberania divina e da transcendentalidade, o anarquismo cristão reconecta Homem e Natureza, ao mesmo tempo que dispensa intermediários com o divino. O anarquista russo reformulou o cristianismo em práticas cotidianas cuja finalidade era realizar o Reino de Deus na Terra, retirando-o do lugar de uma promessa de vida após a morte. Realizando o Reino dos Céus no campo do possível, Tolstoi (1994) atribui ao cristianismo uma existência próxima da heterotopia, um viver efetivo da utopia.

As práticas que envolvem essa singular interpretação se revelam insubmissas a toda forma de autoridade, pacifismo e desobediência civil. Spinoza não concebe a imaterialidade de Deus e se aproxima de uma concepção panteísta. Para ele, tudo o que existe é corpóreo, toda substância é um corpo, e Deus está em toda forma de manifestação de vida. Essa ideia simples da divindade arruína a imagem de Deus semelhante aos governantes. A doutrina religiosa tornou-se o laço sagrado originado pelo temor que tem como consequência a obediência. A religião é uma das formas de o homem provar sua superioridade em relação às outras espécies e de se colocar acima da natureza. Ao impor a noção de um Deus onipotente e onipresente a um deus imanente, criou-se a ideia de um Deus/Estado capaz de controlar, manipular, julgar e condenar o que se denominou Humanidade, e que, por sua vez, também não passa de mais uma construção.

A maioria das pessoas estranha a aproximação entre cristianismo e anarquismo. De fato, as instituições eclesiásticas foram alvo de ataques por diversos anarquismos. No entanto, as fundações religiosas não são a expressão da religiosidade, são apenas matrizes defensoras de uma interpretação que se pretende única e verdadeira. O estranhamento maior deveria ser a associação entre cristianismo e capitalismo, o que parece totalmente naturalizado hoje. Jesus andava com os pobres, era inimigo do Império Romano e dos comerciantes, principalmente daqueles que ficavam nas portas dos templos sagrados. Não fazia distinção entre as pessoas de diferentes classes sociais e ensinou a dividir os alimentos, o que ficou conhecido como milagre da multiplicação. Para muitos historiadores, as primeiras comunidades cristãs foram a primeira experiência socialista registrada na história ocidental. No evangelho de Mateus, encontramos a seguinte passagem: "Ninguém pode servir a dois senhores. Com efeito, ou odiará um e amará o outro, ou se apegará ao primeiro e desprezará o segundo. Não podeis servir a Deus e ao dinheiro" (MT, 6: 24).

Tolstoi entendia que, como um filho de Deus, ele só poderia seguir suas palavras e não devia obediência ao czar ou qualquer outro governante. Esse é também o ponto principal de Etienne de La Boétie (1999): a recusa em servir; ou ser cúmplice da tirania. Para La Boétie, nada é mais contrário a Deus do que a tirania. No conto "Os três anciãos", Tolstoi (1997) escreve, como um seguidor de Deus, que ele só sabe e só pode servir e nutrir a si mesmo, uma vez que O Reino do Céu está dentro de cada um de nós. Nessa perspectiva, a liberdade está na aproximação com a natureza, e, uma vez que tudo e todos são igualmente criações divinas, não há por que estabelecer relações de hierarquia entre os humanos ou de domínio destes em relação à natureza.

No entanto, devemos admitir que o pensamento de Tolstoi, por mais que tenha rompido relações de dominação e desestabilizado poderes, parte da construção do pensamento ocidental que estabelece o absoluto universal como sagrado. O sagrado já não se encontra somente no campo das religiões, mas também se faz presente na razão e na política. Por ele podemos compreender o Estado, o Homem, a Humanidade, a moralidade e todas as formas de pensamento que se pretendem verdades universais. O Estado sustenta-se, dentre outras coisas, pela abstração do bem social. Por isso, quando os anarquismos se posicionam combativamente diante dessas formas de transcendentalidades, desafinam o canto do poder. Mas, se recusar a ser propriedade do Estado já não é mais suficiente, é preciso questionar também as transcendentalidades que compõem os anarquismos, lançar mão de nossa animalidade e não ser proprietários da natureza.

Reconhecer-se como parcela do corpo divino não é uma exclusividade do anarquismo cristão. Podemos encontrar isso em outras culturas que têm sido abafadas, caladas e oprimidas pelo olhar ocidental. Tais pensamentos muitas vezes se mostram mais potentes, levando em conta que não carregam o peso da piedade e da benevolência cristã. "Deveríamos admitir a natureza como uma imensa multidão de formas, incluindo cada pedaço de nós, que somos parte de tudo: 70% de água e um monte de outros materiais que nos compõem. E nós criamos essa abstração de unidade, o homem como medida das coisas, e saímos por aí atropelando tudo, num convencimento geral até que todos aceitem que existe uma humanidade com a qual se identificam, agindo no mundo à nossa disposição, pegando o que a gente quiser. Esse contato com outra possibilidade implica escutar, sentir, cheirar, inspirar, expirar aquelas camadas do que ficou fora da gente como "natureza", mas que, por alguma razão, ainda se confunde com ela. [...] Os quase-humanos são milhares de pessoas que insistem em ficar fora dessa dança civilizada, da técnica, do controle do planeta. E, por dançar uma coreografia estranha, são tirados de cena, por epidemias, pobreza, fome, violência dirigida" (KRENAK, 2019, p. 69–70).

Pierre Clastres empresta um novo olhar para a antropologia, que antes tomava os povos indígenas como seres primitivos, não evoluídos, incapazes de se organizarem estruturalmente em organizações como as nossas. Sob essa nova ótica, ele afirma que esses povos não chegaram à forma de Estado, não por incapacidade, mas sim por escolha: o Estado nunca lhes interessou. Clastres inaugura o termo "sociedades contra o Estado", fazendo oposição ao termo primitivo. A ideia de que um povo é primitivo parte de um olhar eurocêntrico, que toma a nossa sociedade como o suprassumo da evolução; enquanto os povos que não reproduzem nosso sistema teriam sido incapazes de trilhar um percurso rumo ao desenvolvimento, ficando no meio do caminho. Ao classificar esses povos como primitivos, estamos decretando a sua inferioridade, o que justifica sua catequização e seu extermínio.

Em suas anotações sobre o "Discurso da Servidão Voluntária", Pierre Clastres (1999) opõe sociedades de liberdade às sociedades sem liberdade. Onde há Estado não há liberdade. Nas "sociedades contra o Estado" ou de liberdade, não há desigualdade ou desejo de submissão. O chefe exerce uma liderança, mas ninguém lhe deve obediência. Na nossa sociedade, por sua vez, temos a herança cristã da obediência como uma virtude, e, para quem não obedece, opera-se uma série de mecanismos de punição.

Os Estados existem para administrar as misérias, assegurar a propriedade, garantir que a maior parte da riqueza produzida no mundo fique nas mãos de apenas um por cento da população mundial e que as indústrias consumam a natureza da forma como elas bem entenderem. Clastres acerta ao empregar o termo "contra o Estado", mas classificar esses povos como sociedade evidencia um resquício de um olhar civilizatório. Será que eles se enxergam como sociedade? Esse conceito não seria mais uma forma de pensamento totalizante imposta pela civilização?

É preciso questionar toda forma de pensamento totalizante que se julgue verdadeira e produza subjetividades, mesmo quando estas se autodenominem anarquistas. Alguns anarquismos se aproximam de discursos humanistas substituindo o amor a Deus pelo amor à Humanidade, e tanto um quanto outro são ideias construídas, abstrações que servem de alicerce para a devastação do planeta. Primeiro se criou um Deus/Homem, depois um Deus/Estado e, agora, chegamos ao Homem/Estado. Vivemos em um mundo doente. Em vez de lutar por liberdades, as pessoas clamam por regulamentação, controle e policiamento. Muito pior do que isso, incorporam a figura do fiscal, do agente e do juiz. Tudo é controlado, medido, inspecionado e julgado. Na sociedade de soberania, tínhamos a figura do pastor disseminada em várias profissões e ocupações. Agora, nas sociedades de controle, todos são dispositivos voluntários. O celular tornou-se mais que uma arma, virou um instrumento de vigilância permanente, e as redes sociais um tribunal constante. Vivemos na era dos chamados por "lacração" e "cancelamento".

A expressão do autoritarismo está na tela mais próxima a você e cabe no seu bolso. É inevitável ver as pessoas incorporarem, ao mesmo tempo, a figura do policial e do juiz. Elas internalizam e reproduzem o Estado o tempo todo. Apontam, julgam, condenam, mas não trazem pensamentos ou ações libertárias e, sem perceberem, tornam-se inimigas da liberdade.

Um exercício possível e urgente para nós hoje é tocar fogo no juízo, incendiar o tribunal que se instaurou em nós mesmos, matar o policial que nos habita. Precisamos estar atentos às armadilhas que a nossa época nos impõe. O que parece nos facilitar a vida também nos submete a uma relação de dependência e exposição. O modismo do cancelamento evidencia como o pensamento colonizador se incrustou no comportamento humano e tornou impossível o convívio com o diferente. Diante da incapacidade de lidar com a diferença, a anulação surge como o caminho mais rápido.

Anular, oprimir, constranger são táticas de imposição de uma verdade, uma forma de catequização.

A pandemia que parou o planeta, e é tratada por alguns governantes como uma simples "gripezinha", já matou mais de cento e quarenta e seis mil pessoas, no Brasil, e mais de um milhão no mundo todo, sem contar as subnotificações. Por mais que o vírus da COVID-19 não tenha sua origem totalmente comprovada, parece difícil desassociá-lo da ação predatória imposta pelo estilo de vida capitalista. Bastou as atividades industriais e comerciais pararem por alguns instantes para proliferarem notícias de animais tomando as cidades, melhora na qualidade do ar e das águas...

O Homem vem pisando no chão de forma bruta e com travas afiadas, causando feridas irreparáveis. Recordes de incêndios na Amazônia, no Pantanal, na Mata Atlântica e em outros países como Austrália, EUA e Ucrânia. Rejeitos de mineração lançados em rios. Incontáveis litros de petróleo derramados nos oceanos, para não falar na quantidade de resíduos plásticos e outros materiais descartáveis. Sem contar episódios trágicos e inadmissíveis como: a bomba atômica em Nagasaki em 1945; o vazamento radioativo em Kyshtym, na Rússia, em 1957; o vazamento químico em Sevesco, na Itália, em 1976; o acidente nuclear em Chernobyl, em 1986; a explosão de setecentos poços de petróleo durante a Guerra do Golfo no Kuwait, em 1991; Fukushima, em 2011; o rompimento de barragem de resíduos de mineração em Bento Gonçalves, em 2015; outro rompimento de barragem em Brumadinho, em 2019; a explosão em Beirute, em 2020, etc. Ficou claro que, para grande parte das pessoas, a vida vale menos que a economia. Uma árvore morta é muito mais lucrativa que uma árvore viva, mas somente em vida ela produz oxigênio, elemento indispensável para nossa existência. Assim como o nosso lixo, a vida na civilização é descartável. A sociedade falhou e chegou ao seu limite.

Vivemos o que é chamado de "novo normal", cercados por telas, privados das nossas relações de afetos, com medo do contágio e da morte, conectados às notícias em qualquer lugar do mundo, mas descuidados com o que acontece debaixo do nosso nariz. Pessoas aflitas anseiam pela volta ao normal. Mas que normal é esse? Estima-se que quase metade da população global viva abaixo da linha da pobreza. No Brasil, cerca de treze milhões e meio de pessoas se enquadram em situação de extrema pobreza. A fome não é mais uma exclusividade dos chamados países de terceiro mundo. Em 2019, segundo a *Worldometers*, estimava-se uma média de vinte a quatro mil mortes por dia causadas pela fome. De acordo com a Organização Internacional do Trabalho, o número de desempregados no mundo é superior a cento e noventa milhões; treze milhões só aqui no Brasil. Mais de onze milhões de pessoas estão encarceradas no mundo todo. O índice mundial de suicídios só aumenta. Conforme publicação da Organização Mundial de Saúde (OMS), a cada quarenta segundos registra-se uma morte por suicídio. Ainda de acordo com a OMS, trezentos e vinte e dois milhões de pessoas no mundo sofrem de depressão. O Brasil é o país com mais casos de depressão na América Latina, com quase doze milhões de casos registrados. Sem falar de outros tipos de transtornos que também aumentam a cada ano; das guerras, declaradas ou não, pelo mundo todo; e da situação delicada em que vivem mais de sessenta e oito milhões de refugiados. Esse é o nosso normal.

O apego à pequenez da vida do cidadão comum parece maior do que a preocupação com a vida na sua mais ampla definição. À espera de uma vacina milagrosa, o cidadão exemplar exime-se de sua responsabilidade, alivia sua consciência e segue contribuindo para a continuidade desse mundo podre. Enquanto ele se esforça para ser um sujeito normal, fazer tudo igual e ser só mais um boçal nessa corrida pela conquista do ouro de tolo, o mundo que conhecemos está se dissolvendo. Seguimos enfeitiçados, sujeitados, devotos e obedientes, acreditando na necessidade do Estado. Essa sociedade representada pela figura do Homem hétero e branco carrega consigo, ao longo dos séculos, um rastro de mortes, vírus, guerras, escravidão e extermínios.

Diante desse cenário catastrófico, o que estamos esperando? Uma resposta dos governantes? A salvação divina? O surgimento de novas lideranças para uma remodelação do capitalismo? E por que não buscar outras respostas? Esse mundo que inventamos não nos oferece soluções para os problemas que nós mesmos criamos. Talvez seja o momento de olhar por outras perspectivas e ouvir a voz de culturas que foram caladas durante todos esses séculos.

Um índio descerá de uma estrela colorida, brilhante
De uma estrela que virá numa velocidade estonteante
E pousará no coração do hemisfério sul
Na América, num claro instante
Depois de exterminada a última nação indígena
E o espírito dos pássaros das fontes de água límpida
Mais avançado que a mais avançada das mais avançadas das tecnologias
Virá
Impávido que nem Muhammad Ali

Virá que eu vi
Apaixonadamente como Peri
Virá que eu vi
Tranquilo e infalível como Bruce Lee
Virá que eu vi
O axé do afoxé Filhos de Gandhi
Virá
Um índio preservado em pleno corpo físico
Em todo sólido, todo gás e todo líquido
Em átomos, palavras, alma, cor
Em gesto, em cheiro, em sombra, em luz, em som magnífico
Num ponto equidistante entre o Atlântico e o Pacífico
Do objeto-sim resplandecente descerá o índio
E as coisas que eu sei que ele dirá, fará
Não sei dizer assim de um modo explícito
Virá
Impávido que nem Muhammad Ali
Virá que eu vi
Apaixonadamente como Peri
Virá que eu vi
Tranquilo e infalível como Bruce Lee
Virá que eu vi
O axé do afoxé Filhos de Gandhi
Virá
E aquilo que nesse momento se revelará aos povos
Surpreenderá a todos não por ser exótico
Mas pelo fato de poder ter sempre estado oculto
Quando terá sido o óbvio.
(Caetano Veloso, *Um índio*, 1975)

Os únicos núcleos que ainda consideram que precisam se manter agarrados nessa Terra são aqueles que ficaram meio esquecidos pelas bordas do planeta, nas margens do rio, nas beiras dos oceanos, na África, na Ásia ou na América Latina. Esta é a sub-humanidade: caiçaras, índios, quilombolas, aborígenes. Existe, então, uma humanidade que integra um clube seleto que não aceita novos sócios. [...] Fomos, durante muito tempo, embalados com a história de que somos a humanidade e nos alienamos desse organismo de que somos parte, a Terra, passando a pensar que ela é uma coisa e nós, outra: a Terra e a humanidade. Eu não percebo que exista algo que não seja natureza. Tudo é natureza. O cosmos é natureza. Tudo em que eu consigo pensar é natureza. [...] Tomara que não voltemos à normalidade, pois, se voltarmos, é porque não valeu nada a morte de milhares de pessoas no mundo inteiro. Depois disso tudo, as pessoas não vão querer disputar de novo seu oxigênio com dezenas de colegas num espaço pequeno de trabalho. As mudanças já estão em gestação. [...] Não podemos voltar àquele ritmo, ligar todos os carros, todas as máquinas ao mesmo tempo. Seria como se converter ao negacionismo, aceitar que a Terra é plana e que devemos seguir nos devorando. Aí sim, teremos provado que a humanidade é uma mentira (KRENAK, 2020, posição 44–51; 98–102).

Por que não experimentar outras formas de pensamento? Outros olhares que seguem abafados, encurralados, isolados e feridos? Por que não dar passagem a um pensamento selvagem, sem imperativos categóricos, paradigmas, superego? Devemos parar de olhar para nós como lobos de nós mesmos, ou como seres bons por natureza, ou até mesmo bípedes sem penas. A vida não cabe em uma medida. O Homem não é a medida do mundo. O planeta chegou ao limite da devastação. Esqueçamos o mal-estar na civilização: o mau é estar na civilização. Não existe produção de riqueza que não cause impacto ambiental e social. Isso tudo é consequência do capitalismo. A normalização da fome e da miséria é apenas um dos perigosos efeitos do que entendemos por civilidade.

Hoje, o capitalismo repaginou seu enunciado, e o discurso da sustentabilidade está estampado em todas as empresas que, por sua vez, não cogitam parar suas atividades, tampouco cessar suas fontes de lucro. Esse discurso empresarial preocupado com a saúde do planeta mascara a administração ou o gerenciamento de uma morte lenta, mas em momento algum se cogita a hipótese de não matar. Grandes corporações investem na compra de terras com nascentes. Há um plano em curso de privatização das águas. Se isso de fato acontecer, nos tornaremos ainda mais reféns deles. Fazer viver e deixar morrer não é uma máxima de governo direcionada apenas à sociedade, mas a tudo que está inserido no planeta.

Algumas lideranças de povos indígenas entendem o novo coronavírus como uma resposta da natureza. O vírus só está colocando a espécie humana em perigo, os outros animais não estão morrendo em decorrência da COVID-19. O estilo de vida ocidental serve-se dos recursos naturais de forma bruta e não pensa em estabelecer um equilíbrio ecossistêmico. A natureza quer apagar o que está desregulando o grande organismo do planeta e recuperar novamente sua harmonia. Se para isso o ser humano tiver que sair de cena, que saia! Talvez seja o momento de uma inversão: o momento em que a mosca devorará a aranha. Não somos mais importantes do que o planeta. Ele existe muito tempo antes de nós, e não seríamos a primeira espécie a entrar em extinção.

"O que aprendi ao longo dessas décadas é que todos precisam despertar, porque, se durante um tempo éramos nós, os povos indígenas, que estávamos ameaçados de ruptura ou da extinção dos sentidos das nossas vidas, hoje estamos todos diante da iminência da Terra não suportar a nossa demanda" (KRENAK, 2019, p. 45). Krenak sugere que o homem branco deveria pisar mais suavemente na terra. Se o amor é o jeito como a gente pisa no chão, devemos fazer dele uma prática revolucionária de não dominação e de não posse. Uma prática selvagem na qual não haja espaço para submissões e propriedades. É preciso desaquecer as ideias hegemônicas como a de Humanidade e pôr um fim ao baile civilizatório, a essa dança sem cadência, essa decadência de uma perspectiva que nos aproxima do fim do mundo. Os bárbaros, a chegada dos bárbaros, para relembrar o poeta grego Konstantínos Kaváfis, eram e continuam sendo a solução. É o momento de dar lugar ao selvagem, bárbaro, bruto e sem razão. Está mais do que na hora de mudarmos nossa maneira de estar no mundo, de deixar certas convicções para trás e pôr um fim ao pensamento-posse. É tempo de refazermos nossas pegadas e pensarmos no rastro que vamos deixar no amanhã. Pensar menos e pisar mais suavemente, como o amor selvagem.

BIBLIOGRAFIA

ARRUDA. *As menores distâncias podem levar uma vida*, São Paulo: Selo Edith, 2010.

CLASTRES, Pierre, *Liberdade, Mau Encontro, Inominável*. In: *Discurso da Servidão Voluntária*. Tradução de Laymert Garcia dos Santos. São Paulo: Brasiliense, 1999, p. 109–124.

FOUCAULT, Michel. *Do governo dos vivos*. Tradução de Eduardo Brandão. São Paulo: Martins Fontes, 2014.

KRENAK, Ailton. *O amanhã não está à venda*, São Paulo, Companhia das Letras: 2020 [*E-book*].

______. *Ideias para adiar o fim do mundo*, São Paulo: Companhia das Letras, 2019.

LA BOÉTIE, Etienne de. *Discurso da Servidão Voluntária*. Tradução de Laymert Garcia dos Santos. São Paulo: Brasiliense, 1999.

SPINOZA, Baruch de. *Ética*. Tradução de Lívio Xavier, São Paulo: Atena Editora, 1957.

TOLSTOI, Liev. *A morte de Ivan Ilitch e Os três Anciãos*. Tradução de Boris Schnaiderman, Aurélio Buarque de Holanda e Paulo Rónai. Rio de Janeiro: Ediouro, 1997.

______. *O reino de Deus está em vós*. Tradução de Celina Portocarrero, Rio de Janeiro: Rosa dos Tempos, 1994.

Catástrofe, história e destino
Da pandemia como verdade e como representação

Ilana Viana do Amaral

Para Sandra, minha amiga-irmã.
Da covid nós perdemos, tá sem jeito e dói.
Também no que de ti guardo e levo, continuo, insisto.

A emergência (do verbo emergir, aparição.) pandêmica do novo coronavírus em humanos, com a covid-19, caiu sobre o globo sob os signos da catástrofe e da emergência (aquilo cuja resolução reclama ação urgente). Caiu, como verdadeira catástrofe, como um céu desabando sobre nossas cabeças. Uma emergência em forma de pandemia viral no século xxi não era, exatamente, inesperada, dada a extensão e a amplitude da devastação do planeta e da vida humana, produzidas sob o domínio das formas capital e Estado como formas dominantes de existência. De Rob Wallace, biólogo evolucionista anticapitalista, autor de *Big Farms Make Big Flu*, a Bill Gates, passando por Obama e pelos irmãos Koch, mas também por Sting, Raoni e Greta, não havia voz, dentre as que acompanham as questões ambientais contemporâneas, que não reconhecesse a iminência da aparição de um evento catastrófico ligado à degradação ambiental. Fosse privadamente, num reconhecimento diante "dos seus pares", para junto com eles articular uma negação pública de fachada,[1] como os Koch, fosse publicamente, nos

1. Refiro-me ao negacionismo climático orquestrado pelos irmãos Koch, traficantes de petróleo e articuladores da "nova(!)direita" e seus antecedentes correlatos (como o negacionismo da indústria de tabaco). Esse negacionismo para uso do público nunca duvidou, privadamente, da emergência climática, que em verdade sabe perfeitamente que existe desde os anos 1960. A admissão pública pela indústria petrolífera implicaria uma renúncia à sua identidade, preço que, definitivamente, eles não pagam. Dessa posição discursiva, encontramos o modelo nas páginas da *Filosofia na alcova*, de Sade (1999). Sobre o saber dos irmãos Koch e o negacionismo, é possível acessar a documentação do relatório Stanford e seus desdobramentos e ramificações em *https://oquevocefariasesoubesse.blogspot.com/2019/07/eles-sabiam-verdadeira-conspiracao-por.html*. Acesso em: 05/10/2020.

discursos de vários matizes que apontam o aquecimento global como um problema, não havia discurso sobre o ambiente que não tomasse a sério a iminência de uma pandemia. Era uma questão de "mais dia, menos dia" e de "mais uma menos uma". A catástrofe, amplamente anunciada, tinha um signo à sua espera. Como signo, não a continha no que ela tem de real. Por isso mesmo, seu anúncio não preparava ninguém, apenas a preparava.

O caráter de catástrofe iminente, assumido como um prenúncio e depois no anúncio de sua chegada pelos organismos internacionais, vigilâncias epidemiológicas e *medias*, preparou as posições reativas ao evento. As reações diante do desastre (aquilo que impõe desistir dos astros e olhar para a Terra) produziram-se, como só ocorre nos desastres, enfrentados desde a Terra e desde os corpos nela situados, com os meios e segundo as formas que os sujeitos, para isso, encontramos já dadas. Como tais, nunca à altura de um desastre, que exige, para ser verdadeiro desastre, formas novas, exige formar, porquanto as formas já dadas são o que, num verdadeiro desastre, desabam. Na ausência de formas novas, a repetição das posições típicas diante das tragédias, ainda sem fim (sem catástrofe, o nome dado ao final das tragédias), já cotidianas no capitalismo contemporâneo, posições via de regra — porque típicas — situadas numa insistência que colabora e participa ativamente na produção sem fim da catástrofe, sob a crença de combatê-la.

O escamoteamento "realista" do que verdadeiramente estava em questão foi, assim, a tônica. O impossível, que era exigido pela emergência catastrófica real do vírus, foi o verdadeiramente excluído no enfrentamento feito. O que teve de ser feito foi "extra-ordinário". Não o impossível que a catástrofe real exigia. Em razão do "realismo" econômico, esse impossível, aliás, sequer foi globalmente aventado: agir a sério para suprimir a pandemia, parar tudo, frear completamente a transmissão. Para isso seria necessário assumir, no catastrófico da pandemia, a catástrofe do mundo presente, enfrentando-a e dando-lhe um fim, inventando, de outro modo, outro mundo. O que foi feito, ao contrário, foi o enfrentamento possível à COVID-19, segundo as razões que contam para as finanças e os Estados: razões econômicas, que articulam presentemente nossas vidas e, nelas, as formas e os meios de enfrentamento dessa e de quaisquer tragédias.

Salvo nas raras experiências que buscaram enfrentá-la de modo radical, isto é, contra as formas dadas, mercantis e estatais — porquanto experimentassem já, segundo restritas possibilidades de isolamento, viver contra a ordem atual das coisas, comunidades como as de Rojava e as zapatistas, que tentaram com os meios que possuíam cessar completamente a transmissão —, a mitigação foi, desde o princípio, a baliza realista das hipóteses discutidas. Esse realismo das formas existentes desrealizava, por isso mesmo, a verdade de catástrofe, mantendo-a como tragédia sem catástrofe, tragédia sem fim. Era, assim, convertida em mais uma pandemia, embora grande e grave. Apenas mais uma, dentre as tantas tragédias com as quais convivemos, e não a verdadeira catástrofe, o fim do mundo ou o fim de um mundo, muito embora tenha sido efetivamente catastrófica e o fim de tantos pequenos mundos para quantos morreram, para quantos amores perdemos para a COVID-19. Na medida em que a sua excepcionalidade era enfrentada nessa via de uma gravidade relativa, ela era situada — como as demais tragédias presentes —, no manejo interno à totalidade existente dos conflitos, sob a lógica da redução de danos.

O realismo do possível, ao não instaurar uma verdadeira exceção, uma verdadeira catástrofe e um verdadeiro desastre, produziu o que já produz nas condições presentes, só que em escala acelerada e concentrada: estados de exceção e de emergência de um lado, com a montanha de cadáveres que lhes é conexa; e, de outro, uma montanha de discursos, dizendo o mesmo que já sempre diziam, agora "aplicado" à COVID-19. Um tenebroso cortejo de clichês, afinal, acompanhava o evento mais mortal que nossa geração experimentou até aqui, não suportando o silêncio de que também era feita aquela hora, inseparável da gravidade da morte, inseparável da angústia. Assumi-la radicalmente talvez pudesse produzir algo além da repetição das formas dadas, algo à altura de um verdadeiro desastre: catástrofe. O tempo, como em tudo o mais, foi aqui decisivo. Uma emergência que imobilizava e mobilizava ao mesmo tempo não tinha tempo. E o cortejo de discursos veio de todos os lados, em blocos. No bloco animista, os New Age, para quem o vírus "traz um recado sobre a urgência da mudança, sobre a mudança planetária que o astral prepara para a Terra", com versões à direita e à esquerda, com direito ao compartilhamento eventual de argumentos (a batalha da vacina, por exemplo). Numa versão "sul-epistecosmológica" cujo animismo é *mezzo* retórico, *mezzo* ato falhado, *mezzo* puro teatro, o vírus é o "pedagogo cruel". No bloco das teorias da conspiração, as versões vão da "arma-biológica-comunista-chinesa-para-trazer-o-caos-ao-ocidente", às "manipulações da NOM", também com as versões à esquerda e à direita e frequentemente misturadas em muitos de seus elementos. No bloco da ciência, dos mais impactados pelo vírus em sua específica posição discursiva, a defesa do "saber baseado em evidências", da pesquisa e dos sistemas públicos de saúde, articulada ao desamparo desse instante, resultante da ausência de tais evidências em relação à COVID-19, ausência também de uma estrutura universal de socorro.

Esse bloco, no qual se encontra quem suportou, com todos os "trabalhadores essenciais", o enfrentamento corporal aos piores momentos da devastação trazida pela doença, se socorria, enquanto socorria, do saber articulado no campo das crenças já instaladas, tentando. Do lado do bloco crítico, da denúncia do existente, "já sabíamos que viria e avisamos"; Biopolítica para quem é de Biopolítica, com direito à estranha crença — pouco desconfiada para quem faz a crítica — nos relatos epidemiológicos iniciais e resistência aos seguintes; Afetos para quem é de Afetos, com direito a carta de amor não enviada; crítica ideológica da ideologia para quem é da crítica da fantasia alheia; fim do capitalismo que-já-ia-acabar-mesmo-afinal-dizemos-isso-há-décadas, para quem já diz, há décadas, que o capitalismo está acabando. Ainda nesse polo do cortejo, a denúncia de todos os outros discursos, "que não estavam prestando atenção às novidades e alterações reais, nem fazendo o que deveriam, nem sofrendo com os filhos em casa, nem fazendo a solidariedade, nem angustiados o suficiente com as perdas" (olá!). Em cada um desses *topoi* discursivos, uma constante: a forma do já sabido e do já dito sendo convocada a fazer barreira à angústia, à desorientação e à impotência que era a de todos nós. Em cada um desses discursos, muita defesa, alguma verdade e a tentativa de manter uno o que ameaçava se partir.

De um outro lugar, acatando de modo não defensivo a angústia e assumindo o que nela era verdade, discursos que roçavam a coisa diante de uma catástrofe assumida em ato, como presente, como desastre. Aqui e ali, somente. Raros, porquanto quase ninguém (quase porque a fixidez existe e às vezes a insistência defensiva não cede a nada) se sustentava completamente em um único desses *topoi* discursivos e, antes, derivávamos para cada um deles. Nesse outro lugar, discursos dos laços insurgentes em meio à miséria pandêmica, laços assentados na singularidade de uma palavra frágil, nas ações diretas, na auto-organização comunitária e, aqui e acolá, numa greve selvagem ou levante que obrigava a parar a produção de morte. Um ato com cruzes numa praia ou praça imprimia gravidade e cantos de resistência nos hospitais, leveza, ao cansaço e à dor extrema daquela hora. Também as escutas das derivas alheias e das nossas próprias derivas escutadas por alguém. Já mais adiante, no tempo, palavras que de sua fragilidade faziam força real nas barricadas estadunidenses, nas ruas mundo afora, na Capitol Hill autogerida. Nesse *topos* também havia choro e havia silêncio. Nesse outro lugar ainda, diários de psicodeflação que sustentavam uma nudez de verdade, em pérolas de desconfiança e aflição em mais questões que respostas. A articulação da pandemia à necropolítica, no que ela carregava já de uma verdade tão corpórea, acenava naquela hora à abolição dos nexos de culpa, instante de perigo assumido.

A experiência de catástrofe com a COVID-19 trouxe a essa palavra, com a qual a vida e os discursos, nos dias que correm, não cessam de insistir em familiarizar, a brutalidade do real. Interpelar a tentação da familiaridade, colocando-a em questão, permite retomar a sua ocorrência sob a forma de uma ameaça, anúncio ou profecia — modo pelo qual ela ingressou tanto neste texto, quanto nos anúncios da catástrofe nos discursos contemporâneos — para nela apontar uma indicação temporal que é elisão do presente catastrófico numa "catástrofe que nos ameaça", quase sempre seguida de um "como combatê-la"[2]. Circunscrever tal elisão a uma conjuração fantasmática, cuja função é fazer frente a um presente catastrófico denegado, permite localizar o caráter destinal, nela conjurado em oposição ao histórico, ao presente assumido em sua conflitividade radical, incontornável, verdadeiramente catastrófica. Assumir e nomear a crise do presente como catástrofe interrompem sua produção como destinal, é ato que abre ao que insiste como vivo, não sujeito à forma-palavra dada, letra da palavra a vir, poesia. Nessa assunção do presente catastrófico, o des-astre, redução ao estado de caco, de letra, abre à palavra poética, a um nomear que inaugura,

---

2. Esse é o título de um escrito de Lenin, de setembro de 1917, que afirmava a necessidade de um Estado socialista, como condição de superação da catástrofe — a fome generalizada — que a I Guerra houvera agudizado. Soviets controlando o Estado e o partido controlando os soviets eram "os meios de combatê-la". Concentrando a "catástrofe que ameaça" no fenomenológico, no identificável — a fome, a miséria e a gestão da produção mercantil —, mantinha intocado o lugar de sua produção — as condições já capitalistas da Rússia, com as hierarquias que lhe são próprias, inclusive o Estado. Era o projeto do que efetivamente foi: modernização capitalista, Estado e barbárie. Enfrentando os efeitos de miséria pela evitação do enfrentamento radical do conflito — tratava-se, para ele, da substituição de uma totalidade por outra —, buscava, em verdade, evitar o real da insurreição naquilo em que sua sustentação interpela os fechamentos definitivos numa forma. Assumia, assim, sob a presunção de um saber do caminho e da forma (já fechada no ideal que todo vanguardista carrega), a tutela da insurgência por sua representação unitária, o partido. A catástrofe a evitar era, assim, para Lenin, na real, a própria insurreição. O esmagamento da autonomia real dos soviets (assentada na heteronomia múltipla e conflitiva de toda insurgência) e o massacre de Kronstadt foram, como sabemos, a primeira matança daquele projeto estatista cujo desenvolvimento culminou no stalinismo. A catástrofe anunciada era o prenúncio da catástrofe. Não exatamente a que Lenin pensava anunciar, mas a que ele enunciava.

à invenção, insistência como vivo. Chegamos a ela na produção da catástrofe, por um fim, negação do já dado. Atravessando a via do anúncio da catástrofe ao assumi-la no presente, é possível repetir, na pandemia, o gesto catastrófico das barricadas: quebrar a totalidade dada e recolher sua verdade em cacos, com os quais construímos a poesia de um mundo a formar.

Para os que experimentamos a crítica do capitalismo como crítica em ato da representação, pela via da ação direta, esse é, a cada instante, o desafio: sustentar a crítica em ato, desconfiando dos discursos — dos nossos próprios antes de mais —, daquilo que neles clama por unidade e apazigua contradições. Só falamos uns com os outros de formas múltiplas — o contrário do uníssono (do capital, do Estado, dos partidos, das Igrejas) —, assumindo o cindido em nós. Insistir na desconfiança da unidade que é uníssona,desconfiança da armadilha da representação, unitarizante, sempre à espreita. Ela permite sustentar os laços que fazemos desde as barricadas, sustentar um lugar discursivo no qual quem fala não se identifica inteiro no/com seu discurso. Não só no sentido óbvio de não pretender "ser dono da verdade", mas, mais radicalmente, no de não se encontrar, realmente, inteiramente nele, assumindo a falha, a distância entre o que queremos dizer e o que dizemos e entre o que dizemos e o que não podemos dizer, porque sem palavras, só cacos. Isso as barricadas ensinam. Insistir no que nelas aprendemos é sempre aposta.

Assumir o presente catastrófico desconfiando do próprio discurso e, por isso mesmo, dizer. Foi o que pôs a escrever este texto. Escrever para falar com o Zé Maria, querido, que, com sua bela história de barricadas e vinhos e amores e vida, me recebeu tão maravilhosamente no seu Portugal de onde vimos chegar o horror em forma de pandemia. Mas também com tantos outros queridos com os quais falo por outros meios, e talvez com uns tantos que nunca vi nem li, sobre pandemia e insistência libertária. Difícil escrever agora. A palavra insistia nas formas já dadas, nessa inércia que protege da dor de pari-las dos cacos, num conflito assumido. O incômodo com os discursos sobre a pandemia e seu caráter clichê, apontado no (olá) que me indicava nessa posição discursiva, a que me acompanha por mais tempo nessa pandemia e na vida, assumindo o que nela é incontornável, como estruturante do meu discurso, me remeteu ao imenso incômodo durante a eleição de 2018, onde a palavra era o impossível. Muitos dos que não votamos nas eleições, porque as denunciamos como farsa, numa recusa à representação, ficamos numa sinuca de bico na qual, nem era possível subscrever a cretinice eleitoral dos "bons contra os maus" (os "bons" eram o que sabíamos, quem havia capitaneado a nossa criminalização em 2013, as UPPS, o Haiti, colaborado com as chacinas em seus anos de gestão da barbárie), nem podíamos desconhecer, sobretudo ouvindo quem do nosso lado da barricada convivia de perto com a truculência da máfia miliciano-policial, as leves diferenças entre os dois lados em disputa, ali importantes diante da nossa desarticulação, sobretudo para os mais expostos, dentre nós, à barbárie presente. Na ocasião, assumindo a palavra impossível, conversei com quantos pude. Não foram muitos. Tentei conversar também em alguns pequenos textos nas minhas redes sociais, entre eles, um no qual nomeava minha posição como um vote e vomite!, que não fazia, do que ali reconhecia como necessário, nem virtude, nem ideologia. Não fazia regra, nem ideal, invocava. O que me incomodou, à época das eleições, e retornou, sob outro aspecto, nos clichês sobre a pandemia, não foi só a sinuca de bico, que, afinal, marca a vida histórica sob as condições adversas, nas decisões que exige de cada um. Foi, sobretudo, o estreitamento do espaço da conversa sustentada numa palavra frágil, que não se tomasse como regra, uma palavra acatada em sua fratura, cindida. Naquela hora de 2018, essa conversa era impossível até com compas, com os quais dividi barricadas. Só foi tornada possível, e de modo muito restrito, quando assumida em seu impossível, assumida fora dos ideais e dos clichês. Assumida porque acatava aquele momento de perigo como história, como o contrário do destino. Essa palavra frágil pode, naquele momento, delineando o presente em sua específica dor, sendo luto do efetivamente perdido (da nossa desarticulação, que era o real da nossa derrota desde as insurreições de 2013 e 2014 até as ocupações secundaristas de 2015, derrota que se agravara com a adesão, tenebrosa e massiva, de muitos dos que haviam estado ao nosso lado nas barricadas ao dualismo dos bons e dos maus; real das mortes que choramos agora na pandemia), ser poesia e nomear, sustentando a insistência no que é vital. Permitiu inventar, ressuscitar e liberar palavras para dizê-la. Agora, é numa palavra frágil, que conversa, produzida no luto, na catástrofe assumida, que insisto.

CATÁSTROFE, FANTASIA E IMAGEM: O TEMPO SEM TEMPO

> Se lembra do futuro que a gente combinou?
> Querendo acreditar que o dia vai raiar
> só porque uma cantiga anunciou?
>
> CHICO BUARQUE

> O que não tem remédio, nem nunca terá
>
> CHICO BUARQUE

A catástrofe fez-se familiar. Conteúdo do fantasma em quase todos os discursos sobre o futuro do mundo presente, como uma espada de Dâmocles ou do Anjo Gabriel, pairando sobre as cabeças. Ameaça de juízo, ameaça de final com a qual, quase universalmente, desde há tempos, se fala do presente. A ameaça só anuncia o catastrófico como imaginado, evento a vir. Foi assim também na chegada da pandemia. Ela apareceu e foi recebida num anúncio do que viria (ameaça, alerta, aviso ou profecia: vai morrer muita gente de COVID-19, inclusive pode ser você ou alguém que você ama). Esse anúncio, na desorientação, angústia e desamparo que carregava, pela verdade do que anunciava — um vírus mortal que se espalhava e a morte, numa rapidez incontornável porque sem remédio —, atualizava em cada um de nós o terror do futuro já anunciado, a morte que cada um sabe que chegará, um dia, para si e para os que amamos. O anúncio atualiza o recebimento do aviso, dado na linguagem, que nos faz humanos: morrerás. Catástrofe. Ele o faz pela negativa, já que o que ele visa é prevenir e afastar a catástrofe que nisso, em negativo, reconhece. Essa atualização de um anúncio já ocorrido constitui e mobiliza, no presente em que, enunciando, anuncia um nexo entre o já sido e o futuro, nexo tecido para cobrir o que esse aviso comporta de dor.

A função-mapa do anúncio da catástrofe é instruir. Dar caminhos. Traçá-los — para dizê-lo num vocabulário clássico — como um mapeamento estratégico, capaz de orientar taticamente. Sua verdade serve pelo que efetua: mobilizar para o caminho apontado, adiar o fim ou se assegurar da salvação, garantir um "bom termo". Mapeando e indicando caminhos, o anúncio da catástrofe visa a controlar o futuro, garanti-lo. Alterando seu curso pelo correto delineamento das tendências do presente ou, alternativamente, preparando para o inevitável do melhor modo: assegurando-se de um além a vir, capaz de redimir a dor. Sua suposição de partida, porque instrutiva, deve estar assentada em um saber preciso sobre o traço que indica, no presente, a catástrofe futura, como traço tendencial. Daí sua familiaridade, signo do já conhecido. Ao assumir-negando o catastrófico como futuro, o anúncio é uma hipérbole do que reconhece, no presente, como um traço e como tendência. Mas é também sua negação, isto é, seu reconhecimento como o ainda não realizado inteiramente do presente, realização para a qual ele caminha, no futuro, se nada for feito ou inevitavelmente. Nisso há o reconhecimento de um curso, de um destino. No anúncio de algo que virá, há uma relação ambígua do enunciador com o tempo. Pela intenção, que familiariza e instrui, aquele que enuncia e sabe o que virá, fala do futuro, reconhecendo no presente o traço do que há de vir, para reparar, ou para preparar para o irreparável. Ela deve prover àquele que prevê uma reparação imaginada, ou não prepararia para o futuro. O foco da intenção, assim, é a salvação no futuro anunciado. Mas pelo que o anúncio é, seu tempo é duplamente o presente: na enunciação, que se faz no presente e também no reconhecimento, no presente, do traço da catástrofe, que lhe permite apontar o desfecho catastrófico futuro como hipérbole do que, presentemente, é reconhecido apenas como traço. O anúncio, assim, tendo o futuro como intenção, ocorre no presente em que afirma, numa elisão em que, ao mesmo tempo, ele reconhece e nega a catástrofe enquanto presente. Afirma a catástrofe futura negando seu caráter já presente como acabado, isto é, já catastrófico. A via do anúncio é uma *via negationis* (que diz de uma verdade pela sua ausência).

Enquanto articula os tempos (o presente e o futuro), o anúncio também põe em cena o passado, fazendo um nexo temporal — história como um saber — desses tempos. No anúncio da COVID-19, vimos esse nexo aparecer atualizando o anúncio do passado recente, esse que não cessa de se dizer no discurso contemporâneo, de que haveria uma catástrofe ambiental, uma pandemia, "O" evento, o fim dos tempos, o fim do capitalismo junto com o fim do gênero humano, etc. A desorientação, angústia e desamparo daquele presente, que era de todos, foi articulada, de modo geral, em discursos cujas balizas estavam já dadas, como disse no início, estes, precisamente, que já conjuravam o fantasma da catástrofe. A vantagem específica dessa articulação era estar já à mão, permitindo, a quem a escutava-enunciava, situar a ameaça, localizá-la e manejá-la, tornando possível o seu enfrentamento. "Adoecerão muitos, mas nem todos", "morrerão muitos, mas só os suscetíveis", "os sistemas ficarão sobrecarregados", "é preciso prevenir o mal maior". A busca de advertir, diante das mortes que se avolumavam, da tendência ao pior, carregava nexos, sentidos, que permitiam, ao mesmo tempo, cobrir e enfrentar, com o que se tinha à mão, o tenebroso no presente. Cobriam porque remetiam a verdadeira catástrofe para o futuro. Permitiam enfrentar, porque asseguravam de estarmos vivos. Assumiam, assim, do presente, esse traço do catastrófico, remetendo a verdadeira catástrofe ao futuro, recusando a *via eminentiae,* (aquela que diz sobre uma verdade presente) num mero traço horrível do presente. A *via negationis* do anúncio "salvava", assim, no enunciado, o presente da sua catástrofe, reparava imaginariamente o presente.

O destino que aparecia como sombra — a morte anunciada — no anúncio da pandemia, o passado que habitava o presente como horror foi, assim, enfrentado como anúncio, de dois modos: o primeiro reconhecia a catástrofe a vir e arregimentava forças para impedi-la, minorá-la ou remediá-la. Nisso assumia uma posição que parecia histórica, diante do caráter destinal do anúncio: alterar o curso das coisas para salvar da catástrofe a vir. Habitada pelo destinal, que em negativo afirmava, essa negativa ao destino era, contudo, pseudo-histórica. Negando realmente o catastrófico já presente, encaminhava ao futuro imaginado a dor já aí da catástrofe, já presente em seu real. O que ela negava assim não era o destino, mas a própria catástrofe como o já presente. Nessa pseudonegação do destino, vinda no nexo que afirmava o sentido destinal da catástrofe a vir, a verdade era o destino nessa negação, o que ela continha de verdade do falso: cobrir, com os sentidos já dados, o que não tem sentido nem nunca terá. O real do presente tornado catastrófico.

A intenção de negar o destino pela negação da catástrofe futura, acreditando nisso fazer o máximo de esforços para evitá-la, para interromper o curso da pandemia e "o futuro catastrófico que ele traria", realmente o afirmava, assim, pela negativa da presença já aí da catástrofe. A intenção é a obediência às formas já dadas, ao sentido já dado do mundo, aquele que estrutura as respostas no campo dos possíveis, assentado na matança sem lei, lei do presente. A questão, para o bem-intencionado, não era se haveria ou não mortes aos milhões — "o mundo não pode simplesmente parar, morrerão milhões" —, mas a de se, diminuindo o ritmo da produção-circulação no mundo ao mínimo, pelo menor tempo, sob um controle eficaz e emergencial, segundo as formas dadas, mercado e Estado, distribuiriam os milhões, ordenadamente, numa curva achatada, não desordenada. Contar e administrar a morte. O outro modo de resposta à pandemia aparecia, a esses de boa intenção, como resposta suicida e assassina, sem sentido e sem noção. Ela era, entretanto, apenas a obediência crua e descoberta à forma que governa o mundo, impessoal do valor e do Estado ali assumido sem questão. "O mundo é o que é", "Morre-se". Assumia a impessoalidade e, nisso, trazia a verdade desnudada, terrível, da morte banalizada no seu "acontece". Realismo sem adorno, sem maquiagem. Tanto quanto os que buscavam meios de manejar a pandemia, esses que recusavam o seu anúncio, os "negacionistas", faziam um anúncio, embora outro. Nos nexos e no sentido do já dado, anunciavam o caráter destinal pelo qual o presente era, de outro modo, assumido e negado. Não disfarçavam numa face pseudo-histórica, de "manejo", o destino. Antes o afirmavam num "todos morreremos" universal. Esse anúncio era também pseudo-histórico, mas por outra via. Assumia uma verdade da morte — essa que funda a história, no que finitiza e, incontornável, dói —, sustentando o realismo resignado ao seu saber: "nada há a fazer, morreremos todos". Nessa resignação, o que havia, ainda uma vez, não era história, que sabe em ato, sem saber. Era destino, tivesse ele a face de Deus, da imunidade de rebanho ou da descoberta do remédio milagroso, que "virá se Deus quiser". O que era acatada, aqui diretamente, era a forma do já dado como forma da morte, mas não a morte em seu real, seu sem sentido, que interpela o sentido do já dado e por isso é histórica. Era a morte como forma, como destino.

O nexo e o destino, no anúncio, são o saber que permite, a quem o enuncia-escuta, tornar navegável e garantida uma viagem de Ulisses, uma emergência (do verbo emergir, aparição) do não sabido. Neles o não sabido é, ao mesmo tempo, reconhecido e desconhecido. É reconhecido num saber anexado, articulado pelo nexo, ao já presente. Saber articulado na consciência, cuja verdade inconsciente é o nexo em verdade já feito, nexo dado pela forma que o estrutura. Esse reconhecimento é o que lhe permite anunciar e, do anúncio, fazer mapas, desenhar caminhos. O problema, na emergência (do verbo emergir, aparição) do não sabido é que, sendo realmente do não sabido, o anúncio que traz o seu reconhecimento implica sempre certo desconhecimento do não saber, sua relativização num já sabido e num ainda não sabido, reconhecimento que indica o não saber e o afasta, ao mesmo tempo. Na pandemia, o que era reconhecido como emergente era o próprio vírus, descontroladamente espalhando a morte. Por isso, os anúncios da emergência do novo coronavírus e da COVID-19 eram de uma emergência tanto como aquilo cuja resolução reclama ação urgente, quanto de uma emergência no sentido do verbo emergir, aparição. Nos dois sentidos, ela partia do reconhecimento desse novo coronavírus e da COVID-19, isto é, de sua identificação à família corona, reconhecimento pelo qual o não sabido se torna relativo, pelo qual podemos reconhecê-lo, isto é, pelo qual ele não é mais o não sabido, mas o ainda não inteiramente sabido.[3]

O anúncio da catástrofe apresenta uma imagem de futuro pelo reconhecimento do catastrófico como um traço do presente. Como ele, ao mesmo tempo, reconhece e nega a catástrofe, isso significa, do ponto de vista da imagem, um problema. Ela é uma imagem que, ao mesmo tempo, reconhece o traço como traço, no presente, isto é, como ainda não formado, e como a imagem já formada, no futuro. Na imagem de totalidade do presente, o traço é apenas um informe, um não formado. Mas só pode ser traço de uma forma imaginada no futuro se for visto e reconhecido numa forma a vir, já formada. Exatamente o que todos reconheciam: a forma da morte já presente, não seu real sem forma, verdadeiramente generalizado, que era remetido a um futuro a impedir de vir a tornar-se real. Se pensarmos numa imagem já muitas vezes visitada, o quadro *Os Embaixadores*, de Holbein, talvez possamos ir mais rápido ao ponto. Esse quadro "imaja" essa dupla aparição, contraditória, o duplo aparecimento de um traço não formado e já formado, dependendo de que lugar se olhe. Como ele é uma

3. Bifo Berardi, numa das primeiras edições do seu diário da psicodeflação, em 2 de março, proferiu uma preciosa interpelação ao tamponamento do não saber no modo como, naquele momento, o que era reconhecido como não sabido sobre a COVID-19 e o SARS-CoV-2 era negado a partir de uma pressuposição. Numa frase que interpelava a hipótese aventada de que, com a chegada do calor, a pandemia arrefeceria, Bifo perguntava, finamente, sobre como se podia saber das temperaturas prediletas de um vírus sobre o qual nada ainda se sabia. A interpelação ia ao cerne do modo como a suposição de que os saberes já existentes sabiam algo ali, afastava a perturbação, trazida pelo vírus como não sabido, ao saber. Ela autorizava um discurso apaziguador, que trazia a pretensão de aplicar ao que não se sabia o que já se sabia sobre a família do vírus, os corona, ao contrário do que os esforços reais para conhecer o não sabido do vírus, feito por pesquisadores no mundo inteiro faziam: tratá-lo como o (ainda) não sabido, que verdadeiramente era. O momento dogmático de toda ciência, que, para sê-lo, parte de um não saber relativo, segundo o já sabido, cobria, na pressuposição sobre a temperatura, a novidade radical daquele vírus, sobre a qual se debruçavam, realmente, os cientistas. O retificável de todo saber da ciência, seu momento crítico, assim, era ao mesmo tempo mantido e afastado, na pesquisa, na pressuposição do típico, dada no já sabido. Que esse procedimento seja mesmo a dialética própria da ciência, como modelar dos saberes e da produção moderna, não é uma mera face entre outras das formas dadas e do sentido do presente. É, aliás, seu cerne.

imagem, o que é realmente contraditório aparece não exatamente numa contradição, mas numa sucessão. Por um lado... por outro lado... Essa "mágica" de "imajar" o contraditório é possível apenas como abolição do contraditório na sucessão, pelo deslocamento no espaço, que exige também sucessão temporal. Um depois do outro, deslocamento pelo qual a simultaneidade e o agora, impossíveis da contradição, são contornados, para se apresentar na forma, num deslocamento espacial e numa sucessão temporal. Essa "mágica" é a inclusão de um ponto anamórfico no quadro.

Quando o observador olha para esse quadro, ele vê, desde um ponto central de observação, dois embaixadores num ambiente com piso, paredes (cortinas), uma mesa, o chão e vários objetos. Entre eles, nesse centro, ponto médio de observação, uma imagem informe, estranha à totalidade em sua ausência de nitidez. Se o observador olha o quadro a partir desse ponto anamórfico, eis que lhe aparece, nessa mudança de foco, uma caveira onde não havia forma, mas o que é desfocado, agora, é o resto da pintura. O discurso que anuncia a catástrofe faz com o presente uma operação como essa. Descobrindo a caveira no quadro onde, vista no centro, ela era o informe que perturba a totalidade "imajada", aponta em seu anúncio a catástrofe a vir: a totalidade distorcida que ele vê ao se aproximar da caveira. A forma pela qual a totalidade desfocada é vista é assim anunciada como o que será o futuro, quando a morte, vista, chegar. Cada um que olha o quadro o apresenta desde sua posição exata no ponto de anamorfose: as alterações perspectivas dadas pela posição, pelo ponto de vista preciso de quem observa. As perspectivas — o lugar do qual a caveira do quadro é vista — são articuladas, assim, de modo diferente, relativo à posição precisa de cada um (com seu ângulo de visão particular) no ponto de anamorfose. Os discursos aos quais me referi, no início, como fazendo parte de um cortejo tenebroso descrevem tantos desses possíveis pontos de observação do quadro a partir da visão da caveira. Sendo o olhar humano situado num corpo, e sendo finitas, do ponto de vista da materialidade do espaço, as variações em torno do ponto anamórfico, do ponto de vista da relação entre a visão e o quadro, considerando a objetividade material dos corpos (o olho, o quadro e o espaço no qual se encontram), assim como são finitos os lugares ocupados no espaço realmente existente no mundo, designado por certas materialidades típicas (gênero, raça, etnia, profissão ou ausência dela, habitação ou ausência dela, etc.), a caveira aparece com formas diferentes conforme as diferenças de perspectiva a situem a partir do ponto anamórfico, definidas pelos possíveis materiais do espaço, delimitadas na unidade da forma, como é próprio de toda imagem, isto é, pela corporeidade da posição dos que o examinam, do quadro mesmo e da sala em que ele está, e pelas posições articuladas da totalidade que realmente existe do mundo, no caso da imagem pandemia. A imagem aparece, em qualquer caso, como unidade. Uma forma em voga para nomear essa localização dos pontos de observação e suas diferenças é útil pelo que de mal-entendido carrega: podemos nomeá-la como o lugar de observação do qual fala quem enuncia a catástrofe, como um "lugar de fala" tomado como uma singularidade já encerrada numa totalidade. Porque, atentemos, essa singularidade é, aqui, submetida à unidade da imagem e, como tal, não é exatamente singular, mas já tomada em sua relação com o universal. Apresentando a caveira como traço mortal do presente, cada anúncio, assim posicionado em alguns desses pontos materialmente possíveis, anuncia desse ponto, uma visão cuja verdade se encontra dada em sua imersão na totalidade, o ponto desde o qual ela é visível a quem anuncia, e do qual ela mesma vê. O ponto anamórfico é o lugar do qual quem anuncia vê e se vê porque faz totalidade dos dois tempos sucessivos da visão do quadro, lugares que, articulados pela sucessão e pelo deslocamento, unificam no anúncio da catástrofe que virá. A imagem da morte é, aqui, como unidade, imagem do que ameaça a unidade do quadro e do que o mantém, pois, ao mesmo tempo que desfigura a totalidade, essa desfiguração, ainda não, de novo unificada no anúncio, a sustém. Por isso ela só sustenta a morte desfocando (não desmontando) a totalidade, ou, ao contrário, só sustenta a totalidade, desfocando a morte. Esses dois lugares de observação correspondem, pode-se ver, aos dois modos pelos quais o anúncio é feito, dois modos de anúncio e representação da catástrofe. Ambos se assentam na morte "imajada", na morte afirmada-negada como presente, na imagem. Outra é a assunção da morte como o sem imagem, a morte da imagem da morte.

A IMPOSSÍVEL ESCRITA DO FINADO

> o melhor prólogo é o que diz menos coisas.
> Ou o que as diz de um jeito obscuro e truncado.
>
> MACHADO DE ASSIS

Referindo-me aos discursos sobre a pandemia, falei dos que, "roçando a coisa como podiam, aqui e ali, falavam de outro lugar". Outro lugar situado como posição não defensiva diante da angústia, isto é, do horror da morte como presente e como inominável. Ele era ali articulado à gravidade do horror, assumida como a condição do presente, diante do qual sua negação real se põe. Apenas como negação da negação da morte que configura e conforma o presente, ela é negação real e nisso, vida, insistência. Porque assume a morte e chora sua dor, ela é o contrário da sua glorificação. É a posição dos corpos reais, finitos, insones, exaustos, assombrados, revoltados, insurgentes que, durante a pandemia, assumindo o real da morte como o incontornável catastrófico do presente, assumiram uma palavra outra, uma palavra feita dos seus cacos. O impossível do dizer a morte é que só há caveira real, fora do quadro, fora da imagem. Coisa. Sendo caveira, é o impossível de ser dito que, por isso mesmo, permite dizer. É fragmento, é parte, é pedaço que, no vivo, insiste. Em nós, nossos mortos. Sandra. Leo, Leca, George Floyd, Giovanni, Guy, Ernesto, Nestor, Buenaventura, Rosa, Louise, Valdo... Letra-fragmento-parte que, em cada um, parte. No que parte e é parte, insiste, vive, faz dizer. Morremos todos, em meio a tanta morte. E aqui estamos, vivos. Dos mortos e pelos mortos, guardando na verdade-letra, uma palavra-interpelação: catástrofe! A vertigem da morte assumida como presente há de ser a gravidade da morte do presente. Sejamos, os vivos, a sua catástrofe. Ponhamos fim. Não é isso, afinal, o que significa insurreição?

BIBLIOGRAFIA

BIFO, B. Crônica da psicodeflação. Tradução de João Pedro Garcez. Disponível em: *https://bit.ly/3sO4Jas*. Acesso em: 09/10/2020.

COLETIVO ANARQUISTA DE TORINO. Apontamentos sobre a epidemia em curso. Disponível: *https://faccaoficticia.noblogs.org/post/2020/03/24/apontamentos/*. Acesso em 09/10/2020.

COLETIVO CHUANG. Contágio Social — coronavírus, China, capitalismo tardio e o "mundo natural". Disponível em: *http://afita.com.br/outras-fitas-contagio-social-coronavirus-china-capitalismo-tardio-e-o-mundo-natural/*. Acesso: em 08/10/2020.

LENIN, V.I. A Catástrofe que nos ameaça e como combatê-la. Disponível em: *https://www.marxists.org/portugues/lenin/1917/09/27-2.htm*. Acesso em 06/10/2020

SADE, D. A. *A filosofia na alcova, ou, Os preceptores imorais*. Tradução, posfácio e notas de Contador Borges. São Paulo: Iluminuras, 1999.

WALLACE, R. *Big Farms Make Big Flu: Dispatches on Influenza, Agribusiness, and the Nature of Science*. New York: Monthly Review Press, 2016.

Solidariedade, apoio mútuo e vida anarquista

João da Mata

> Caridade é sarcasmo e burla. Diante dessa palavra, quanta hipocrisia!
>
> SÍLVIO DE FIGUEIREDO

A presença de diferentes pandemias entre humanos não é exatamente uma novidade. Muitas delas já dizimaram quilíades de pessoas em todos os cantos e épocas. Se há algo de surpreendente na emergência do vírus SARS-CoV-2, causador da COVID-19, é sua rápida e larga disseminação em escala planetária, atingindo os mais remotos lugares. A circulação do vírus atende à velocidade do mundo globalizado e conectado, coerente com um tempo presente no qual as novas tecnologias de informação e comunicação transformaram as relações entre o real e o virtual. A atual pandemia também explicitou o que se tornou a vida contemporânea: cidades abarrotadas de gente, níveis extremos de pobreza e um modelo de vida predatório jamais visto. A coexistência dos humanos com outras espécies tornou evidente sua capacidade destruidora, procedente de um outro e mais antigo contágio: a exploração capitalista.

A célere disseminação do vírus também fez surgir diferentes protocolos, ações e procedimentos, que incluíram a recomendação para o uso ou não da máscara, qual o momento em que se deveria procurar atendimento médico, o uso dessa ou daquela droga e muitas outras incertezas diante do desconhecimento da doença. Continuamos imersos em meio à pandemia, e não há clareza de quanto tempo ela irá durar e o que poderá vir adiante, mas já é possível promover algumas análises críticas desde sua emergência. Se há dúvidas sobre o tempo presente, um cenário pós-pandemia é ainda mais indefinido.

A partir da dispersão do vírus pelo mundo e sua chegada ao Brasil, vimos acontecer uma série de práticas na sociedade que reivindica a *solidariedade* diante do colapso econômico e social provocado pela COVID-19. Não que essas práticas sejam novidades, mas reacendem o interesse na ajuda ao próximo, especialmente aqueles que entram nas categorias de mais necessitados, hoje em dia também chamados de vulneráveis, atingidos agora pelo novo coronavírus. Mobilizaram-se redes de apoio, que se estenderam entre governo, sociedade civil, empresas, organizações do terceiro setor. Enfim, somos atingidos por um amplo leque de convocação ao voluntariado, tornado necessário, senão urgente, diante dos fatos. Vemos ainda como médias e grandes corporações capitalistas têm sido enaltecidas pelo seu papel de responsabilidade social diante da crise. São reconhecidas em função do apoio financeiro que disponibilizaram, seja na produção e distribuição de Equipamento de Proteção Individual (EPI), seja na doação de alimentos, na capacitação profissional e mesmo no patrocínio de *lives* para artistas *entreterem* as pessoas e, assim, aliviarem os efeitos do isolamento social.

No bojo dessas ações, vem surgindo a esperança de um novo amanhã, quando a atual organização social, modificada pelo conjunto dos acontecimentos, poderá, então, reconfigurar-se em um cenário de pós-pandemia. Dessa nova ordem social, espera-se, portanto, que seja mais justa e equânime, reaquecendo algumas propostas já conhecidas, como renda universal, desenvolvimento sustentável, desaceleração do ritmo da vida, decrescimento, etc. A confiança no amanhã redentor costuma ser reativada em momentos como o atual, levando a uma projeção utópica que, distante de nós, haverá dias melhores.

Na busca por manter o funcionamento da economia, Estados em todos os cantos do planeta, com suas alianças inequívocas com o capital, buscam adequar-se ao *novo normal*, termo que tem sido amplamente anunciado em função dos impactos da pandemia da COVID-19. A partir dele, são elaboradas e sugeridas maneiras para manter a circulação de bens e serviços, esgarçando a virtualização da economia e das relações e fazendo ainda mais atuais as narrativas de um mundo viável e ecologicamente limpo. Nessa naturalização das coisas, faz-se crer na continuidade do vivo a partir da manutenção das mesmas práticas em vigor, agora renovadas em embalagens mais palatáveis e no apelo à economia verde.

Numa ponta, a pandemia fez acelerar a fase mais cruel do capitalismo na era digital: miscelâneas das relações de trabalho, aumento da miséria, virtualização de toda ordem. Passados mais de um ano de pandemia, novos efeitos têm aparecido com força: desemprego atingindo níveis recordes, sofrimento mental em parte significativa das pessoas, evasão e abandono escolar; e, na outra ponta, lucros exorbitantes em setores e segmentos que faturaram na *crise*. Mais uma vez, a história mostra como o funcionamento capitalista evidencia a produção de um modo de vida arrogante e destruidor, pautado na miserabilidade de muitos e na riqueza de poucos.

O modelo predatório que o capitalismo neoliberal impôs está condenado ao fracasso, apesar de suas renovações tópicas, pois sua dinâmica de funcionamento no contínuo aumento de acumulação de capital encontra nos limites do planeta a impossibilidade de seguir sempre mais. A rápida disseminação do novo coronavírus matou e continua matando muita gente. Possivelmente seguiremos com sua presença entre nós como mais um vírus endêmico, estratificando exponencialmente a sociedade entre miseráveis e não miseráveis. Eles, os pobres, serão sempre o destino preferencial das desgraças de um vírus que, num primeiro momento, se fez crer na narrativa de ser democrático e que a todos atingia igualmente. A ontologia do capital separa e segrega, para fazer viver e deixar morrer vidas em recortes sociais e políticos evidentes.

Em meio a tudo que passamos, o capitalismo neoliberal procura se vender em uma roupagem *humanizada*, neologismo utilizado para incitar e ampliar a participação no largo arco das democracias representativas, sem produzir um real contraponto à sua lógica de funcionamento. Na mesma direção, o amálgama de práticas sob designações solidárias reforça as relações de dominação para se manter hierarquias e esconder a caridade por trás da cortina de fumaça das morais redentoras.

Diante de toda apologia ao novo amanhã e de uma solidariedade sacralizada, os anarquismos explicitam outras formas de viver. Aquelas que surgem da mudança na relação ética de si para consigo mesmo e de si com os demais, por meio de práticas de liberdade que garantam a cumplicidade como forma de cuidado. Em momentos limítrofes como esse que a pandemia nos coloca, abrem-se possibilidades para essa inflexão ética, que possa fazer deslocar a relação com o vivo sob uma perspectiva antiautoritária. A crítica anarquista será sempre aquela que insiste em mostrar as contradições entre a vida livre e a lógica de domínio dos Estados e do capital. Afirmar uma vida *outra*, para nós, é lutar incessantemente para eliminar as práticas autoritárias, inclusive aquelas que persistem em nós mesmos.

DE QUAL CUIDADO ESTAMOS FALANDO?

A palavra solidariedade ocupou as manchetes de noticiários já nos primeiros momentos da pandemia, revelando práticas de pessoas, grupos e empresas empenhados em minimizar as suas consequências. Fortemente empenhadas em atenuar o sofrimento de quem foi atingido direta ou indiretamente pelo novo coronavírus, muitas dessas ações ancoram-se na certeza de fazer o *bem* ao próximo. A noção de solidariedade tal qual é disseminada e muitas vezes exercida em diferentes ações na sociedade capitalista está fortemente impregnada de valores morais. Frequentemente, acabam por atualizar os resíduos da tradição judaico-cristã. Desde a noção do *amor ao próximo*, passando pela solidariedade humanista, somos levados a pensar e agir na relação com o outro a partir de uma situação desigual, na assimetria entre quem ajuda e é ajudado. O mandamento é claro: devemos amar o próximo como a nós mesmos, ainda e a despeito das diferenças. Na moral cristã, esse é o ensinamento de primeira ordem e o princípio perpetuado pelos monoteísmos de forma geral. No espírito da bondade, a ascese cotidiana de uma existência é consagrada a partir da imitação do sofrimento do Cristo crucificado como exemplo de abnegação ao outro e que inclui o exame de consciência.

Ponto de partida para as sociabilidades em geral, o núcleo familiar tradicional conserva os vínculos de afeto e cuidado entre seus membros quase sempre embebidos de jogos chantageadores, que evidenciam como o amor continua sendo utilizado enquanto instrumento de controle e posse das pessoas. É ali também que opera o ponto de partida da noção empatia. Palavra que vigora entre os conceitos que se tornam modismos, o termo empatia tem sua raiz etimológica no grego *empatheia*, formado pela junção *en*, "em", mais *pathos*, "emoção, sentimento". Terminologia que foi absorvida pela Psicologia no início do século XX, passou a ser largamente usada nos últimos anos, sempre que se busca "colocar-se no lugar do outro". Na democracia representativa, que busca incluir tudo e todos, é sugerido que nós sejamos empáticos com os demais e nos disponibilizemos ao outro sempre que possível. Mas será que é realmente assim que as coisas acontecem? O uso das palavras solidariedade e empatia tornou-se, em muitos casos, banalizado e esvaziado de sentido ético e político.

Funcionando como unidades basais das sociedades capitalistas e socialistas autoritárias, as famílias ainda operam como Estados em miniatura, a partir da manutenção da centralidade da autoridade, da obediência e da hierarquia. Sua dinâmica ocorre tomando por base a maneira de amar e sociabilizar quase sempre baseada no sacrifício. Esse modelo de cuidado e afeto com os demais acaba por estender-se para outros âmbitos. O sacrifício ao outro e mesmo o altruísmo tornam-se algo que moralmente adquire um valor de respeito e admiração perante a sociedade. O assistencialismo, a caridade ou que nome se dê, é exaltado como valor de *gente do bem*, outro neologismo comum nos dias de hoje. No caso de ricos e abastados, serve ainda para aliviar a culpa pelos lucros nos negócios. A solidariedade no capitalismo está atolada na esperança de um mundo melhor e na promessa de um novo amanhã, seja pela reforma ou pelo aperfeiçoamento do modelo, mas nunca por sua ruptura. A palavra solidariedade acabou por ser sequestrada pelo amálgama das moralidades redentoras, para tornar-se uma prática apaziguadora.

A despeito das novas configurações amorosas, o desejo ainda é vivido como falta e carência. Busca-se, no outro, o complemento que está ausente em si, para então chegar à unidade. A incompletude não surge apenas no amor romântico e narrativas, tais como cara-metade e alma gêmea, mas também nos vínculos entre pais e filhos, entre amigos e em diferentes acoplagens que funcionam no diapasão dominador-dominado. Afirmar o desejo como excesso e transbordamento implica um redimensionamento das relações que podemos chamar de amorosas, nas quais o encontro com o outro não esteja pautado na complementaridade. Esse deslocamento no campo do amor e do afeto está implicado também com as sociabilidades de forma geral. Criar relações baseadas no excesso passa fundamentalmente por suscitar práticas de autonomia, nas quais as pessoas envolvidas sejam capazes de autogovernarem suas vidas. Nada nem ninguém poderá saber o que o outro precisa mais que ele mesmo. Caso contrário, o que resta são sobras que apenas produzem prazeres vicários, mantendo a condição subalterna de quem é ajudado.

Uma outra noção de solidariedade libertária, mais bem-evidenciada no conceito de apoio mútuo, formulado pelo geógrafo e anarquista russo Piotr Kropotkin (1842–1921), voltou a ser reivindicada por diferentes grupos anarquistas. Suas análises incidem na noção de que seres vivos, incluídos os humanos, tendem a se apoiar mutualmente para promover a cooperação entre todos. Kropotkin sugere que a solidariedade é uma lei ou fator geral da natureza e a responsável em promover possibilidades de respostas mais eficientes diante das intempéries da vida como fator de evolução. Será a partir do apoio mútuo entre os indivíduos, e não da competição entre eles, que a sociedade se tornará mais justa e igualitária.

As práticas de apoio mútuo, solidariedade e mesmo de empatia vivificadas pelos anarquistas estão ancoradas na certeza de que qualquer associação só poderá acontecer por reciprocidade, jamais por alguém que ajude *outrem* em condição desigual. Dessa forma, a cooperação entre libertários busca ir além das ações de apoio a quem necessita em um dado momento. Trata-se mesmo de uma ruptura com a lógica hegemônica e fatalista, que faz crer que os indivíduos se enfrentam como se estivessem em um ringue da vida, na luta de aniquilação dos mais fracos pelos mais fortes. Redimensionar essas práticas, a fim de estabelecer outros arranjos associativos, será, pois, a luta daqueles que querem a liberdade em sua dimensão coletiva.

A atualidade do apoio mútuo em Kropotkin está em mostrar que o federalismo cooperativo se torna um contraponto a esse modelo predatório de destruição da natureza, dos próprios humanos entre si e a si mesmos em última estância. Segundo ele, "quanto mais o princípio de solidariedade igualitária se encontra desenvolvido numa sociedade animal e mais próximo do estado de hábito se encontra, mais possibilidade essa última tem de sobreviver e de sair triunfante da luta contra as intempéries e contra os seus inimigos. Quanto mais sinta de cada membro da sociedade a sua solidariedade com qualquer outro membro dela, melhor se desenvolvem, em todos, essas duas qualidades que constituem os principais fatores da vitória e de todo o progresso — a coragem, por um lado, e a livre iniciativa do indivíduo, por outro" (KROPOTKIN, 2009. p. 79–80).

Em momento histórico próximo à elaboração das primeiras edições do livro *Apoio mútuo*, o poeta francês Arthur Rimbaud (1854–1891) trazia sua provocativa constatação: *sabemos que o amor está por ser reinventado.* Rimbaud não era um anarquista, apesar de sua obra instaurar uma ruptura estética e revolucionária fundamentais à poesia francesa de seu tempo. Sua atitude rebelde também fez sacudir os círculos intelectuais por onde passou e abriu espaço para pensarmos o amor como campo de batalha por uma associação que faça detonar os pactos de mediocridade.

A afirmativa de Rimbaud, apesar de aguda e atual, não fez eliminar as relações de poder nos vínculos amorosos. Ainda assistimos às diferentes práticas afetivas carregadas de gestos generosos misturados com cobranças e culpabilidades. Suas extensões no seio das sociabilidades autoritárias, sob designações solidárias, acabam por renovar o sacrifício de cada um em função do ideal coletivo. Revogam novas religiosidades que se constroem sobre a adoração de generalidades, como o povo, a nação, a pátria, os direitos. Encarar uma vida *outra*, distante desses idealismos amalgamados na ideia de amor ao próximo, significa desmontar os placebos ontológicos do medo, do receio, da incompletude, da impotência diante da vida. Ela situa-se no aqui e no agora, e não no futuro redentor; em nossos corpos, e não no plano das ideias. Enfim, no que somos e no que fazemos de nós mesmos a despeito do que está posto.

Diante de nós, assistimos a uma frenética corrida por vacinas ou medicações eficazes para a cura da doença, que fez mais uma vez acirrar as disputas econômicas ao redor do planeta. Se é dado como certo o surgimento de uma ou muitas vacinas em breve, a volta à *normalidade* não garante que as condições de vida sejam realmente satisfatórias. Muito pelo contrário. O modelo de organização social que vivemos, baseado na exploração, na hierarquia e no autoritarismo, possivelmente fará surgir novas pandemias, como também o aumento da miséria, dos desastres ambientais, entre tantos outros efeitos decorrentes de sua lógica genocida.

No momento em que o esgotamento emocional e psíquico das pessoas se soma ao aumento exponencial da miséria e da pobreza, recorrer às esperanças sacralizadas da bondade alheia acaba por tornar-se um alento falacioso. Se há miséria, desigualdades e explorações de toda ordem, o modelo capitalista e suas alianças com Estados liberais e socialistas autoritários são os responsáveis por essa produção. Qualquer prática que vise aperfeiçoar ou minimizar seus efeitos se torna ação inócua e levará cada vez mais a vida ao atoleiro do medo e do desalento. Assim, naturalizar o *novo normal* torna-se uma perigosa maneira de aceitar o sofrimento em nossos corpos, na ocupação cada vez maior do trabalho no tempo e espaço de nossas vidas, na exclusão de pessoas pelo desemprego e fome e, especialmente, pelas centenas de mortes diárias que se tornam paisagem no cenário atual.

CUIDADO DE SI E ASSOCIAÇÃO ENTRE LIVRES

Criar associações em liberdade, que reciprocamente comportem apoio entre seus membros, emerge sem que jamais se cristalize o lugar essencialista de quem ajuda e daquele que é ajudado. A noção de solidariedade para os anarquistas será sempre a afirmação de parceria e nunca de caridade, porque não há ajuda mútua que não passe pelo autocuidado como condição primeira. Uma chave possível para pensar esse arranjo de forças está nas análises do filósofo Michel Foucault, quando afirma que cuidar de si deve ser condição ontológica e primeira para cuidar do outro.

O cuidado de si é um constante (re)inventar-se, ativado pelas práticas de liberdade diante das práticas de poder como condição de estar no mundo, uma ação, simultaneamente, solitária e coletiva. Mesmo entendendo que "o cuidado de si vem eticamente em primeiro lugar, na medida em que a relação consigo mesmo é ontologicamente primária" (FOUCAULT, 2004, p. 272), estar em permanente percepção e relação ao outro é a condição necessária ao acordo ético. No exercício da vida livre, qualquer prática que esteja desconectada ao outro pode rapidamente tornar-se algo contra o outro, mesmo quando esta se apresenta no lugar da ajuda.

A perspectiva libertária de associação, portanto, vai buscar continuamente a criação de um balanceamento de reciprocidades que possibilitem um permanente arranjo de forças. Algo difícil de ser pensado a partir das sociabilidades que estão postas pelo capitalismo contemporâneo e pelos resíduos das moralidades judaico-cristãs, impregnadas de ressentimento e da culpa. Como contraponto, o cuidado de si e do outro está instaurado no sincronismo de ações, prática que ocorre como obra aberta no instante de cada encontro. Os anarquismos afirmam-se em momentos dinâmicos e entende que não há prática de liberdade possível sem a permanente consideração do outro.

Distante de qualquer ideia de amor ao próximo ou sentido humanista, a relação libertária sustenta-se na noção de que é com o *outro* que se estabelece o real sentido de si. As práticas de liberdade vividas por cada um encontram seu significado e seu retorno quando a troca é simétrica. Quando essa simetria se desfaz, há falta de ética e consequentemente tendência para a dominação. Típicas das relações assistencialistas, as formas de controle de uns sobre outros são camufladas em atos pródigos, quase sempre para promoverem o *bem* do próximo. Nos instantes em que são instaurados e mantidos vínculos assentados no diapasão entre aqueles que ajudam e os que são ajudados, a dependência se perpetua. Não devemos entender a relação de domínio apenas no momento da coesão, mas, sobretudo, na capilaridade das práticas e ações que operam a partir dos governos das condutas.

A luta por instaurar sociabilidades livres que a anarquia propõe ocorre a partir um princípio ético em relação aos demais, a partir do qual se elejam os que estão mais próximos de si, daqueles que se remetem a outros círculos mais distantes. Esta será uma escolha própria, seguindo o próprio desígnio, jamais por imposição de uma moral universal já preestabelecida ou por qualquer noção de Bem que se coloque *a priori*. Será a própria análise, a partir das informações que são dadas pelos demais, num conjunto de circunstâncias, atitudes e sinais, que cada um escolhe ou não pela possibilidade de encontro e troca solidária. Uma articulação absolutamente singular, jamais genérica, inscrita a cada instante de realidade e em permanente movimento.

A solidariedade e a generosidade são práticas típicas dos anarquismos. Em acontecimentos históricos ou no tempo presente, a luta por construir relações de parceira e cumplicidade marca a trajetória de homens e mulheres que se colocam diante dos desafios de romper as práticas de dominação e o fazem a partir do sentido de apoio mútuo. A liberdade na perspectiva libertária será sempre exercida em perspectiva social, fazendo deslocar o sentido de relação com o outro dos modelos instaurados pelo liberalismo, pelos monoteísmos e pelos Estados. A vida anarquista é uma luta constante pela eliminação da autoridade, seja ela exercida pele coesão ou pela sugestão.

São ainda associações inscritas em sociabilidades que resistem para fazer desaparecer a competição, o interesse pelo domínio e a dependência. Buscam explodir as hierarquias e fazer vigorar práticas livres, em um incessante combate agônico. Fundadas no princípio da reciprocidade e na construção de uma cultura libertária, as associações entre anarquistas procuram inventar encontros de apoio mútuo, distantes dos pactos celebrados a partir da centralidade. A preocupação na associação libertária supõe o uso da alteridade, a fim de promover um bom encontro, na qual nenhuma das partes inclua a outra em seu projeto para subjugar ou transformá-lo em troféu. O anarquista não está interessado também em ser mártir, em salvar o outro, pois apenas o outro deve ser autor de sua própria existência.

Por fim, vale questionar sobre a atualização da noção de ajuda mútua fora dos valores e modelos que nos são ofertados cotidianamente. Seria possível aproximá-la do individualismo radial anarquista? Acredito ser importante resgatar aqui o conceito de *único*, presente no pensamento de Max Stirner (2004), que por muito tempo foi marginalizado dentro do próprio movimento libertário. Situando-se na contramão da tradição socialista e à borda de valores defendidos e expressados pelo anarquismo como a cooperação e a solidariedade, a defesa radical do *único* em Stirner tornou-se um manifesto de uma forma de individualidade que não despreza o outro. Não se trata de um egoísmo vulgar, desconectado aos demais, mas a certeza de que nada ou ninguém estará acima do *único* para governar ou indicar caminhos. Estar junto a Stirner e buscar a força de seu pensamento para uma análise crítica do presente é fazer tencionar as ações acomodadas na democracia representativa e nos saldos humanistas e religiosos de amor ao próximo, muitas vezes presentes mesmo entre anarquistas.

Com seu pensamento, somos provocados a sustentar o sentido de *único* que há em nós como forma de ação política dentro do atual cenário, no qual as ideologias coletivas mostraram seu fracasso. Stirner aponta a necessária importância em se livrar das noções essencialistas, tais como o homem, a natureza, a sociedade, etc. para então sustentar sua dimensão estritamente singular: a singularidade-do-próprio. A recusa ao Estado anda acompanhada pela recusa ao vínculo gregário tomado como inerente à condição humana. Stirner diz que "aqueles que exortam o homem a ser 'altruísta' acham que têm muitíssimo a dizer. E o que entendem eles por isso? Qualquer coisa de muito semelhante a 'renúncia de si mesmo'. Mas quem é esse 'si mesmo', que tem de ser renegado e não pode ter interesses? Parece que deve ser tu próprio. E que interesse se esconde por detrás da exortação altruísta à renúncia de ti mesmo? É também o teu interesse e proveito, para que tu, por altruísmo, alcances o teu 'verdadeiro eu'." (STIRNER, 2004, p. 54).

A resistência que ele afirma é solipsista e vem junto com a recusa por uma ordem social que não cessa em tentar moldar singularidades ao interesse coletivo. Ao *único*, o que importa é a preservação de sua autonomia, tornando-se um ser de difícil captura pelo jogo do poder societário. É possível e necessário estabelecer uma justa medida que produza um máximo de benefícios para um e para todos.

Uma associação entre libertários, portanto, difere dos arranjos inscritos na família hierarquizada e sua moral de acomodação. Não se trata também de um contrato social e muito menos no Estado como atualização em larga escala da própria família. A vida libertára nos provoca a definir nossos encontros baseando-se na realidade que se mostra diante de cada um, nunca numa lei já existente, que se defina em nome de um coletivo. A construção por espaços de liberdade ocorre, portanto, na relação direta com o real, descartando qualquer condição que não se situa nessa esfera.

O atual momento pelo que passamos, em decorrência da presença de um patógeno a ser mais bem-conhecido, fez sacudir o mundo e esgaçou ainda mais as condições de vida. Serve de alerta sobre o modo predatório que estamos vivendo e sobre a relação que estabelecemos com o outro e com o meio. Ao mesmo tempo, possibilita aos anarquismos explicitarem que há outras formas de viver. A revolta como afeto; o ódio como aliado do amor; e o incômodo como disparador de ações são formas de amar e ser solidário entre os libertários. Surgem da luta incessante de si consigo mesmo e de si com os demais, na afirmação da autonomia e da construção de práticas de liberdade a fim de garantir que a cumplicidade é também uma forma de cuidado.

BIBLIOGRAFIA

FOUCAULT, Michel. *História da Sexualidade III: O cuidado de si*. Tradução de Maria Thereza da Costa Albuquerque. Rio de Janeiro: Paz & Terra, 2014.

______. *O governo de si e dos outros*. Curso no Collège de France (1982–1983). Tradução de Eduardo Brandão. São Paulo: Martins Fontes, 2010.

______. *Ética, Sexualidade, Política*. In: MOTTA, M. B. (org.). Tradução de Elisa Monteiro e Inês Autran Dourado Barbosa. Rio de Janeiro: Forense Universitária, 2004. (Ditos e Escritos; V).

KROPOTKIN, Piotr. *A Moral Anarquista*. Tradução de José Luiz de Souza Pérez. Lisboa: Edições Sílabo, 2009.

______. *El Apoyo Mutuo – Um Factor de La Evolucion*. Madrid: Ediciones Tierra y Libertad, 1948.

REICH, Wilhelm. *A Revolução Sexual*. Tradução de Ary Blaustein. Rio de Janeiro: Zahar Editores, 1982.

______. *Psicologia de Massa do Fascismo*. Tradução de Maria da Graça M. Macedo. São Paulo: Martins Fontes, 1988.

STIRNER, Max. *O Único e a sua Propriedade*. Tradução de João Barrento. Lisboa: Antígona, 2004.

Da anormalidade à normalidade doentia da espécie humana

José Maria Carvalho Ferreira

CONTRADIÇÕES E LIMITES DAS MEDIDAS SANITÁRIAS PARA EXTINGUIR A COVID-19

Desde os tempos imemoriais que se conhece a existência de calamidades mortíferas no seio da espécie humana. Como sempre a sistematicidade específica das suas consequências leva a que os problemas perversos, entretanto criados, sejam mediatizados pelos governantes, classe política, ciência e *mass media* como um problema meramente sanitário, de contato humano e de higienização forçada pelo acantonamento generalizado nas aldeias, vilas e cidades, como se essas medidas fossem as únicas profilaxias com valor genuíno para contrastar as funções de equilíbrio imunológico entre a vida e a morte. Nos últimos séculos, atravessados pelo progresso e a razão, a ciência biológica e médica, em sintonia com a indústria farmacêutica e química, saindo do pedestal dos poderes dos possidentes, tem-nos dados respostas, cada vez mais assentes na plenitude e potenciação da vida em detrimento da morte, nas quais o consumo da saúde como espaço-tempo dos grupos sociais mais vulneráveis assume uma preponderância crucial, como é o caso dos velhos e das velhas, dos pobres e dos miseráveis.

Se é fato inequívoco que essa normalidade doentia resultante das diferentes epidemias na história foi sempre sujeita a uma cura padrão, sem grandes convulsões sociais, econômicas, políticas e culturais, com a ocorrência da pandemia gerada pela COVID-19 emergiu um conjunto de situações imprevisíveis consideradas anormais que, por várias razões, põem em risco todos os comportamentos-padrão da espécie humana em nível mundial. Enquanto a normalização da doença epidêmica resultou dos ditames do progresso e da razão germinada pela ciência e os fautores dos poderes instituídos do capitalismo e do Estado, qualquer epidemia era e foi, na maioria dos casos, quase sempre ultrapassada pelo valor heurístico da ciência, do Estado, do capitalismo e, sobretudo, da indústria farmacêutica. É evidente que esses benfeitores do progresso e da razão sempre identificados com a saúde da espécie humana, em função da ignorância endêmica relativa à fisiologia orgânica do seu corpo, transformaram-se, progressivamente, em cobaias impotentes de compreensão e vivência com vírus e bactérias que acompanham a sua vida quotidiana miserável, circunscrita à destruição mortífera de si e de todas as espécies animais e vegetais que fazem parte da sua existência no planeta.

No caso atual da pandemia denominada COVID-19, em meu entendimento, as reflexões ou análises possíveis que me são permitidas realizar são perpassadas pela ignorância, o medo, o risco e a incerteza. Desde sempre na sua historicidade normativa, as doenças que têm acompanhado a evolução da espécie humana por meio dos ditames do progresso e da razão sempre foram vistas e assimiladas como algo natural e inevitável, que poderiam ser superadas pela ciência médica e pela indústria farmacêutica; inclusive, nos últimos tempos, pela força superior da integração das ciências nos mecanismos automáticos das novas tecnologias, com especial incidência para os papéis estruturantes da robótica, nanotecnologia, inteligência artificial, informática, cibernética, etc., realidade virtual inaudita que passou a dar corpo e força às ciências médicas e biológicas. Em qualquer das circunstâncias desse processo histórico subsistia sempre uma certeza absoluta. Para esse efeito, todos os subsistemas econômico, político, cultural, social e biológico eram e são interdependentes e complementares de forma a produzirem sínteses de prevenção, controle e erradicação da doença ou da morte que afete a condição-função da espécie humana, tanto no teatro da guerra entre grupos, comunidades e países, como nunca se convencionou denominar, trabalho fábrica, nas prisões, nos centro comerciais, no mundo do lazer, ou até recentemente no teletrabalho da economia virtual. Em relação estreita com esse mundo que caminha a passos largos para o abismo, nos outros espaços-tempos dos excluídos e dos miseráveis encontramos os exércitos dos velhos que esperam pelas antecâmaras da morte, os mendigos, os desempregados, os precários e os desempregados do mundo do trabalho, os pobres e os sem abrigo, os refugiados e a toda a panóplia de situações anormais que a são a expressão lógica dessa normalidade doentia.

Por detrás dessa crença religiosa de solução normativa, a ciência médica e a indústria farmacêutica sempre pautaram a sua ação como se estivessem predestinadas a suprir ou erradicar qualquer tipo de doença do corpo humano, baseadas no pressuposto de que era essa a sua função em qualquer circunstância, sendo que a primazia da vida era insubstituível em face da emergência de qualquer sintoma de morte. Sempre foi apanágio da civilização judaico-cristã associar os dons miraculosos de Deus e dos seus acólitos terrenos em sintonia e associação estreita de paladinos da cura do corpo humano, com especial incidência das funções da ciência, da tecnologia, do capitalismo e do Estado. Cada uma dessas instituições rapidamente criou o seu espaço de poder e de vocação profissional, razão pela qual evoluíssem, naturalmente, para a um processo de institucionalização e legitimação nas sociedades contemporâneas em que só elas, com exceção de outras consideradas anormais, tenham lugar ao exercício da medicina e da ciência, a partir de uma estrutura de autoridade hierárquica formal, uma divisão social do trabalho, poder de decisão e de liderança em relação ao que se convencionou denominar saúde, cura, morte do corpo, desde o nascimento até à morte, ao ponto de cada médico, cientista, biólogo, padre, cada qual a seu modo, poder controlar, prevenir, curar todas as anomalias do corpo humano, entre as quais vírus, bactérias, órgãos, etc., e desse modo justificar a sua existência dominante sobre todos aqueles que ignoram, como eu, a especificidade metabólica do seu corpo.

Na normalidade instituída, nada pode ser como antes, sobretudo se tivermos presente o que ocorre em nível mundial gerado pela COVID-19. As instituições e as organizações normativas em face das evidências da generalização desse vírus demonstram-se apáticas, ignorantes, disfuncionais, perdidas no meio de um turbilhão de incapacidades manifestas de controle, prevenção, de solução para a cura do corpo humano que tem articulações biológicas e sociais com a economia, a política, a cultura e a sociedade. No sentido amplo do termo, o problema do vírus não se confina à condição-função do corpo humano, mas ele tem repercussões manifestas em todos os espaços-tempos de copresença física em que a divisão social do trabalho, os processos de socialização e de sociabilidade estão diretamente articulados com as relações sociais e as interações sociais decorrentes dos contatos humanos. Estamos efetivamente a caminho de uma anormalidade anterior para uma normalidade do vírus da COVID-19.

Nessa assunção, para chegarmos a evidências empíricas que possam retratar um pouco, estatisticamente, segundo a "worldometer-estatísticas mundiais em tempo real", baseando-me na informação veiculada, no dia 16 de setembro de 2020, para uma população mundial de 7.812.213.084, as mortes causadas no domínio da saúde eram de 9.230.042 por doenças devido a transmissões contagiosas; 30.254.044 por abortos; 5.406.273 de crianças menores de 5 anos; 1.185.241 de pessoas infetadas pela HIV/AIDS; e 5.839.414 por câncer. Se alargarmos essas estatísticas a outros domínios, constatamos que há 845.996.139 pessoas desnutridas no mundo atual, ao mesmo tempo que outras subsistem com peso a mais, como é o caso de 1.699.019.912 pessoas. Enquanto existem 786.570.809 pessoas obesas no mundo, outras 18.362 morrem de fome.

Se tivermos presente a especificidade das múltiplas contingências da epidemia gerada pela COVID-19, está mais que demonstrado que a ignorância, o medo, o risco e a incerteza ultrapassam qualquer raciocínio ou prática de superar a anormalidade/normalidade habitual da espécie humana em relação ao que se entende por vida, morte e saúde. Assim, com confinamentos ou sem confinamentos, com quarentenas ou sem quarentenas, com testes ou sem testes, com higienes ou sem higienes diversificadas, com descobertas ou não de vacinas num horizonte temporal próximo ou longínquo, não restam dúvidas de que, desde cientistas, governantes políticos, chefes religiosos, passando por uma multiplicidade de especialistas que se dizem representantes e defensores dos povos, perante as perversões da COVID-19, todos se revelam impotentes para agir e decidir de forma consequente sobre os desafios biológicos e sociais que se apresentam à espécie humana na sua globalidade.

Tendo presentes os dados estatísticos mundiais a que já referi, sabendo de antemão das diferenças e especificidades de cada país, é fato indubitável que, na altura em que escrevo este texto, a manifestação objetiva da COVID-19 revela-se assustadora e irreversível, com 29.788.767 casos, 940.353 mortos e 2.597.636 seres humanos infetados recuperados.

Não escondendo nem tampouco enaltecendo a linguagem ideológica e religiosa dos números que envolvem a quantidade de óbitos, o que é fato inequívoco por detrás deles, persistem as supostas análises objetivas da ciência e da política que são, invariavelmente, balizadas pela incerteza, pelo risco e pela ignorância no que concerne a todos os processos de sociabilidade e de socialização da espécie humana, seja em nível do espaço-tempo de aglomerados ou confinamentos de 5, 20, 100, 1000, 10.000, 100.000 ou até 1.000.000 pessoas. Se passarmos para a sociedade do mundo com fronteiras e pátrias definidas pela atual civilização judaico-cristã, então, esse processo torna-se muito mais abstrato e complexo.

Na impossibilidade de encontrar uma explicação científica plausível em termos das causas e efeitos que permitam perceber a natureza biológica da pandemia gerada pela COVID-19, com uma facilidade extraordinária, cientistas de todo o mundo circunscrevem a resolução normativa das diferentes latitudes desse problema ao contato humano, com especial incidência para as relações sociais de copresença física a diferentes dimensões populacionais, de promiscuidade física, respiratória, oral e sexual.

Essa leitura mundial da COVID-19 prescinde do conhecimento de outras realidades prementes que estão na origem da criação de múltiplos vírus e bactérias e de mutações do corpo humano, como são os casos emblemáticos da cadeia alimentar da espécie humana decorrentes da destruição e mutação de espécies animais e vegetais. Na mesma linha de raciocínio, até que ponto as experiências laboratoriais científicas de espécies animais e vegetais estarão na origem de novos vírus e bactérias. As guerras químicas e as experiências nucleares, cada vez mais sofisticadas, em correlação estreita com os avatares nefastos do mundo da economia que faz dos seus objetivos a destruição do ambiente e o aquecimento global do planeta Terra. Se pensarmos no planeta Terra criador de oxigênio e água, poderíamos perguntar até que ponto a destruição do oxigênio e da água só por si, por diferentes vias, explica a criação de vírus e bactérias e, simultaneamente, é a progenitora da incapacidade imunológica do corpo humano. Esse mundo anormal/normalizado nunca poderá ser questionado nem, tampouco, inquirido como a origem da COVID-19, daí que o mais fácil tenha sido, desde março de 2020, encontrar o bode expiatório no metabolismo do aparelho respiratório do corpo humano.

Partindo-se desse pressuposto científico inquestionável no contexto modelar anormal/normal negativo, para os que detinham o poder político e sanitário, haveria que construir estratégias ideológicas políticas e econômicas, biológicas e sociais credíveis para superar os malefícios causados pela COVID-19. Nessa dimensão estratégica, duas posturas têm sido seguidas pelos políticos mundiais. Uma que consiste na defesa da impotência decisória tendo presente a natureza invisível e inconcebível de um tipo de vírus que leva as sociedades contemporâneas a não poderem reproduzir o mesmo esquema de controle e de prevenção a tudo a que se refere a biologia e relações sociais do que antes se inferia normativamente como contato humano. Para os paradigmas científicos dominantes e o poder instituído, só subsiste uma solução credível, quase sempre balizados por processos de acantonamento ou de quarentena. Estas são semelhantes a qualquer prisão do Estado, só que tem que ser assumidas, voluntariamente, por qualquer indivíduo, grupo, organização, família ou comunidade.

Na falta de outras propostas credíveis ajustadas ao desconhecimento do vírus da COVID-19, procura-se a todo o custo encontrar uma vacina que supere milagrosamente pela via da ciência os malefícios da pandemia que afeta as sociedades contemporâneas. Com o intuito de capitalizar as soluções de erradicação da atual pandemia, os países capitalistas mais desenvolvidos fazem da descoberta de uma vacina contra a COVID-19 um mercado de capitalização e de maximização do lucro, sendo que esses desígnios estratégicos e objetivos estão na miríade de poder político e econômico e centrados na estabilização normativa da espécie humana no que concerne à plausibilidade clássica dos dilemas da vida e da morte, em que a indústria da saúde atravessa sobremaneira a indústria farmacêutica. Não restam dúvidas de que essas hipóteses não são plausíveis para hoje nem para amanhã. A natureza abstrata, complexa e invisível do vírus ao manter-se, previsivelmente, numa zona escura de ignorância, medo, especulação, instrumentalização, mesmo junto daqueles cuja função é conhecer a assunção da perda de capacidade imunológica do corpo humano em relação à COVID-19.

DAS PROBABILIDADES DE ELIMINAR, CONDICIONAR OU ATÉ ACABAR COM A ATUAL PANDEMIA

Pode-se opinar em diferentes sentidos em relação à COVID-19, mas o que para mim faz algum sentido interpretativo e explicativo se resume à possibilidade ou não de compreender até que ponto as medidas preconizadas pelo poder político, os cientistas, o capitalismo e o Estado, desde março de 2019 até agora, têm ou não qualquer valor heurístico no que concerne à erradicação da COVID-19, tomando como referências as medidas profiláticas de diferentes tipos, processos de acantonamento, de quarentena como soluções plausíveis de erradicação da pandemia provocada pelo novo coronavírus. Na historicidade da espécie humana, é difícil, senão impossível, subsistir sem laços sociais conducentes ao imperativo físico e biológico do contato humano. Sem contato humano, não há amor, amizade, liberdade e criatividade. Sem essas dimensões comportamentais humanas, não há hipóteses de socialização e de sociabilidade de construção das famílias, grupos, comunidades, organizações, instituições, povos, sociedades.

Nesse sentido, para que o contato humano seja diminuído, drasticamente, em face das perversões criadas pelo novo coronavírus, na falta de outras estratégias, para o poder instituído, torna-se necessário virtualizar as relações sociais e os processos de socialização e de sociabilidade em diferentes níveis: interpessoais, intragrupais, intergrupais, intraorganizacionais, interorganizacionais, intrassocietais e intersocietais.

Perante a atual tragédia sanitária e à incapacidade manifesta de solucionar a tempo e de forma eficaz, como sempre, acentuam-se as perversões da COVID-19, sem que se vislumbrem soluções credíveis por parte do poder instituído no sentido de voltar ao modelo da ação individual e da ação coletiva do ser humano no estrito termo do anormal/normal, fazendo tábua rasa do que está na origem e efeitos de qualquer vírus em interdependência e complementaridade com a natureza imunológica de qualquer ser humano. Sem ainda vivermos os efeitos das influências estruturantes das novas tecnologias como hoje, é um dado indiscutível que, desde a década de 1970, vivemos as contingências da virtualização das relações sociais, e isso tem sido um fato progressivo no mundo do trabalho, com especial incidência nos setores da produção, distribuição, troca e consumo de bens e serviços, mas também da vida quotidiana em geral. Nesse domínio, antes dessa realidade, os vários elementos estruturantes de uma vida quotidiana de miséria, escravidão e alienação do operariado industrial, associados à inexistência de criatividade e liberdade da espécie humana, eram plenamente assumidos na sua base concreta existencial.

Hoje, em vez disso, emergem novas modalidades de escravidão, dominação e controle associadas às vicissitudes da plasticidade social, inerentes aos imperativos funcionais do mundo virtual assentes cujo papel crucial é assumido pelas Tecnologias de Informação e de Comunicação (TIC). Estas não somente virtualizam a quase totalidade do processo do trabalho e da organização do trabalho das organizações e instituições da sociedade, como também estão presentes nas esferas dos espaços-tempos de produção, distribuição, troca e consumo de bens e serviços imateriais ou analítico-simbólicos. Daqui podemos deduzir que das 24 horas potenciais que cada indivíduo dispõe por dia, uma parte substancial é assimilada, capturada, instrumentalizada e controlada, pela ação virtual das TICs. Desde que os órgãos sensoriais estejam suficientemente estimulados e adaptados para esse efeito, as TICs preenchem os requisitos virtuais e funcionais para desenvolver as qualificações e aprendizagens profissionais do mercado de trabalho mundial. Sendo assim, a virtualização da vida quotidiana dos indivíduos foi objeto de uma potenciação inaudita no nível do lazer e do consumo de bens e serviços analítico-simbólicos de uma diversidade quase infinita.

Em presença emergencial das TICs, toda a economia real é, diferentemente, afetada. Não obstante a economia real estar correlacionada com os espaços-tempos inevitáveis da copresença física e do contato humano nos espaços-tempos da produção, distribuição, troca e consumo de mercadorias, as TICs virtualizam as estruturas e funções da economia real. A anormalidade/normalidade também se expressa em todos os domínios exteriores da economia real que não estão secularmente confinados às atividades laborais do mundo do trabalho nos setores industrial, comercial e agrícola. Seja nos múltiplos espaços do lazer e do consumo, transportes rodoviários, fluviais e aéreos, viagens turísticas, manifestações desportivas, recreativas e culturais e, sobretudo na vida quotidiana das famílias e das comunidades locais, o contato humano e as relações sociais de copresença física eram, em todos os espaços-tempos, determinados para os processos de socialização e de sociabilidade biológica traduzida em altos índices de produtividade do trabalho, no dispêndio de energia cooperativa, de fraternidade e de solidariedade nos locais de trabalho e de consumo. A família é, por excelência e por vocação milenar, o local do afeto, da amizade e do amor. Esses atributos só são possíveis de realizar quando o contato humano é extenso e intenso.

Numa segunda dimensão, essencialmente crítica, ao mesmo tempo que os efeitos estruturantes das TICs se revelam hegemônicos na vida quotidiana dos indivíduos, o espaço-tempo de intervenção da economia real clássica circunscrita ao processo de industrialização e de urbanização das sociedades perde, paulatinamente, o seu significado e a sua hegemonia centrada, exclusivamente, no crescimento econômico e na criação de riqueza social de bens materiais de consumo corrente e duradouro. As evidências empíricas desse processo histórico têm se revelado um elemento de destruição da natureza, com incidência na morte das espécies animais e vegetais, poluição atmosférica, morte dos oceanos, rios, florestas e, consequentemente, da Terra. O aquecimento global do planeta Terra associado à diminuição da camada de ozônio e destruição do clima vêm pôr a nu os efeitos perversos dessa economia real como plataforma básica da destruição da água, ar, fogo e terra, elementos vitais de vida de todas as espécies animais e vegetais, incluindo a humana.

No tempo concreto da nossa existência, estamos na presença de uma economia manifestamente negativa, cujas potência e expressão básica se resumem no poder da produção de morte e extinção dos elementos vitais de vida. Perante esse descalabro estimulado pelo poder instituído, gestores e escravocratas de todas as matizes e defensores de modelos de sociedade contrastantes, os arautos das soluções miraculosas, tornaram-se apologistas da economia verde ou da economia azul, enaltecendo estas como a solução de superação de todos os problemas de miséria, pobreza, desemprego, exclusão social e crise ambiental. Nada mais falacioso, pois estas, no contexto das soluções do capitalismo, nada mais são de que uma forma de expiação histórica ou de simulacro de um paradigma societal que caminha a passos largos para o abismo. Essas alternativas deduzidas da economia azul ou da economia verde não resolvem a essência identitária da espécie humana com a natureza, na medida em que a perpetuação do capitalismo, do Estado e da civilização judaico-cristã, em quaisquer circunstâncias, sempre foi e será, em última instância, essência de morte e não de vida. No meu entendimento, em pleno século XXI, a anarquia só pode ser ou assumir-se como potência de negação da realidade que acabei de descrever.

Se pensarmos bem na emergência da nova pandemia circunscrita aos efeitos negativos do novo coronavírus, desde logo estamos sujeitos a situações de medo, ignorância, risco e incerteza que só favorecem a ação individual e coletiva das instituições e organizações do Estado e da sociedade civil no sentido da atomização, controle e repressão da liberdade e da vida quotidiana dos indivíduos, sendo estes encurralados nos dilemas da sobrevivência perante as hipóteses de vida e de morte provocados pela epidemia. Esses mesmos indivíduos tornam-se também os fautores normalizadores da sua própria tragédia biológica e social. Daqui emergem novos poderes oriundos da medicina e da indústria farmacêutica, sem esquecer todos os poderes clássicos dos governos, das polícias, dos exércitos, dos cientistas de todo o tipo, cuja função primeira consiste em educar e controlar os cidadãos comuns no sentido da normalização de uma vida sem sentido, em acantonamentos de diferentes tipos, que não são mais do que uma diversidade de prisões físicas, mentais e psíquicas pandêmicas à medida do medo e da ignorância de cada ser humano.

Num contexto histórico em que a emergência estruturante das TICS se torna galopante, não admira que a sua visibilidade social se expresse em todas as esferas das atividades econômicas, sociais, políticas e culturais, após o apogeu de um passado longínquo dos trinta gloriosos anos do capitalismo (1974–1975). Confinados a uma expressão identitária, embora diferenciada em espaços-tempos de produção, distribuição, troca e consumo de bens e serviços analítico-simbólicos, não existem mais espaços-tempos para a perpetuação do modelo de economia real.

Desde que emergiu a uma nova epidemia gerada pelo novo coronavírus, novos desafios sociais, biológicos, políticos, econômicos, sociais, culturais e sobretudo científicos foram objeto de avaliação normativa. As reações e adaptações daqueles que governam o mundo, dos cientistas, dos burocratas, dos gestores e da indústria farmacêutica não se fizeram esperar. Medo, ignorância, incerteza e risco aparecem mesclados com a necessidade de tomar decisões urgentes *ad hoc*, só com o pretexto de manter o poder e a profissão. Para responder às múltiplas solicitações dos diferentes súditos que mais não são que consumidores passivos da sua própria miséria existencial, emergiu uma bateria de especialistas, como especial relevo para os *mass media*, sempre incrustados em paliativos informativos, cuja base informativa consistia em transformar a epidemia num modelo de vida quotidiana cerceado por uma série de acantonamentos. Essa evolução dos poderes normalizadores da espécie humana, associados ao espectro e funções especulativas e instrumentais dos *mass media* para gáudio da satisfação das grandes massas e multidões esfomeadas de soluções históricas atávicas que evitem deixá-las cair em uma tragédia biológica e social no sentido da morte, não está, de modo algum, garantida.

Pela minha parte, assumo a condição de ignorante, de medo, incerteza e risco em relação às consequências e origem da COVID-19. Todavia, como já referi, nesse mundo de protagonistas compulsivos da especulação e da mentira descarada sobre a natureza das origens e efeitos da COVID-19, sobressaem com grande proficiência todos os jornalistas, cientistas, políticos e capitalistas que acham que o capitalismo e o Estado têm uma existência histórica eterna. Ao que é lícito denominar povo ou espécie humana, a estes resta-lhes seguir de forma acrítica e especulativa as vicissitudes da sua anormalidade existencial sanitária em relação às contingências da COVID-19, que virou uma normalidade doentia, como todas as outras a que estão sujeitas. Para os possidentes da riqueza social, grupos sociais privilegiados, patrões e burocratas de toda a espécie, mesmo com a existência da COVID-19, é possível usufruir de modalidades do confinamento social sem implicações do contato físico, o que, potencialmente, reduz os níveis de afetados nesses grupos sociais e também o número de mortos.

Em relação à situação privilegiada dessa minoria no cômputo geral dos quase 8 bilhões de seres humanos que habitam o planeta Terra, o mesmo já não se pode afirmar no que se reporta aos milhões da população mundial que sobrevivem em condições infra-humanas em termos de alimentação, habitação, água potável, oxigênio e salários de miséria. Estes são constelação de gente em que o confinamento e o contato humano só são pacíficos de se concretizar por meio da promiscuidade, porque só assim podem ser seres sociais e biológicos no sentido extenso e intenso da palavra. Como é lógico, seja em que condições paupérrimas de existência se encontrem, a probabilidade de evoluírem para a situação de infetados pelo novo coronavírus é grande, ao mesmo tempo que o sentido do caminho para morte é superior.

Essa anormalidade/normalidade doentia provocada pela atual epidemia alarmou os governantes mundiais e, ao mesmo tempo, pôs em causa o modelo vigente da economia real. Para poder sair das contingências do contato humano prevalecentes da economia real havia que parar e reformular os seus alicerces básicos nos espaços-tempos da produção, distribuição, troca e consumo de mercadorias.

Num contexto de interdependência e complementaridade geradas pelas contingências das sociedades contemporâneas, tendo presentes os diferentes desafios invisíveis que a pandemia encerra, é por demais evidente que a funcionalidade do processo e da organização do trabalho, assim como em todos os setores da atividade econômica, e sobretudo para evitar os contatos humanos baseados na copresença física, só é passível de se realizar com base na economia virtual. Daqui, em grande medida, emerge a solução ajustada ao confinamento e quarentena requerida para superação e atenuação da crise gerada pelo novo coronavírus. Essa influência das TICs de superação dessa crise não se remete, exclusivamente, à economia virtual, mas também à virtualização dos processos reportados à cultura, à política, ao social, à espécie humana nas relações com as outras espécies animais e espécies vegetais, com incidência na biologia, no clima, no meio ambiente, etc.

Para analisar essa evolução, podemos extrair as ilações mais relevantes. Todos os bens e serviços imateriais ou analítico-simbólicos resultantes dos processos de produção, distribuição, troca e consumo através das TICs são efêmeros, instantâneos, permanentes, circulares, infinitos, sem chegar a um fim. Os *inputs* e os *outputs* de qualquer bem ou serviços analítico-simbólicos. Como serviços resultantes de um processo de criação e transformação humana e automática, integram sempre informação, conhecimento e energia. Em qualquer circunstância, os *inputs* e os *outputs* são da mesma natureza. Nessa latitude, estamos longe das matérias-primas e mercadorias básicas da economia real constituídas pelo petróleo, carvão, gás natural, ferro e aço, automóvel, eletrodoméstico, construção civil, estrada, aviação, etc. Acresce, a esse panorama, uma outra dimensão por via da influência das TICs na economia virtual e na vida quotidiana em geral que importa sobremaneira sublinhar. Enquanto na economia real os processos de produção, distribuição, troca e consumo são constituídos por fronteiras e barreiras rígidas, por uma organização autônoma específica e não há continuidade laboral nesses processos, a economia virtual não necessita de fronteiras, de uma organização específica e subsiste a imperatividade contínua dos processos de produção, distribuição, troca e consumo vivenciados em frações de segundo, minuto, hora, dia, semana, mês, ano e por aí afora. Acresce-se a essas diferenças que, para o fator de produção trabalho na economia real, prevalece o elemento físico em detrimento do cognitivo e do emocional.

A economia virtual, pelo contrário, privilegia a cognição e a emoção em detrimento do elemento físico. Nada mais lógico, na estrita medida em que o fator de produção na economia virtual necessita de competências para descodificar e codificar informação, conhecimento e energia humana automatizada. Só o consegue realizar com a proficiência devida pela vida, sobretudo da cognição e emoção, ainda que tenha que utilizar a sua energia humana. Transformar *inputs* e produzir os *outputs* da economia real exige mais energia e menos utilização dos órgãos sensoriais, como os casos da visão e da audição. Além disso, uma parte substancial dos processos da economia real já utiliza uma panóplia de elementos das TICS. Vejam-se os casos emblemáticos das máquinas-ferramentas de comando numérico, informática, inteligência artificial, robótica, mecatrónica, etc.

Essas singularidades de virtualização da vida quotidiana da espécie humana na escala planetária não se reduzem ao mundo do trabalho. A influência espaço-temporal das TICS traduz-se numa virtualização crescente dos comportamentos humanos nas esferas econômica, social, política, cultural, educacional e religiosa, na estrita medida em que os órgãos sensoriais de cada indivíduo *per si* interagem com toda a panóplia dos automatismos das TICS com maior margem de liberdade, criatividade e autonomia. A capacidade e a possibilidade de descodificar as linguagens das TICS de forma atempada e adequada fazem com que esses mesmos indivíduos prescindam do poder discricionário e autoritário dos pais, da multidão de chefes, burocratas e patrões de todo o tipo e que, também, tenham uma margem de autonomia e capacidade para transgredirem em relação à normalidade das leis das sociedades e, desse modo, subtraírem-se das sanções e criminalizações decorrentes dos valores vigentes.

Não obstante a irreversibilidade dos efeitos estruturantes das TICS, é por demais evidente que nesse processo meramente competitivo e bastante visível no mercado da economia virtual, por sua vez, como reverso da medalha, têm-se as suas expressões mais significativas na criação generalizada de situações dualizadas para a espécie humana: desemprego, precarização da vinculação contratual, pobreza, exclusão social, etc. Em confronto com essa situação, a ação individual e coletiva das instituições e organizações do Estado e da sociedade civil evolui no sentido da atomização, controle e repressão da liberdade e da vida quotidiana dos indivíduos, estando estes encurralados nos dilemas da sobrevivência em relação à vida e à morte, hipoteticamente, provocados pela epidemia.

No que concerne às probabilidades de sair de crise pandêmica atual e de retorno à anormalidade/normativa desde que as causas e efeitos da propagação são da exclusiva responsabilidade da espécie humana, então temos um problema iminentemente biológico e social que incide na matriz sistêmica de quaisquer contatos humanos, o que leva a que sua condição-função existencial seja pautada por um confinamento baseado no autocontrole e na construção de pequenas prisões com delimitações de espaços-tempos de autonomia, copresença física, práticas sanitárias de todo o tipo. Essas prisões são fundamentalmente psíquicas e mentais, porque os processos de socialização e de sociabilidade das relações sociais, nessas condições, só são possíveis de serem realizados por processos virtuais. Além disso, ninguém sabe ainda qual é a essência do vírus da COVID-19. A especulação e a instrumentalização a que assistimos todos os dias acerca do espectro da evolução da COVID-19 são sintomáticas no dia a dia do poder político, da ciência e dos *mass media*, para não falar da indústria farmacêutica.

Para mim, com a ignorância manifesta que tenho da biologia do meu corpo, tenho extrema dificuldade de compreender que por via do meu aparelho respiratório ou por qualquer episódio padrão através de partículas virais, você respira, *tosse* e espirra e está mergulhado num conjunto de interações e contatos humanos sempre sujeitos a causalidades e efeitos de infecção, de vida e de morte, para os quais os únicos antídotos passam por soluções higienistas e sanitárias de responsabilidade exclusiva de cada ser humano.

As instituições estatais de diferentes tipos procuram a todo o custo precaver e controlar todos os desvios e transgressões que possam colidir com o modelo da ciência relativo a situações de uma pandemia como a que estamos vivendo. Na história da espécie humana, o aparelho respiratório sempre esteve associado ao oxigênio como elemento de vida crucial. Não consigo conceber essas funções biológicas de expiração e de inspiração sem a ação dos pulmões, faringe, laringe, traqueia, brônquios. Pergunto-me em que medida a prevenção e o controle exercido pela utilização das máscaras em espaços fechados e abertos, a proibição de relações sociais em espaços inferiores a dois metros, as medidas higiênicas podem afetar o corpo humano, até que ponto existe ou não uma capacidade objetiva de evitar a situação de afetado pelo novo coronavírus, sabendo nós que a invisibilidade dessa pandemia e a ignorância e a especulação informativa por parte da ciência são manifestas e que, por essa razão, seja propalada uma propaganda mediática para acalmar os espíritos com a criação de uma nova vacina, como se esta tivesse o dom messiânico de acabar com os medos atávicos da morte, se o meu corpo perdeu ou não capacidade imunológica no contexto de uma espécie humana que caminha a passos largos para a sua extinção.

Na sua pequenez metabólica e existencial em relação a múltiplos aspetos da sua vida quotidiana, não é de admirar que cada ser humano esteja numa situação de ignorância relativa à essência biológica do seu corpo, deixando que esse conhecimento fosse entregue aos especialistas e burocratas da ciência médica e à indústria farmacêutica, burocratas do bem-estar social do Estado, capitalistas e religiões cuja função prioritária serve para instrumentalizar os corpos como mercadorias de compra e venda propiciadora de lucro. Desde logo devemos olhar para esse panorama de impotência comportamental para superar a perduração da essência da vida biológica e social de todas as espécies animais e vegetais; persiste sempre um dilema irredutível porque a potência da vida no planeta Terra só tem significado desde que persistam laços de sociabilidade e socialização conjugados com a interdependência, complementaridade e identidade sistemáticas entre os que integram a espécie humana.

Desta análise, resulta que na impossibilidade de sair da atual situação biológica e social provocada pelo novo coronavírus, a economia real tende a afundar-se, e a economia e o mundo virtual da política, da cultura e da sociedade civil emergem como a única solução plausível da anormalidade doentia personificada pelas sociedades contemporâneas. Seja no nível da família, seja no das comunidades ou povos, pela via do mundo virtual, é possível ultrapassar os contágios e os contatos provocados pelas relações sociais. O trabalho nas fábricas, transportes ou nas superfícies comerciais é possível de se realizar pela socialização do conhecimento, informação e energia sem contato ou envolvimento humano baseado na copresença física. O acantonamento em diferentes espaços-tempo com especial relevância para a vida quotidiana da família, nos níveis local, regional, nacional e mundial, é passível de vivificar sobretudo com base no mundo virtual impulsionado pelas TICS. Assim sendo, neste momento histórico atribulado da pandemia gerada pelo novo coronavírus, por mais paradoxal que pareça, no meu entendimento, o capitalismo e o Estado não soçobraram, definitivamente, porque as TICS personificam o último recurso de não generalização da pandemia e ainda permitem que não se propague a falência generalizada dessa realidade política, econômica e social insustentável.

Por isso, em vez de ficar sempre debaixo dos ditames da informação e de conhecimento dos esquemas normativos da ciência, do capitalismo e do Estado, questiono-me se já não terá chegado o momento definitivo de pôr em questionamento o valor heurístico dessas instituições como hipóteses de cuidarem e controlarem a vida humana a seu bel prazer. Diante dos vários fatores questionáveis que confirmam essa necessidade histórica, pergunto-me qual é a natureza e como se realiza a totalidade do processo da cadeia alimentar da espécie humana, sabendo do conteúdo e das formas das relações que mantém com as outras espécies animais e vegetais, uma vez que, na batuta discricionária e escravocrata da civilização judaico-cristã, a espécie humana faz das outras espécies um instrumento do seu nó górdio de prazer e de ostentação consumista, com consequências biológicas inevitáveis no corpo humano, no qual a obesidade, cânceres de todo o tipo, pandemias e uma multiplicidade de doenças são o corolário lógico desses absurdos anormais/normais da cadeia alimentar da espécie humana. Numa outra dimensão, a relação da espécie humana com a água e o oxigênio só é explicável pela existência mortífera, miserável e estúpida de uma espécie humana entorpecida pela mente, psique e mente, focada na destruição e na morte, que não conhece os aspetos elementares da vida da terra, oceanos, rios e florestas. Tanta estupidez e tanta ignorância juntas só podem dar origem à produção de bactérias e vírus provocados através da destruição da natureza; é lógico e plausível que o próprio corpo humano sofra mutações metabólicas e, consequentemente, incapacidades imunológicas relativas à emergência de novos vírus e de bactérias. Se considerarmos o corpo humo como totalidade biológica, não podemos esquecer que os elementos psíquico e mental podem estar nas mudanças metabólicas do comportamento humano que se traduziu numa situação de incapacidade imunitária diante da pandemia atual.

Sem ser totalmente utópico depois de traçar o que considero mais relevante em vez de pensarmos que estamos a viver uma situação de normalidade social, econômica, política, cultural, biológica sempre vista em função da normalidade decorrente de uma estabilidade normativa racional inculcada e aculturada pela versão de valores, de moral e de ética judaico-cristã. A pandemia não é uma anormalidade, ela é antes de mais nada o resultado lógico de uma normalidade doentia que não para de crescer, em que a vida é vencida e destruída a passos pela morte, gerados pelo capitalismo, o Estado e a espécie humana aculturada pela civilização judaico-cristã.

Já, agora, se o vírus centrado na incapacidade imunológica do aparelho respiratório do corpo humano é tão evidente em relação aos problemas que se apresentam às sociedades contemporâneas, pergunto-me até que ponto, em termos de potências de saúde e de morte, os cientistas, classe política e a multiplicidade de quejandos profissionais pretendem controlar, prevenir e governar a espécie humana; os vírus e bactérias até que ponto mais importantes subsistem e são esquecidos no nível da incapacidade imunológica mental e psíquica da espécie humana. Estes são mais do que manifestos na impotência imunológica do corpo humano, o que se traduz na criação de um quadro negro de miséria, morte, doença, violência, cuja expressão maior é espelhada pela existência de guerras. Para anormalidade sanitária não há explicação de qualquer imunidade ou de vírus e bactérias. Antes mesmo das contingências da COVID-19, já era previsível que a espécie humana caminhasse para o abismo. Desse modo, ainda com alguma veleidade de suspiros heterotópicos, função do que acabo de referir, sem querer deificar ou ideologizar a anarquia, ela é cada vez mais uma probabilidade histórica com um valor heurístico imenso para impedir que a espécie humana e todas as outras espécies soçobrem no planeta Terra. Daqui extraio a lição que me ajuda a caminhar nesse sentido, considerando que: “Anarquia é um caos auto-organizado, sem deuses e sem amos. É só poderá ser uma probabilidade não linear no espaço-tempo do universo”.

Um vírus a serviço da ordem
Aforismo libertário em uma movimentação pelo espaço de um corpo social pandêmico

L.I.M.A.

É preciso, pois, ser antissocial para realizar o heroísmo sem par de enunciar as verdades
MARIA LACERDA DE MOURA

Diversas formas de se explicar o mundo, ao longo da história, recorreram à analogia com o corpo humano. O mundo dos homens, para os homens, e como este se organiza, ou é organizado pelos homens, têm, não só na ideia, a forma de um corpo masculino, robusto, saudável, idealizado. Nos diferentes campos da sociologia, há a referência ao totalizante "corpo social", que engloba espaços, ruas, arquiteturas, biomas, práticas, corpos, vidas, viveres, saberes, comeres, beberes, costumes, percursos históricos, espiritualidades, materialidades e um sem-número de atributos humanos e não humanos, mas sempre a partir do humano, em especial do *humano masculino* (não por acaso, fala-se em "bicho-homem"). Tal ideia do social como um corpo, que tem a sua própria saúde, do qual o humano que o produz é somente célula, saudável ou adoecida, extrapola o campo da metáfora ao influenciar materialmente no entendimento e nas relações intersubjetivas em sociedade. Não se trata mais de interpretar o social como um corpo, mas de entendê-lo como e a partir de tal.

Quem nos ajuda a entender o funcionamento dessas vidas em célula que compõem e mantêm a *bio* desse *corpus social* e seu assujeitamento por intermédio do poder é o transgressor instrumental analítico de Michel Foucault, para quem, desde o século XVIII, assistimos à consolidação/emergência de duas tecnologias de poder: a técnica *disciplinar* e a técnica *biopolítica.* A técnica disciplinar "é centrada no corpo, produz efeitos individualizantes, manipula o corpo como foco de forças que é preciso tornar úteis e dóceis ao mesmo tempo" (FOUCAULT, 2010, p. 209). A técnica biopolítica incide na "população como um problema político, como um problema a um só tempo científico e político, como problema biológico e como problema de poder" (Idem, p. 214). É pela biopolítica, portanto, que os corpos-célula passam a governar-se a si mesmos e uns aos outros, reproduzindo as instâncias de governança em seu comportamento e paradoxalmente as reforçando e as tornando desnecessárias para ditar sua conduta. A emergência dessa camada biopolítica do poder — que se interessa em fazer viver (gerenciar a vida) e deixar morrer (eliminar os perigosos à saúde da comunidade) — acontece com a consolidação da medicina social. Referimo-nos a um controle da saúde pelo controle da vida e o agenciamento da morte. A produção de corpos-vida, que nutrem uma sociedade vigorosa e viril, e corpos matáveis, biomatéria a ser absorvida e defecada pelo grande corpo, é onde a saúde e a segurança pública não se unem, posto que não estão dissociadas em nenhum momento, mas justamente revelam esses laços íntimos e interdependentes de funcionamento para a continuidade da cadeia reprodutiva.

Para ditar a conduta dos corpos, evidentemente, é necessária uma conduta das consciências. É pensando nisso que a *governamentalidade*, outro conceito de Foucault (derivado da noção de governo, usada por ele desde o final da década de 1970 em substituição ao conceito de poder), seria a operação de condução das consciências de todos e de cada um e a cada passo, operada através das tecnologias de poder (disciplinar e biopolítica), apoiada, em linhas gerais, por três elementos: a condução de consciências, as relações diplomático-militares e o Estado Policial Administrativo. A noção de governamentalidade assenta-se, assim, sobre a noção de governo como condução das condutas. Governar não significa dar ordens diretas, que devem ser obedecidas de forma incondicional; o governo pressupõe que o sujeito governado seja "livre", conduza-se a si mesmo, e é essa conduta individual que será coletivamente conduzida pelo governo.

Na contemporaneidade, tempo que podemos supor como uma fase adulta do corpo social, e de modo circunscrito ao Brasil, talvez faça mais sentido tratarmos de uma *governamentalidade democrática*[1]: uma tecnologia de poder centrada na chave das políticas públicas para as populações, pela incitação de uma atitude cidadã de todos e a todo tempo e pelos dispositivos de participação obrigatórios nos aparelhos de Estado (saúde, escola, trabalho, previdência, registros, prisões, etc.) — princípios preconizados nos textos, programas, normativas e legislações brasileiras produzidos após a ditadura civil militar. É dessa forma que os assujeitamentos se dão, não apenas na instituição escolar, mas educando e escolarizando os corpos a todo o momento, numa intersecção entre as instituições. Para essa maquinaria, é sempre necessário o Estado, que garante e determina a valoração de mercado e a geração de riquezas, vendendo a ideia de segurança e liberdade, e não opressão e submissão, como a panaceia que garante o assujeitamento perante a organização. A partir dessas ferramentas, o corpo social, que é um corpo velho, mantém-se saudável, se reforçando a todo momento, embora jamais se renovando, apresentando outras facetas, mas as mesmas funções e dispositivos de poder.

Em uma organização do corpo em que a saúde é também aparelho de Estado, logo ferramenta de governamentalidade democrática, a situação de pandemia também surge como forma de assujeitamento e docilização dos corpos. Ao ter toda a sua saúde convertida e convergida em um mecanismo público ou privado (ambos configurando ainda Estado), a sociedade se vê entregue aos protocolos impostos pelas figuras de poder e como estas utilizam suas ferramentas de controle, sendo estes cumpridos ou não. Para além do sentido puramente médico da palavra, podemos entender o vírus como transmissor de uma doença, e a pandemia como a dimensão política que toma a doença ao reordenar o mundo e os costumes, ao potencializar o domínio e a relação de dependência às ferramentas democráticas de governamentalidade. A pandemia é a peste, e a peste organiza a função do Estado de agenciar a morte.

Ao entendermos a peste como mais um eventual mecanismo de poder, encontramos eco na obra dramática do filósofo franco-argelino Albert Camus. Em seu *Estado de Sítio* (2002), vemos alegorias dotadas de personificação, tais como o Nada, a Morte e a Peste, simbioticamente representando a pandemia da famigerada "gripe espanhola" e a ascensão do regime fascista sobre a Espanha da década de 1930. Ao dominar o país, subjugando

1. A perspectiva da governamentalidade democrática tem sido explorada conceitualmente por Gallo (2012, 2015, 2017a, 2017b).

seu povo, a ditadura da Peste e de sua secretária direta, a Morte, desenvolve toda uma série de burocracias, documentos, filas, departamentos, estatísticas, fichários e registros que ordenam as marcas da doença que cada um há de receber, e o quão depressa sua vida acabará. A Morte não é um instrumento de poder, mas uma refém escravizada pela Peste, como se pode perceber no trecho que destacamos a seguir.

A PESTE — Em nome do que você discute minhas ordens?
A SECRETÁRIA — Em nome da memória. Guardo algumas lembranças. Eu era livre antes de você e estava à mercê do acaso. Ninguém me detestava. Eu era a que termina tudo, a que une os amores, a que dá sua forma a todos os destinos. *Era a equilibrada. Mas você me colocou a serviço da lógica e do regulamento.* Endureci a mão que, às vezes, socorria [...]. Com eles, chegava a trabalhar com a aceitação, a meu modo eu existia. Hoje, cometo violência contra eles e todos me renegam até o último suspiro. Talvez seja por isso que eu amava este homem que você me mandou matar. *Ele me escolheu livremente. A seu modo, teve piedade de mim. Amo aquele que me acolhe* [...]. Quando digo que amo este, estou dizendo que o invejo. Em nós, os conquistadores, *o amor tomou uma forma miserável* [...]. Você sabe muito bem que, forçados a matar, a gente acaba invejando a inocência daqueles que matamos [...]. A terra é doce para aqueles que amaram muito (idem, p. 156–162, grifos nossos).

A Peste, portanto, assim como outros mecanismos, os serviços de saúde, as políticas de repressão, as práticas de extermínio exercidas pelo monopólio da violência estatal, torna a imprevisível e muitas vezes bem-vinda Morte algo calculado, esperado, temido. A pandemia encaixa-se no corpo social de maneira saudável, garantindo o controle biopolítico de suas células. Sob o regime da Peste, a Morte não é mais parte da vida. A Peste obriga a Morte a ser feia. E, feia, ela é temida e odiada. Não se submeter à ditadura da Peste é ousar reivindicar a beleza da morte, insistindo na afirmação da vida e na insubmissão ao Estado.

Mirando-nos em experiências e práticas de vida de anarquistas, podemos encontrar não só diferentes estratégias para essa luta contra a fealdade da morte e a sua libertação dos aparelhos de Estado, como também um semelhante e comum espírito ingovernável que percebe a necessidade de combate à saúde do corpo social em seus múltiplos aspectos. Médico, o libertário Errico Malatesta enfrentara a epidemia de cólera, em Napoli, nas últimas décadas do século XIX (CRIMETHINC, 2020a), não se aliando a programas de saúde governamentais, mas organizando com os de baixo, grupos autônomos, que se protegiam e tratavam. Da mesma forma, ao longo de sua vida, ele também combateu outras doenças a serviço do Estado, como o nascente fascismo, não só o institucionalizado, mas os contágios da doença fascista que habitam as práticas das células do corpo social, o microfascismo que grassa pelo corpo antes de instalar-se no Estado. "Digamos francamente, por mais doloroso que seja constatá-lo. Fascistas também existem fora do partido fascista, existem em todas as classes e em todos os partidos: tem gente de todo o mundo que, não sendo fascistas, inclusive sendo antifascistas, têm a alma fascista, o mesmo desejo de abuso que distingue os fascistas [...] *suas paixões más.* Desde o assassinato brutal a golpes, de incêndios e devastações, a *pequenas tiranias*, as pequenas vexações que humilham, os insultos que ofendem o sentido de dignidade humana" (MALATESTA, 2020, p. 6–7, grifos nossos).

Pensando as "pequenas tiranias" que combateu Malatesta, ou ecoando os "microfascismos" desvendados por Deleuze & Guattari (1980)[2], entendemos que o combate à pandemia deve existir como uma só luta também contra o fascismo. Devemos entender a dimensão social do vírus e a medula do fascismo como ferramentas do Estado, senão corremos o risco de uma captura pelos instrumentos de poder e submetermo-nos à feiura da morte. De volta a Camus, é o humano, vivo, sujeito e dotado de nome que consegue enfrentar as alegorias e promover uma libertação. Insubmisso e destemido, o apaixonado Diego rebela-se e decide confrontar a Morte de frente, escolhendo a morte, acolhendo a ela.

DIEGO — Vamos, *acabe* logo! Acabe com esta comédia suja! O que está esperando? Faça seu trabalho e não se divirta comigo, que sou maior do que você [...]. Você só leva em conta os conjuntos! Cem mil homens, assim a coisa fica interessante. É uma estatística, e as estatísticas são mudas! Com elas se traçam curvas e gráficos [...]! Mas eu a previno: um homem sozinho incomoda muito mais — grita sua alegria ou sua agonia. *Enquanto viver, eu continuarei a bagunçar sua ordem.* [...]! Pertenço a uma raça que honrava tanto a morte como a vida [...]. *Eu já entendi seu sistema. Vocês lhes deram a dor da fome e das separações para distraí-los da sua revolta. Vocês os exaurem, devoram seu tempo e suas forças para que não tenham lazer nem ânimo!* Eles se arrastam, fiquem contentes! Estão sozinhos, mesmo sendo uma massa; eu também estou sozinho. *Cada um de nós está sozinho graças*

2. Não podemos passar ao largo da bela análise feita pelos filósofos franceses em *Mille Plateaux*, na qual mostram que o fascismo só pode instalar-se no Estado por estar entranhado na micropolítica. Ecos de Malatesta... São os microfacismos que alimentam o fascismo de Estado. Seu mecanismo de ação: fazer com que o desejo deseje sua própria repressão; aí reside a força do fascismo, sua atuação no nível desejante.

à covardia dos outros [...]. Vocês acreditaram que podiam reduzir tudo a cifras e fórmulas! Mas, na sua bela nomenclatura, esqueceram a rosa selvagem, os sinais no céu, os rostos do verão, a grande voz do mar, o instante do dilaceramento e a cólera dos homens [...]!

A SECRETÁRIA — Vou lhe contar um pequeno segredo... o sistema deles é excelente, você tem razão, mas há uma falha na máquina [...]. Pelo que eu saiba, *sempre bastou que um homem vença seu medo e se revolte para que a máquina comece a falhar.* Não digo que ela pare, longe disso. Mas, enfim, ela falha e, às vezes, degringola completamente [...]. *Ainda está com medo?*

DIEGO — *Não.*

A SECRETÁRIA — *Então, não posso fazer mais nada contra você.* Isto também está no regulamento. Mas posso lhe dizer: é a primeira vez que este regulamento tem a minha aprovação (CAMUS, 2002, p. 127–131, grifos nossos).

Ao tomar-se a Morte em nossa posse (não propriedade!) toma-se a vida tal e qual. O ato de coragem antissocial que atenta ao conformismo é capaz de encontrar e de produzir falhas nos mecanismos de Estado que agenciam e escravizam a morte. Acolher a Morte recusando a mortalidade e o morticínio, resgatando-a das pequenas e grandes tiranias, dos molares e moleculares fascismos.

Sob regime democrático, se ainda se pode estranhar tratar de fascismos, cabe reforçar que a Constituição Brasileira de 1988 e o SUS são códigos do aparelho de Estado e, enquanto tais, sempre que os torcermos sairá sangue. Códigos e programas e políticas operam como articuladores de megamáquinas sociais que submetem e fazem participar populações e subjetividades maquínicas singulares. Entre as máquinas de captura pela renda da terra, lucro da empresa e impostos do Estado, esses programas (SUS, ECA, etc.) são os juízes macabros de uma luta assimétrica de dominação. Operando por seletividade, esses programas fazem viver, gerenciam as relações do viver e fazem morrer, a necessária estatística do extermínio para garantir a ordem.

É preciso atentar contra o aparelhamento do corpo por máquinas de captura estatais que sobrecodificam processos e pulsões do que é vivo. Todo o corpo é um delírio e um agenciamento em variação contínua entre conexões e cortes com presenças humanas e não humanas. Uma aglutinação sempre em movimento e sem muito controle de coisas e pessoas e cheiros e lances e pedradas e paredes e ruas e palavras e rolês em volta de nós — em nosso mundo.

O corpo do sujeito, e não o social, é talvez o encontro com o que está fora, com a outra pessoa/território, com o que é intempestivo. O agenciamento, a colaboração, a solidariedade entre coisas animadas e inanimadas — transversalmente interdependência interespécies, como vem falando Ana Tsing (2019).

Sem dúvida, também, faz-se urgente repensar nossa submissão aos ditames da saúde fármaco-política dos aparelhos de Estado e inaugurar no presente práticas de apoio mútuo para o fortalecimento da nossa pulsão de vida (ingovernável) e ampliar os encontros (possíveis) para práticas solidárias de saúde. A saúde do corpo da gente está colocada diametralmente oposta à saúde do velho corpo social, que devora órgãos, sangue e saúde das pessoas, tal qual um bilionário de vida longeva ordena o agenciamento de sua própria saúde, literalmente mutilando outros a serviço de si e praticando uma antivida.

Se está a serviço da saúde do corpo social, o vírus, em sua dimensão pandêmica, é paradoxalmente um anticorpo, contra tudo aquilo que atenta à estabilidade e à ordem; ao governo e ao Estado. Um exemplo não distante são as insurgências populares de enorme adesão e insubmissão que tomaram o Chile, desde 2019, imparáveis pelo aparato de repressão policial-militar, finalmente esvaziadas pelos protocolos de saúde e cuidado das células. Se é a insubmissão que atenta contra a saúde social, contra o anticorpo pandêmico podemos identificar a anarquia, em suas múltiplas formas, como o vírus a favor da vida e da beleza em morte como parte da vida, lutando para infectar as partes saudáveis de uma sociedade que não querem manter. O vírus libertário busca combater o vírus literal e autoritário. Adoecer o Estado é necessário para fazer fenecer a Peste, esteja ele manifestado como instituições públicas ou disfarçado de livre-mercado e propriedade privada. Uma guerra virológica, vírus contra vírus...

Referenciar a anarquia como uma doença social não é de todo uma novidade. Se em algum momento essa figura foi usada para pejorar os insurrectos, a alcunha foi abraçada e assumida por aqueles que, em sua linguagem, produção de significado e leitura de mundo, respondem à ordem e ao progresso: “sim, eu quero o seu fim”. “Para um anarquista a linguagem pode ser um vírus estancando os modelos, suprimindo os intelectuais-profetas, arruinando as palavras de ordem, desmontando histórias idealizadas de um passado remoto e sem se apartar, na atualidade, de uma luta urgente da qual não se pode nem deve se esquivar” (PASSETTI & AUGUSTO, 2008, p. 57).[3]

3. No romance ciberpunk *Snow Crash* (traduzido no Brasil como *Nevasca*), Neal Stephenson (2008) fala de um vírus muito antigo, que domina os humanos e que pode ser transmi-

Se, no contexto de governamentalidade democrática, o Estado prefere optar pela promessa de uma ideia de liberdade ao invés da repressão em sua faceta mais crua, é de se esperar as soluções frias que os governos tendem a oferecer para o problema do qual estes são parte e agente de maquinações. A defesa da ordem e do bem comum é explícita como ressonante de práticas cidadãs a serem perseguidas, bem como a família, a solidariedade e a tolerância. No princípio básico do apoio mútuo, comum entre os anarquismos, sabemos que a solidariedade proclamada pelo Estado e pelo capital não é aquela entre semelhantes, que levará a relações emancipatórias coletivas na concretude do real. É o canto da sereia que nos chama aos rochedos, uma armadilha semântica que sequestra e deforma pautas históricas, fazendo-as lucrativas. A solidariedade do Estado manifesta-se na caridade, que é um gesto de ajuda a outra pessoa que faz garantir somente a salvação do caridoso, é a esmola ou o dízimo. A caridade não mascara e não esconde sua raiz cristã, a religião que melhor soube apoderar-se do Estado, tornando-se seu aparelho.[4]

O conceito de cidadania, portanto, produz um corpo (individual e populacional) que vive a serviço do funcionamento saudável da máquina pública. Um corpo obediente e dócil. A obrigação da participação inibe diversas potencialidades de produção de subjetividades ingovernáveis e, desse modo, não pode haver uma solidariedade libertária e anarquista por meio da cidadania, a conclamação à participação e integração das ações de Estado. Seja o voluntarismo e o empreendedorismo, seja em cada um cumprir seu isolamento em quarentena, tal e qual mandam a cartilha e o protocolo.

---

tido tanto pela linguagem e pelos códigos quanto pela troca de fluidos corporais. As religiões são formas de disseminar o vírus pela linguagem, controlando nossos corpos e nossas mentes. Uma chave interessante para a leitura do mundo pandemizado contemporâneo...

4. Importante sublinhar que o cristianismo se tornou a religião oficial do Império Romano e, depois de sua queda, embrenhou-se nos Estados monárquicos europeus, mantendo a aliança da Igreja Católica com os governos, situação seguida depois pelas Igrejas Protestantes, que também souberam bem aliar-se aos Estados. Sabemos que a modernidade consagra a propagada "separação" entre Estado e Igreja. Mas a análise perspicaz de Foucault mostra que os Estados modernos governamentalizados guardam os moldes e as maquinarias do poder pastoral, tecnologia de poder forjada nas comunidades cristãs. A Igreja pôde sim separar-se do Estado, pois a estrutura deste já estava totalmente tomada por aquela. Ver o curso *Segurança, Território, População* (FOUCAULT, 2008), para entender em minúcias esse processo.

É preciso recusar as soluções frias do neoliberalismo (mesmo quando mascaradas pela caridade democrática — outra adversária histórica acusada pelos libertários) que atropelam inúmeras vidas e seus contextos sociais, operando um massacre de Estado. Massacre de vidas, tanto no sentido biológico, quando milhares estão sendo condenados a morrer nas malhas sucateadas dos sistemas de saúde, como no sentido sociopolítico-subjetivo, destruindo o acesso a formas de sociabilidade coletivas e a afirmação de vidas insubmissas. Faz-se urgente inventar formas de experiência do vivo que explodam as gaiolas do Estado, do capital, da biopolítica, da disciplina e do controle.

Constranger o fascismo como prática de Estado, inibir a pequena tirania da saúde enquanto protocolo de controle biopolítico, e não se deixar capturar por fórmulas prontas de ação e organização é o que levou e leva anarquistas históricos ou histórico-contemporâneos a desenvolverem seus grupos de afinidade (CRIMETHINC, 2020b), suas práticas de educação (i)moral dentro e fora dos espaços escolares e proporem a emergência de sujeitos renovados. Para Malatesta, a doença social do fascismo vence porque "não despertou a desaprovação, a indignação geral, o horror moral que nos parece que deveria nascer espontaneamente em cada alma gentil. E lamentavelmente não poderão se impor estas materialmente se antes não houver uma revolta moral" (MALATESTA, 2020, p. 6). A pandemia não se envergonhará de obrigar a morte a ser inimiga da vida sem uma prática cotidiana de educação e formação de si e do meio que seja oposta ao corpo masculino, fálico, retilíneo e patriarcal da sociedade do Estado. "A educação dos anarquistas não caminha em linha reta; provoca a descoberta de outros percursos, atiça coexistências, inova, gera outros fluxos e outras possibilidades, que levam ao combate direto na fronteira entre a derradeira reforma da sociedade e a *morte da sociedade*" (PASSETTI & AUGUSTO, 2008, p. 92).

Diante de um corpo social velho, decrépito e, infelizmente, saudável, que se reforça e reformula, o enfrentamento devido talvez seja a constante renovação, reinvenção anárquica de si e do espaço, espalhamento virótico de faíscas libertárias que acendam o fogo ingovernável.

É justamente por temer a renovação, as novas formas de sociedade, as formas antissociais nas quais os sujeitos realizam o anti-heroísmo de enunciar verdades, plurais e renováveis, que o Estado lança seu cajado para uma educação retilínea, liberticida, sobretudo sobre os corpos infantes, impondo a infância moral às crianças muito além do espaço escolar.

Corpos vividos, assujeitados como células saudáveis, tendem aos vícios do funcionamento do todo, conseguindo muito dificilmente se renovar, mesmo quando se acreditam insubmissos, ainda quando se proclamam antifascistas. A infância só se agrupa por afinidade, ignora a democracia e sua governamentalidade e incorpora a renovação em sua própria acepção. Reforçado pela Peste, o Estado (*de Sítio* permanente) controla creches e praças, escolas e lares, subjetividades e afetos, conduzindo coercitivamente olhares e produções de verdades.

O vírus está a serviço da ordem do capitalismo, que toma forma no corpo homem, branco, hétero, *cis*, capacitista e adulto. É preciso reforçar que a pandemia nos expõe desigualdades já muito debatidas (mas não superadas), entre elas, a opressão de idade (SANTIAGO & FARIA, 2016), ainda pouco debatida nos espaços anarquistas. Importante frisar que as crianças também sofrem dinâmicas de opressão, em maior ou igual medida que os adultos, portanto, falar de *infância* significa falar de *infâncias* (COHN, 2014), uma vez que há modos de vida distintos entre as crianças, na forma de opressões por raça, gênero, classe.

Philippe Ariès discutiu na sua *História social da criança e da família* (1986) que as nossas concepções de infância e de família nuclear são construções sociais relativamente recentes na história. O anarquista Giovanni Rossi, nas experimentações libertárias na Colônia Cecília, também defendia um argumento similar, mas revolucionário: era necessário superar a família nuclear, pois ali residia um sustentáculo do regime capitalista (ROSSI apud PERUZZO, 2007, p. 8). No cenário de superação da família nuclear, as crianças, então, sairiam da tutela parental exclusiva dos genitores e integrariam a comunidade.

Durante a pandemia, o vírus trabalha fortemente a serviço da ordem estrutural da família nuclear: as crianças são forçadas a conviver unicamente com os pais, tendo seu corpo retirado da cidade, dos espaços públicos. Aqui atentamos para o fato de que há diversas configurações familiares, mães *solo*, famílias com muitos membros, dinâmicas que não podem ser invisibilizadas. Se as crianças não podem sair do convívio pandêmico exclusivo com suas famílias, quão limitados podem ser a experiência e o repertório infantil?

Esse contexto também nos leva ao questionamento: que lugares são destinados para as crianças? O que há entre instituição familiar e instituição escolar? Qual nosso posicionamento anarquista para a superação da invisibilidade das crianças durante uma pandemia que nos força ao confinamento?

O corpo infantil é instrumento de resistência e transgressão (ARENHART, 2015, p. 96). É o corpo inquieto, não submisso e não obediente, que está no plano da curiosidade e das descobertas, do olhar atento que escapa do modo institucionalizado de socialização. Agostinho (2018) defende o argumento de que as crianças participam de corpo inteiro, e aqui entendemos a infância a partir da sua *inteireza* e *completude*, o que é refletido em seus corpos, contrariando o argumento de que "seu corpo está inacabado no nascimento e só será concluído por meio de ação na sociedade" (idem, p. 350). Essa *ação na sociedade* significa, também, a submissão infantil à família nuclear.

Os anarquistas vêm se dedicando, entre outras frentes de militância, a combater a hegemonia das instituições. Devemos nos questionar: como combater a hegemonia institucional que permeia a infância? Nesse momento que nos encontramos diante de limitações de contato físico, que redes de apoio são pensadas para as crianças? O que reservamos para as crianças e sua *inteireza*, além de contato remoto e de tentativas de submissão dos seus corpos inquietos ante as telas de computadores? Não poderemos, enquanto anarquistas, defender uma infância remota. Se a ordem é hegemonia institucional entre família e escola, emerge a necessidade de pensarmos outro projeto de infância, para infância, não *sobre* crianças, mas *com crianças.*

Talvez encontremos um caminho com o anarquista francês René Schérer, que defende a ideia de um *co-ire* (SCHÉRER & HOCQUENGHEM, 1976), que pode ser entendido como *ir junto*, caminhar ao lado. Como nos colocamos ao lado das crianças quando as confinamos em instituições? Nesse espaço, parece não haver horizontalidade possível, apenas acima e abaixo... Schérer, no seu *Petit Alphabet Impertinent* (2014), nos fala sobre a *rua*[5]. Nas ruas, as crianças formam seus bandos, em exercício de autonomia. Adultos, podemos fazer agenciamentos com tais bandos, caminhando juntos, sem imposições de uns sobre outros, construindo uma vida coletiva libertária. A rua, esse espaço público que foi tirado das crianças, a serviço do vírus, a serviço da ordem. Para *caminhar junto* das crianças, precisamos voltar à rua. Ocupar é a ordem.

5. Sobre a importância da rua para uma concepção libertária de infância, ver: Gallo (2018).

BIBLIOGRAFIA

AGOSTINHO, Kátia. As crianças participam de corpo inteiro. In: *Conjectura: Filosofia e Educação.* Caxias do Sul, maio/ago. 2018, vol. 23, n. 2, p. 347–362. Disponível em: *http://www.ucs.br/etc/revistas/index.php/conjectura/article/view/4384/pdf.* Acesso em 04/10/2020.

ARENHART, Deise. O corpo como expressão de culturas infantis na escola: marcas de geração e classe social. In: *Cadernos de Formação RBCE.* Rio de Janeiro, março 2015, vol. 6, n. 1, p. 91–102. Disponível em: *http://revista.cbce.org.br/index.php/cadernos/article/view/2085.* Acesso em: 04/10/2020.

ARIÈS, Philippe. *História Social da Criança e da Família.* Tradução de Dora Flaksman. Rio de Janeiro: Guanabara, 1986.

CAMUS, Albert. *Estado de Sítio.* Tradução de Alcione Araújo. Rio de Janeiro: Civilização Brasileira, 2002.

COHN, Clarice. Concepções de infância e infâncias: um estado da arte da antropologia da criança no Brasil. In: *Civitas — Revista De Ciências Sociais,* 2014, 13(2), p. 221–244. Disponível em: *https://revistaseletronicas.pucrs.br/ojs/index.php/civitas/article/view/15478.* Acesso em: 04/10/2020.

CRIMETHINC. *Anarquistas contra a peste: Malatesta e a epidemia de cólera de 1884.* 15 de agosto de 2020a. Disponível em: *https://pt.crimethinc.com/2020/07/15/anarquistas-contra-a-peste-malatesta-e-a-epidemia-de-colera-de-1884-1.* Acesso em: 04/10/2020.

______. *Sobrevivendo ao vírus: um guia anarquista: Capitalismo — Totalitarismo crescente — Estratégias de resistência.* 20 de março de 2020b. Disponível em *https://pt.crimethinc.com/2020/03/20/sobrevivendo-ao-virus-um-guia-anarquista-capitalismo-em-crise-totalitarismo-crescente-estrategias-de-resistencia.* Acesso em: 04/10/2020.

DELEUZE, Gilles; GUATTARI, Félix. *Mille Plateaux.* Paris: Les Éditions du Minuit, 1980.

FOUCAULT, Michel. *Em defesa da Sociedade.* Tradução de Maria Ermantina Galvão. São Paulo: Martins Fontes, 2010.

______. *Segurança, Território, População.* Tradução de Eduardo Brandão. São Paulo: Martins Fontes, 2008.

GALLO, Sílvio. Da escola à rua: passos para uma filosofia da infância. In: RODRIGUES, A. (org.). *Crianças em dissidências — narrativas desobedientes da infância.* Salvador: Devires, 2018, p. 201–216.

______. Políticas da diferença e políticas públicas em educação no Brasil. In: *Educação e Filosofia,* Uberlândia, set./dez. 2017a, vol. 31, n. 63, p. 1497–1523.

______. Biopolítica e subjetividade: resistência? In: *Educar em Revista.* Curitiba, Brasil, out./dez. 2017b, vol. 33, n. 66, p. 77–94.

______. Governamentalidade democrática e ensino de filosofia no Brasil contemporâneo. In: *Cadernos de Pesquisa.* São Paulo: Fundação Carlos Chagas, 2012, vol. 42, p. 48–64.

______. "O pequeno cidadão": sobre a condução da infância em uma governamentalidade democrática. In: RESENDE, H. (org.). *Michel Foucault – O Governo da Infância.* Belo Horizonte: Autêntica, 2015, p. 329–343.

MALATESTA, Errico. Porque o fascismo vence. In: MALATESTA, Errico et al. *Os Grandes Escritos Antifascistas (vol. I)*. Tradução de Diana A. Shravya. Editora Terra Sem Amos, 2020.

PASSETTI, Edson; AUGUSTO, Acácio. *Anarquismos e Educação*. Belo Horizonte: Autêntica Editora, 2008.

PERUZZO, Gabriel. A família nuclear sob as lentes libertárias de Giovanni Rossi. In: *Tempos Acadêmicos: Revista do Curso de História*. Criciúma, 2007, vol. 5. Disponível em: *http://periodicos.unesc.net/historia/article/view/422*. Acesso em: 04/10/2020.

SANTIAGO, Flávio; DE FARIA, Ana Lúcia Goulart. Para além do adultocentrismo: uma outra formação docente descolonizadora é preciso. In: *Educação e Fronteiras*, Dourados, maio 2016, vol. 5, n. 13, p. 72–85. Disponível em: *https://ojs.ufgd.edu.br/index.php/educacao/article/view/5184*. Acesso em: 04/10/2020.

SCHÉRER, René. *Petit alphabet impertinant*. Paris: Hermann, 2014.

SCHÉRER, René; HOCQUENGHEM, Guy. «Co-Ire»: album systématique de l'enfance. In: *Recherches*. Paris, 1976, nº 22.

STEPHENSON, Neal. *Nevasca*. Tradução de Fábio Fernandes. São Paulo: Aleph, 2008.

TSING, Anna. *Viver nas ruínas: paisagens multiespécies no Antropoceno*. Tradução de Thiago Mota Cardoso e outros. Brasília: IEB Mil Folhas, 2019.

Infância e pandemia
A anárquica imunologia infantil

Marco Antônio Arantes

> Eu prometo nunca obedecer somente porque alguém maior que eu em um terno está mandando
>
> JOHN SEVEN E JANA CHRISTY, 2012

> Que riqueza não possui a criança no seu sorriso, nas suas brincadeiras, na sua gritaria, em suma, na sua simples existência!
>
> MAX STIRNER, 1845

Em maio de 2020, o escritor punk mexicano, Wenceslao Bruciaga fez a seguinte pergunta no texto "Días de pandemia: príncipes y niños anarquistas": não estariam as crianças zombando da tirania dos adultos e das estruturas autoritárias da família com o seu sistema imunológico? Bruciaga fala de uma anarquia infantil e imunológica ao vírus da COVID-19, como se fosse uma resposta infantil às atitudes autoritárias e insolentes dos adultos sobre elas. "Meninos e meninas com sintomas leves ou assintomáticos enviando a tirania dos adultos para a cama" (BRUCIAGA, 06/05/2020).

Desde o início da pandemia ficou perceptível o resgate de modelos de intervenção e dispositivos de poder, que por aqui foram muito familiares no início do século XX, caracterizando a medicina e o sanitarismo como saberes institucionais da sociedade, aos poucos consolidados por suas formas de atuação sob a tutela do Estado. Nunca é demais lembrar que, desde a administração colonial, a classe médica estava encarregada de fiscalizar portos, locais que eram vistos como vetores de pestes.[1]

---

1. Segundo Machado et al., em 1682, a Câmara de Salvador nomeou "oficiais de saúde para fiscalizar as embarcações visando evitar a entrada de pestes" (MACHADO et al., 1978, p. 47).

O recrudescimento das visões médicas sobre a pandemia conduziu a uma série de pesquisas sobre os seus impactos na vida das crianças. Em sua grande maioria, estão centradas nos efeitos do confinamento prolongado, mas, por ora, muito inconclusivos e evasivos sobre as sequelas psicológicas nas próximas décadas.

O estudo de Wang, Zhang, Zhao, Jiang (2020) aponta que o confinamento da criança em duração prolongada poderia produzir impactos psicológicos, estresse, irritabilidade, pesadelos, medo de infecção, angústia psicológica, frustração, apatia, dificuldade de concentração e tédio. Acrescem-se, a isso, a falta de contato com os amigos no dia a dia, o uso intensivo da internet,[2] a falta de lazer em espaços públicos e, não menos comum, a falta de estrutura e espaço nas residências, além da redução da renda de seus pais, quando não, a perda de emprego. No caso do desemprego dos pais, o luto pela perda de uma estabilidade financeira impactaria diretamente no planejamento econômico das famílias, obrigando-as a cortar contas e até mesmo o cancelamento das matrículas dos filhos das escolas particulares, além do consequente afastamento de seus colegas da turma.[3]

De fato, a pandemia trouxe novos e grandes desafios para as famílias, tais como: convivência próxima por longos períodos de tempo; ausência física em casas de parentes, escolas, creches, parques públicos, *shoppings*, ginásios, campos de futebol, etc. Foi também preciso um rearranjo do ambiente físico para acomodar as demandas de trabalho, estudo e lazer doméstico. Ademais, houve uma sobrecarga de trabalho doméstico; instabilidade no emprego, desemprego e problemas financeiros; falta ou irregularidade do suporte regular dos serviços de saúde e assistência social e comunitária à família, separação e morte de familiares, entre outros.

Outros estudos falavam em transtornos psicológicos que oscilavam entre confusão mental, pânico e raiva. Haveria, também, outros fatores de riscos que, durante o confinamento, comprometeriam a saúde mental

2. Deslandes e Coutinho falam de um período de hiperconectividade no qual o "isolamento social adotado para o enfrentamento da Pandemia do COVID-19 intensificou alguns elementos ligados à sociabilidade digital (hiperexposição, diluição de fronteiras público-privadas-íntimas, espetacularização de si) que criam condições para o acirramento da violência digital" (DESLANDES & COUTINHO, 2020, p. 2480).

3. Embora as primeiras notícias relatassem que as crianças eram consideradas menos "vulneráveis" a desenvolver os efeitos mais graves da COVID-19, elas estariam também propensas a se contaminar e transmitir o vírus para os mais velhos.

das crianças, reforçando a ideia de que o ambiente é fundamental para o bem-estar delas, tais como a "falta de estimulação adequada no nível de desenvolvimento das crianças; violência, maus-tratos, negligência e conflitos, práticas parentais com disciplina abusiva e coercitiva, desnutrição, baixa escolaridade, desemprego e instabilidade financeira, alta densidade habitacional no lar, problemas de saúde mental dos pais, entre outros" (LINHARES & ENUMO, 2020, p. 4).

Em uma reportagem no jornal *El Pais*[4], projeta-se uma quarta pandemia sanitária: a dos transtornos mentais em crianças e adultos que não suportaram os efeitos do confinamento. O vírus também mataria crianças de forma indireta, colocando em risco mães grávidas com restrições de movimento para exames pré e pós-natais. Contudo, conclui-se que as sequelas do confinamento não poderiam ser avaliadas em um curto espaço de tempo.

A pandemia afetou o cotidiano de milhares de crianças numa escala global. Se, antes, determinado perfil de criança estava acostumado a uma vida movimentada com os seus pais e amigos da escola, à mobilidade em espaços públicos, aos passeios com os pais, às viagens de férias, em um sobressalto, elas passaram a considerar as suas casas, quintais, seus quartos e brinquedos como referências física e social de suas vidas. O processo de aprendizagem, antes socializado numa sala de aula, teria agora que ser adaptado a um ensino a distância, com o uso diário dos recursos tecnológicos da conectividade.

Mas há um outro aspecto que existia na pré-pandemia: a desigualdade entre as crianças. Durante uma pandemia, haveria situações que seriam enfrentadas com mais facilidade por crianças de origem privilegiada, revelando notáveis diferenças em relação à classe social. Trata-se de uma invisibilidade e de uma pandemia que não são viral e biológica, mas econômica e social. Tais crianças ainda sofrem violências de todos os tipos. Também são pobres e vivem em ambientes tensos. As suas casas são apertadas, insalubres e sem privacidade. Elas não possuem quartos privados e dividem os poucos cômodos com membros adultos da família em ambientes apertados. Também não estudam em boas escolas e não têm acesso

4. Na pesquisa, constatou-se que "os hábitos também mudaram: 25% das crianças passaram a comer mais do que o habitual, 73% usaram dispositivos eletrônicos mais de 90 minutos por dia, em comparação com 15% que faziam isso antes da quarentena, e apenas 14% praticavam 60 minutos diários de atividade física, que é o recomendável segundo a Organização Mundial da Saúde" (PORTINARI, 06/06/2020).

à internet. Nunca viajaram para o exterior, e os seus pais desconhecem outras línguas. Nunca compraram computadores e celulares avançados e não possuem livros e internet em suas casas. Para agravar, seus pais não conseguem ajudá-los nas tarefas da escola, porque não possuem noções básicas de matemática, ciência e português. Illich já comentava, em sua obra *Sociedade sem Escolas* (1973), que a classe social atravessa a questão educacional. É fundamental pensar as questões de Illich em tempos de pandemia. Para o autor, a aprendizagem escolar de uma criança pobre não se nivela a de uma criança rica. Mas ele observava esse problema noutro contexto, em que o estudante pobre está em desvantagem quando depende da escola para o seu processo de aprendizagem, ao contrário do estudante rico. "essas vantagens vão desde a conversação e livros [...] e uma diferente idiossincrasia" (ILLICH, 1973, p. 29).

Na maioria das vezes, tais crianças vivem em situações de extrema pobreza e são identificadas com "vulnerabilidade" física. Muitos de seus amigos vivem os mesmos dilemas. Suas casas estão em locais sujos, sem estrutura, sem água, sem esgoto, e vivenciam diariamente situações em que o sim e o não são as suas únicas escolhas. No mais, são acuadas pela violência e dificuldades financeiras dos pais, além da pecha de "crianças marcadas", desestruturadas em descompasso com o modelo "ideal" familiar.[5] Tais dificuldades incidem para o trabalho infantil, aumentando a sua invisibilidade na sociedade. Para essas crianças, a pandemia só veio a agravar a restrição alimentar, a violência doméstica e a fragilidade física.

É notória a histórica relação dos anarquistas com questões ligadas à saúde das crianças. Francisco Ferrer y Guardia, que incluiria o relatório de seu amigo Domela Niewenhuis em sua obra *A Escola Moderna* de 1909, afirmava que "nunca será feito o bastante em prol das crianças. Quem não se interessa pelas crianças não é digno de que ninguém por ele se interesse, porque as crianças são o futuro" (FERRER Y GUARDIA, 2014, p. 66). Uma das preocupações de Ferrer era com a salubridade dos edifícios e com a instrução sanitária das crianças, de forma que as habituará "às práticas higiênicas, lavação das mãos, boca, banhos, natação, limpeza das unhas, etc." (idem, p. 59). Ele sublinhava a importância de ambientes limpos na formação das crianças. A sua pedagogia, fortemente influenciada pelas

5. Segundo Stirner, o amor familiar muitas vezes é calcado por representações de uma família ideal, a ponto de a família ser "um conceito sagrado que o indivíduo isolado não pode ofender" (STIRNER, 2004, p. 75).

ciências naturais, valorizava a higiene e repugnava objetos, pessoas e animais sujos e causadoras de doenças. A sujeira tem o poder "de infeção indefinida até causar epidemias" (ibidem, p. 55).

Se as crianças são o futuro, devem ser educadas em ambientes saudáveis como espíritos livres, pois elas são possuidoras de inteligências nascentes.[6] Das crianças, emergirá um novo mundo, um mundo com menos doenças e mais limpo. Daí a importância da higiene em sua formação, pois elas não nascem com ideias preconcebidas sobre doenças e sujeiras. Elas brincam e se sujam, mas não entendem por si sós o que está por trás da sujeira. As suas melhores roupas podem não significar nada numa brincadeira que envolve sujeira. No entanto, elas têm a compulsão pelo conhecimento, um impulso para novas descobertas, um impulso maior do que a confirmação das coisas conhecidas. Um impulso além da limpeza.

Nietzsche, em *A genealogia da moral* (1887), dizia que as crianças são espíritos livres que brincam com os mundos. São seres marcados pela singularidade. São criadoras e desconcertantes. Nenhuma criança nasce e brinca para desejar a morte e a doença. Querem a vida. Elas são indiferentes à dor da morte cristã. Crianças dão gargalhadas, mas não entendem por que o "onipotente Deus" é tão sério e despreza o riso. Nietzsche sabe o quanto esse Deus cristão atemoriza as crianças. Deus é proibição, angústia, silêncio e reprovações. Ele lança suas pragas, mas as crianças querem brotar novos e livres mundos. São vontades livres que nas manhãs afastam "da fronte os sonhos terríveis" (NIETZSCHE, 1998, p. 166). Na sua imaginação, um vírus não é pálio para sua imaginação onírica. Ele morreria com uma espada colorida e algumas cambalhotas. Ele se desmantelaria como um brinquedo, mas o vírus não será um mal combatido com quarentenas e vacinas, até que alguém lhe diga como combatê-lo. "A criança é inocência, e o esquecimento, um novo começar, um brinquedo, uma roda que gira sobre si, um movimento, uma santa afirmação" (NIETZSCHE, 2002, p. 37). A sua visão ilógica infantil da vida cai-lhe muito bem. Elas ignoram os valores morais dos adultos. Suas verdades lhe são indiferentes. A criança não se desespera por uma verdade que nunca existiu. Não lhe interessa o poder. Não quer prestígio nem

6. O relatório de Domela Niewenhuis é incisivo e irônico sobre o papel dos pais na educação. "Na educação das crianças, a coisa mais difícil do mundo, quase todo mundo acha que se tem competência para ela pelo fato de ser pai de família" (FERRER Y GUARDIA, 2014, p. 67).

autoridade. Crianças não são rebanhos[7]. Nem a mentira lhe é mortal. Se ela mente, "uma aversão à mentira lhe é estranha e inacessível, e ela mente com toda a inocência" (idem, p. 35).

A pandemia nos faz repensar sobre antigas práticas corriqueiras da criança no ambiente familiar. O vírus não é um instrumento de controle nas mãos dos pais. Até mesmo as crianças sabem o que as sufoca, que não as deixa correr, cantar, brincar, gritar, pular e dormir em paz. Mas isso não se chama vírus. Elas continuam altivas e alegres, mas o espaço não é mais o mesmo no confinamento. Também nunca estiveram tanto tempo próximos dos pais e longe dos amigos. Muitas coisas lhes vêm na cabeça: medos e ansiedades. A pandemia também coloca em xeque muitos valores da família tradicional envolvidos numa atmosfera conservadora, abrindo brechas para cuidados disfarçados de autoritarismos do "se ficar bonzinho agora", será mais amado e suportável para todos viverem na quarentena. Práticas de liberdades infantis não são negociáveis. Roberto Freire, em *Utopia e Paixão* (FREIRE & BRITO, 1986), chamava isso de "violência amorosa às crianças", uma mistura de amor, medo e chantagem. Para Freire, elas precisam se sentir seguras e não esperam a confirmação parental de que são "pequenos dependentes", encerradas nos valores morais do protótipo pai, mãe e filho. Indo ao encontro de Reich, Freire enfatizava a importância de "criar formas alternativas de convivência", formas espontâneas de exercício de liberdade, em confronto direto com um Estado repressor que se emaranhou na figura do pai e da mãe, que respondem às demandas infantis com "o chinelo, o cinto, a surra" (idem, p. 37).

Damo-nos conta do que as crianças pensam, sentem, escrevem e leem, além das exigências institucionais. Se a pandemia trouxe consigo muitas restrições, ela também trouxe muitas informações e novidades. Elas estão mais presentes, no corpo a corpo diário, ajudando a reinventar aquele mundo onde estávamos acostumados a viver, agora reduzido a um pequeno espaço físico.

---

7. Nietzsche mostra o quanto são nefastas relações construídas sob a égide do autoritarismo. "As dissonâncias não resolvidas na relação entre o caráter e a atitude dos pais ressoam na natureza da criança e constituem a história íntima de seus sofrimentos" (NIETZSCHE, 2000, p. 132).

Em tempos de pandemia, nada justifica o pátrio poder dos pais em nome da vida, aquelas rédeas do poder incrustradas nas famílias, que conduzem as crianças para a submissão e a obediência. Os pais não devem ser uma projeção do Estado.[8] Talvez seja uma oportunidade para se repensar o cuidado das crianças e a gestão do espaço doméstico. É a vida da criança e não a autoridade insolente que deve ser valorizada.[9] E as crianças, de forma natural, desafiam a autoridade a cada instante. Cuidar da criança é cuidar "profundamente uns dos outros — agindo como se a vida de todos tivesse um valor inerente e estivesse em risco; como se a saúde de um fosse a saúde de todos" (MILSTEIN, 2020).

Proteger uma criança não é o mesmo que inibir a sua liberdade. O amor e a dependência dos pais não são uma arma para chantagear e inibir manifestações de liberdade em situações de confinamento. Nenhum autoritarismo contra as crianças é justificado pela pandemia. "Bem fraco é aquele que tem de recorrer à autoridade e erra-se quando se acredita que se melhora o insolente" (STIRNER, 1979, p. 89).

As crianças precisam é de cuidado dos mais próximos, cuidado praticado de forma imaginativa e inventiva, que reforce os laços afetivos. A defesa da vida da criança na pandemia toma a forma de uma luta contra todas as formas de autoritarismo e os valores tradicionais que cerceiam a infância. A criança não é a responsável pelo "achatamento da curva", mas, como diz Ferrer, ela é o futuro. Elas estão no mundo para serem elas mesmas. A sua felicidade não deve estar amarrada a uma missão familiar. "Não se faz um filho nem para a sociedade, nem para a perpetuação da existência coletiva, mas para si e para ele mesmo" (GAUCHET, 2008, p. 1).

A reinvenção das práticas de convívio e aprendizagem é um ponto importante para o anarquismo. Não será o Estado a instituição que dará as diretrizes de saúde concernentes às crianças. Nem a soberania dos pais será a diretriz comportamental nesses tempos de confinamento. A pandemia

---

8. Para Despentes, "Um Estado que se projeta como mãe todo poderosa é um Estado fascista" (DESPENTES, 2016, p. 20).

9. Segundo o relatório da ONG (World Vision), escrito em maio de 2020, projeta-se um aumento de 32% de violências físicas, emocionais e sexuais contra as crianças, além do aumento do trabalho infantil e futuros casamentos infantis pós-pandemia. "As coisas ficam ainda piores para estas crianças, pois os sistemas e serviços que podem identificar, responder e prevenir tais ameaças e violência estão operando com pouca ou nenhuma capacidade durante a pandemia" (WORLD VISION, 2020, p. 5).

sob o olhar anarquista nos conduz a uma necessária compreensão da complexidade e das variações na infância. Ferrer tinha a compreensão dessa complexidade infantil. "Se temos órgãos, é preciso que se formem e se desenvolvam; é preciso deixar às crianças a oportunidade de desdobrar a natureza" (FERRER Y GUARDIA, 2014, p. 69).

Numa perspectiva anarquista, entende-se que este é um momento oportuno para construir e reinventar as relações com as crianças. "Nossos sonhos mais selvagens estão enraizados nas relações cotidianas [...]. A COVID-19 mostra-nos, mais do que nunca, como estamos interligados [...]. Todos nós merecemos ser amados, respeitados e conhecidos pelas pessoas que cuidam de nós" (FFITCH, 2020).

Numa escala global, estaríamos falando em solidariedade. "Se devemos começar na prática organizando o atendimento àqueles que já são próximos e íntimos — nós mesmos, nossas famílias, amigos, vizinhos e entes queridos —, então parte desse esforço implica expandir continuamente a organização e a coordenação do atendimento em qualquer escala a todos que necessitarem" (PAUL, 2020).

Para os anarquistas, a saúde não deve ser um instrumento político. Não se confunde com individualismo ou desprezo pela saúde dos outros, mas com o cuidado de si. A saúde das crianças, portanto, é, antes de tudo, extensiva aos adultos, e vice-versa.

Durante uma pandemia, o espaço da criança não deve ser hostil e opressivo. Se os adultos não vivem sozinhos neste mundo, pode-se dizer o mesmo sobre as crianças. Se a pandemia está presente em todos os lugares, ela é também parte de uma dimensão da sociabilidade infantil. Ela tem uma dimensão ética que vai além da necessidade. Envolve também relações alicerçadas no cuidado, carinho, coragem e diálogo com as crianças. No plano social, o cuidado com as crianças é extensivo ao cuidado coletivo e às práticas sociais solidárias. "Devemos aprender sobre nossas próprias necessidades e as necessidades daqueles de quem somos capazes de cuidar" (idem). Gauchet dizia que é importante mostrar à criança sempre um caminho para a vida, e que não existe um mundo ideal. Pois cada criança tem a sua singularidade, e "tudo deve ser feito para fazer com que a criança vá em direção a sua própria autonomia" (GAUCHET, 2008, p. 1).

A pandemia não destruiu o mundo da criança. Os seus amigos ainda existem. Afastar-se fisicamente dos amigos não é o mesmo que se distanciar dos amigos e dos pais. É um momento de reinvenção e experimentações horizontais que potencializem num processo inventivo sua autonomia.

A ativação de um cuidado vai de encontro ao autoritarismo, proibição, medo e pânico dirigido às crianças. Situações-limite de desemprego e perda de renda não exigirão mais respeito e obediência aos pais. Talvez as "rupturas na estrutura do trabalho refletem a estabilidade estilhaçada da unidade-lar e da unidade-família" (BEY, s/d, p. 9).

Não é a morte o horizonte da criança. Crianças têm a vitalidade e a potência da existência no seu pensamento e nos seus corpos. Suas vidas são singulares, plurais e oníricas. Crianças reinventam espaços. Como diz Foucault, as crianças "levam muito tempo para saber que têm um corpo" (FOUCAULT, 2013, p. 15). No mais, elas reinventam os espaços. A criança transforma e sobrepõem espaços. O espaço que a criança imagina é onírico. A cama pode ser uma floresta, um celeiro, uma piscina, um abismo. O seu quarto apertado pode ser infinito como o universo. Elas não vivem sob modelos de existência. Em suas cabeças, instante é um tempo eterno de liberdade. Elas são o aqui e o agora.

BIBLIOGRAFIA

A UNION COMMUNISTE LIBERTAIRE. Pandémie, crise: les classes populaires sont toujours en lutte. Disponível em: https://rebellyon.info/Pandemie-crise-les-classes-populaires-22263. Acesso em: 10/09/2020.

BEY, Hakim. TAZ — *Zona Autônoma Temporária*. Tradução de Patricia Decia e Renato Resende. Coletivo Sabotagem, s/d. Disponível em: http://www.mom.arq.ufmg.br/mom/02_arq_interface/4a_aula/Hakim_Bey_TAZ.pdf. Acesso em: 28/09/2020.

BRUCIAGA, Wenceslao. Días de pandemia: príncipes y niños anarquistas. 06/05/2020. Disponível em: https://www.milenio.com/opinion/wenceslao-bruciaga/el-nuevo-orden/dias-de-pandemia-principes-y-ninos-anarquistas. Acesso em: 28/09/2020.

DESLANDES, Suely Ferreira; COUTINHO, Tiago. O uso intensivo da internet por crianças e adolescentes no contexto da COVID-19 e os riscos para violências autoinflingidas. Rio de Janeiro: Ciênc. Saúde Coletiva junho de 2020, vol. 25, supl. 1, p. 2479–2486.

DESPENTES, Virginie. *Teoria do King Kong*. Tradução de Márcia Bechara, São Paulo: N-1 edições, 2006.

FERRER Y GUARDIA, Francisco. *A Escola Moderna*. Tradução de Camilo Alvares, São Paulo: Biblioteca Terra Livre. 2014.

FFITHC, Madeline. Anarchism's Lessons for a Pandemic — Afflicted World. 28/05/2020. Disponível em: https://lithub.com/anarchisms-lessons-for-a-pandemic-afflicted-world/. Acesso em: 16/09/2020.

FOUCAULT, Michel. *O Corpo Utópico — As Heterotopias*. Tradução de Salma Tannus Muchail. São Paulo: N-1 Edições, 2013.

FREIRE, Roberto; BRITO, Fausto. *Utopia e Paixão: a política do cotidiano.* Rio de Janeiro: Rocco, 1986.

GAUCHET, Marcel. De "L'enfant du Désir" à "la crise de l'individuation". 2008. Disponível em: https://www.meirieu.com/PATRIMOINE/gauchet_individuation.pdf. Acesso em: 10/09/2020.

ILLICH, Ivan. *Sociedade sem escolas.* Tradução de Lúcia Mathilde Endlich Orth, Petrópolis: Ed. Vozes, 1973.

LINHARES, Maria Beatriz Martins; ENUMO, Sônia Regina Fiorim. Reflexões baseadas na Psicologia sobre efeitos da pandemia COVID-19 no desenvolvimento infantil. *Estud. psicol. (Campinas)* [online]. 2020, vol. 37.

MACHADO, Roberto; LOUREIRO, Angela; LUZ, Rogerio; MURICY, Katia. *A Danação da Norma.* Rio de Janeiro: Edições Graal, 1978.

MILSTEIN, Cindy. Collective Care Is Our Best Weapon Against COVID-19. Disponível em: https://mutualaiddisasterrelief.org/collective-care/. Acesso em: 16/09/2020.

NIETZSCHE, Friedrich. Os Discursos de Zaratustra — Das Três Transformações. In: *Assim Falou Zaratustra.* Tradução de José Mendes de Souza. EBooksBrasil, 2002.

______. Contribuição à História dos Sentimentos Morais. In: *Humano, Demasiado Humano.* Tradução de Paulo César de Souza. São Paulo: Cia das Letras, 2000.

______. Apêndice: Fado e História. In: *Genealogia da Moral: uma polêmica.* Tradução de Paulo César de Souza. São Paulo: Cia das Letras, 1998.

PAUL, Ian Alan. Dez Premissas para uma Pandemia. Disponível em: https://medium.com/@joaolucasxavier/dez-premissas-para- uma-pandemia-5f4dfd36f144. Acesso em: 10/09/2020.

PORTINARI, Beatriz. Os efeitos do Confinamento na Saúde Mental de Crianças e Adolescentes. In: *El Pais*, 06/06/2020. Disponível em: *https://bit.ly/3cHhMod.* Acesso em 29/09/2020.

SEVEN, John; CHRISTY, Jana. *A Rule is to Break: The Oath of Anarchy.* San Francisco, CA: Manic D Press, 2012.

STIRNER, Max [1845]. *O Único e a sua Propriedade.* Tradução de João Barrento, São Paulo: Martins Fontes, 2004.

______. *Textos Dispersos.* Tradução de José Bragança de Miranda, Lisboa: Via Editora, 1979.

WANG, G., ZHANG, Y., ZHAO, J., ZHANG, J., & JIANG, F. Mitigate the effects of home confinement on children during the COVID-19 outbreak. *The Lancet*, 2020, 395(10228), p. 945–947. Disponível em: *https://bit.ly/31Doo29.* Acesso em: 25/09/2020.

WORLD VISION. A Perfect Storm: millions more children at risk of violence under lockdown and into the 'new normal'. Disponível em: https://www.wvi.org/sites/default/files/2020-05/Aftershocks%20FINAL%20VERSION_0.pdf. Acesso em: 25/09/2020.

Instantâneo de uma pandemia[1]

Ronald Creagh

Aos meus camaradas de São Paulo e do Rio de Janeiro.

Um acontecimento mundial exige tempo para ser compreendido. Por vezes, seus efeitos se estendem por vários séculos. Esse é o caso de certas epidemias, e podemos prever que também será assim para a COVID-19, surgida em 2019[2]. Ela se propagou por 185 países. Tem uma elevada taxa de contágio. Até hoje é a mais vasta infecção da história. Ela é complexa e específica.

E é anunciada a possível chegada de vírus mais perigosos: "Sabemos que o degelo acelerado do *permafrost*, numa profundidade cada vez maior, faz com que vírus podendo ter 50.000 anos ou mesmo mais voltem à superfície. E, nesse momento, há um trabalho grande sendo feito, sobre os megavírus. E para nós, isso é extremamente perigoso, pois esses vírus não são bem-conhecidos: então, há uma grande ameaça. Podem existir patologias que surgem da pré-história" (PATOU-MATHIS, 2020). Entendemos muito pouco o mundo atual, porque suas modificações se aceleram. Entramos numa nova era ecológica, inclusive no que diz respeito à saúde humana.

As epidemias precedentes, inclusive a AIDS, emergiram num mundo que, desde então, mudou. Os meios médicos, as escolhas econômicas e sociais, a política internacional da época atual, as vítimas, os recursos mobilizados não têm nada a ver com aqueles dos períodos precedentes. A sociedade está se recompondo. Estamos penetrando num futuro instável, diferente e planetário. E, se a sociedade se decompõe e se reconstrói de forma diferente, é preciso reagir, embora ninguém nos diga isso.

1. Tradução do francês por Martha Gambini.

2. COVID é uma abreviação de *corona vírus disease*, que significa textualmente doença do vírus em forma de coroa. Assim, os dois termos, que designam o mesmo acontecimento, são aqui utilizados. Este artigo se beneficiou das sugestões e correções de René Fugler, Didier e Marielle Giraud e de Danièle Haas. Quero agradecê-los vivamente. Sou o único responsável por eventuais erros.

Compreender o novo coronavírus não significa apenas fazer seu balanço estatístico. É indispensável extrair daí pistas para as catástrofes futuras. Naturalmente, cada país, cada meio social, vive essa infecção de maneira particular. Uma perspectiva geral seria agora prematura, mas já podemos propor algumas possibilidades.

Quase não se fala em mudanças sociais. O sistema atualmente em vigor modifica-se rapidamente, e as diferenças por vezes são percebidas e discutidas aqui e ali. Uma catástrofe mundial está recompondo a configuração da sociedade. Não podemos cruzar os braços ou adotar apenas uma visão parcial.

As reflexões propostas aqui também são escolhas subjetivas: portanto, desejamos que despertem leituras críticas e construtivas.

Um movimento filosófico já antigo começa a reunir os espíritos abertos. Ele lembra acontecimentos históricos precedentes como a revolta na Inglaterra dos Ludistas, que durou de 1811 a 1816. Eis o que escreve o psicólogo Tomás Ibañez: "Hoje é essencial 'reinventar' esse tipo de revolta, fazendo-a passar da esfera das reivindicações puramente econômicas para a esfera mais diretamente política das lutas pela liberdade e contra o totalitarismo de novo tipo que tem se instaurado já há algum tempo e que encontra, na crise atual do COVID-19, um abundante combustível para acelerar seu desenvolvimento" (IBAÑEZ, 2020). O autor propõe um reajuste, uma remodelagem de todos os pilares e fachadas da sociedade, quer se trate dos formadores de opinião, dos serviços médicos, da economia e do sistema político.

Para apreender o alcance e a lógica social de nossas relações com a pandemia do novo coronavírus, chamaremos a atenção para certas particularidades de algumas pandemias do passado. A seguir, iremos abordar os meios concernidos, ou seja, os agentes, os meios médicos, econômicos e políticos e as vítimas, muito diversificadas.

Essas posições críticas diferem de muitos movimentos de contestação contemporâneos. Questioná-los, sob a ótica de um pensador como Piotr Kropotkin (1842–1941), talvez finalmente permita perceber melhor as possibilidades oferecidas por múltiplas alternativas construtivas. Suas posições, semelhantes e por vezes inspiradas por seus escritos, valorizam a importância da ajuda mútua para a sobrevivência da espécie. Posições aliás hoje retomadas de maneira científica por uma minoria de biólogos (GARCIA, 2012).

Para começar, vamos dar um sobrevoo sobre algumas grandes diferenças com o passado.

A HISTÓRIA DAS EPIDEMIAS

As doenças contagiosas e as epidemias existem pelo menos há sete mil anos, na época da sociedade mesopotâmica. As primeiras populações humanas eram nômades. Viviam da caça e do extrativismo. As que viviam nas proximidades de um curso d'água, do mar ou de um oceano, também se dedicavam à pesca. Progressivamente, uma grande parte dos grupos fixou-se territorialmente para se entregar à pecuária e aos trabalhos agrícolas: "Na época neolítica, há o início da pecuária, que provoca uma promiscuidade entre o homem e o animal. Certo número de zoonoses passou para o homem nesse momento. E nunca devemos esquecer que os vírus são extraordinariamente adaptáveis. Eles sofrem incessantes mutações, o que constitui o estágio último do parasitismo" (DAVID, 2020).

A proximidade com o rebanho e depois, pouco a pouco, a produção de excedentes, a profissionalização do artesanato, o desenvolvimento do comércio deram lugar à criação de aldeias e cidades. A multiplicação dessas implantações provocou o crescimento demográfico. Mas essas concentrações humanas também acabaram por facilitar o contágio.

Os deslocamentos de população continuaram, especialmente em razão das mudanças climáticas e das guerras. Mais tarde, as caravanas que transportavam alimentos, animais e produtos artesanais percorriam distâncias inacreditáveis. Foi assim que três pandemias se sucederam de 541 a 767. Agrupadas sob o nome de "peste de Justiniano", elas remodelaram a bacia do Mediterrâneo: enfraqueceram o Império Bizantino, permitiram a expansão do Islã e a queda do Império Otomano.

Outro movimento humano gerou modificações em curso da ecologia do planeta: as cruzadas nos séculos XI e XII. Elas contribuíram para a propagação das infecções. Assim, pode-se afirmar que no século XIV a "unificação microbiana do mundo" tinha começado (LE ROY LADURIE, 1972, p. 629). A partir de então, as epidemias em certo território corriam o risco de se tornarem pandemias, espalhadas por todo um continente ou mesmo pelo mundo inteiro. Assim, a época moderna viveu infecções que se propagaram em numerosos territórios. Por exemplo, a gripe de 1899 assolou a Europa durante cinco anos.

Talvez nunca cheguemos a conhecer as circunstâncias da aparição do novo coronavírus na China ou em outra parte. Ao menos dispomos de documentos oficiais, mas eles também são discutíveis. Ele apareceu em 2019 e propagou-se muito rapidamente ao ponto de se tornar uma calamidade mundial, uma pandemia, pois ele não se limitou a um país e nem mesmo a um continente. Ele ainda grassa no momento em que estas linhas estão sendo escritas.

AS ORIGENS DO NOVO CORONAVÍRUS

Em 30 de dezembro de 2019, a Administração Médica do Comitê Municipal de Wuhan, na província chinesa de Hubei, lançou na internet uma informação urgente: uma pneumonia de causa desconhecida havia aparecido naquela cidade. Na manhã do dia seguinte, um repórter do *China Business News* entrou em contato em linha direta com essa autoridade, que confirmou que a causa era desconhecida (PROMED, 2020).

Nesse mesmo dia, o escritório chinês da Organização Mundial da Saúde informou o escritório local do Regulamento Sanitário Internacional (RSI) e a Sociedade Internacional das Doenças Infecciosas ProMed, que transmitiu a informação a seus cinquenta mil membros no mundo.

Em princípio foi denunciado o mercado de animais selvagens de Wuhan na China. Pierre Jouventin, pesquisador em ecologia científica, escreveu: "Há por volta de cem mercados locais em Wuhan e neles se misturam, no calor e umidade, humanos e animais vivos ou mortos. Esse patógeno teria partido de um morcego e teria sido veiculado por um pangolim para sofrer uma mutação ou se recombinar e se adaptar a um novo hospedeiro, o homem. É a terceira vez que uma transferência animal-homem acontece nesses mercados, e a importação de animais selvagens, hoje proibida, deveria ter sido impedida antes. Paraíso das pandemias, a China está longe de deter seu monopólio, pois muitas outras aparecem em outros lugares e também em animais de criação, como o porco. Mas ¾ das doenças emergentes vêm dos animais selvagens e seguem-se à destruição dos habitats naturais" (JOUVENTIN, 2020).

A seguir, outras acusações foram formuladas, como veremos abaixo. Elas provinham de fontes hostis a Pequim. De qualquer forma, Wuhan, a partir de então, ficou proibida de consumir animais selvagens pelo menos durante os próximos cinco anos.

AS VÍTIMAS: OS TRABALHADORES E OS POBRES

A pandemia provocou a crise das empresas e, em consequência, dos assalariados e pequenos empregadores. O fechamento de certa agência ou fábrica pertencendo a uma multinacional, ou sua transferência, levou desemprego às populações dos territórios afetados. Setores inteiros foram atingidos: transportes, turismo, esporte, restaurantes, editoras, economia informal e muitos outros. Algumas profissões sofreram de forma particular, como os trabalhadores temporários, mas também os atores, os músicos e os profissionais eventuais de eventos culturais, que ficaram desempregados.

A infecção propagou-se em todos os continentes. Foi preciso, em primeiro lugar, mobilizar os serviços médicos, mas também se impuseram escolhas econômicas. Os Estados intervieram e tomaram decisões sobre os meios de proteção em função de suas possibilidades e respectivas doutrinas. A pandemia provocou flexões até mesmo na política internacional.

Os cuidados são muito custosos em determinados países. Além disso, os mais pobres, condenados a viver com muitos numa mesma casa, fechados num lugar pequeno, e muitas vezes insalubre, só têm acesso a cuidados de menor qualidade. Seus bairros, por vezes colocados compulsoriamente em quarentena, são frequentemente suspeitos de estarem infectados.

No entanto, nem tudo é negativo. A sobrevivência de uma coletividade coloca em relevo o papel essencial dos empregos pouco remunerados: cuidadores, varredores, pequenos vendedores de um mercado... que pertencem a etnias de culturas muito diferentes entre elas.

Os Estados, inicialmente sem vacinas e proteção para os rostos das populações, utilizaram como soluções substitutivas recursos que remetem principalmente à Idade Média: máscaras, confinamento, distância social, quarentena. Após o eventual confinamento parcial ou geral, eles escolheram para a economia a última oportunidade oferecida pela tecnologia, o *home office.*

Não era preciso salvar as empresas? Essa escolha apresenta a vantagem de reduzir as responsabilidades legais dos poderes públicos e dos empregadores. Ela também atrai a atenção para a função principal de um governo: a proteção de sua população e de seus cidadãos expatriados.

E quanto aos ambientes médicos?

LABORATÓRIOS E ESPECIALISTAS

A surpresa e o medo criados pela pandemia foram ainda maiores pelo fato de a pesquisa médica celebrar diariamente suas proezas. Entretanto, com exceção da China, onde a pandemia se declarou, os Estados poderiam ter antecipado sua vinda.

A intervenção deles foi tardia, e suas decisões sobre medidas de proteção, contestáveis. Mas elas fizeram cair uma chuva de ouro sobre os laboratórios de pesquisa. Bem mais do que ocorreu nas epidemias anteriores. Assistimos por toda parte a uma corrida infernal do pessoal de institutos concorrentes, que se lançavam ferozmente à busca de uma vacina lucrativa contra a COVID-19.

O trabalho científico sobre o vírus é essencial. Mas, embora seja importante preservá-lo e seguir de perto os progressos da pesquisa, o conjunto da questão não se limita nem à máscara, nem ao confinamento, nem à vacinação. Nem mesmo apenas ao aspecto médico. O rosto descoberto mudou de sinal. "Que o outro com quem cruzamos na rua não respeite os gestos de barreira ou que o governo se mostre incapaz de fornecer os bloqueios que supostamente me protegem, tudo isso é equivalente: em um segundo, o mundo exterior revela-se como meu inimigo íntimo" (FŒSSEL & RIQUIER, 2020, p. 46).

AS ESCOLHAS ECONÔMICAS

O sistema econômico contemporâneo não cria somente uma linha de fratura entre as classes sociais. Ele repercute politicamente sobre um grande número de países atualmente colonizados pelas grandes potências que, entre mil outras responsabilidades, sustentam e por vezes instauram dirigentes totalitários e novas formas de tipos de tirania que cedo ou tarde conduzem a guerras civis.

Nos países em que se praticou o confinamento, a oferta reduziu-se e, portanto, a criação de riqueza. E também a demanda, pois os custos tinham às vezes aumentado e as famílias perdido seus rendimentos: "[As pandemias] reduzem duravelmente a oferta de trabalho, que se torna rara, aumentam a remuneração do trabalho, deprimem o rendimento do capital que se torna excedentário, tornam mais lento o ritmo dos investimentos e diminuem a capacidade de produção da economia [...] Devido às restrições sanitárias impostas pela continuação da luta contra a epidemia, há grandes chances de que o aparelho de produção não possa mais rodar em regime pleno, que uma parte das capacidades de produção permaneça duravelmente subempregada e depois se torne obsoleta e que a baixa do rendimento do capital não mais incite as empresas a reconstituí-las" (TRAINAR, 2020, p. 230)[3].

As antecipações dos empreendedores desabaram, o que repercutiu nas empresas e na Bolsa. Os preços dos imóveis comerciais entraram em queda. Acrescentemos a isso o endividamento das empresas e principalmente dos pequenos empregadores, obrigados a continuar funcionando em um escritório ou loja fantasmas ou mesmo a declarar falência.

O confinamento reduziu a poluição especialmente a das classes mais favorecidas. Ele também baixou a renda dos governos locais e nacionais. Pois, quanto mais rigoroso foi o confinamento, mais os consumidores reduziram suas despesas e, por isso, o crescimento caiu. E na Itália, entre outros, a aplicação do confinamento foi mais estrita nas municipalidades que possuíam maior capacidade fiscal (BONACCORSI et al., 2020).

AS ESCOLHAS SOCIAIS DOS ESTADOS

No Brasil, onde mais de três mil militares ocupam postos nos ministérios, o presidente Jair Bolsonaro, antigo paraquedista, ergueu-se contra a Organização Mundial da Saúde e a utilização de máscaras. Em contrapartida, vários estados brasileiros estabeleceram que os residentes deveriam permanecer em suas casas (SALIBA, 2020).

Na Indonésia, em 5 de outubro de 2020, sete dos nove partidos do parlamento votaram 79 emendas a uma lei já existente. O que constitui um documento de mais de mil páginas. Sob pretexto de estimular os investidores estrangeiros a criar novos empregos, os trabalhadores perderão parte de seus ganhos sociais, as indenizações rescisórias serão reduzidas, as demissões serão facilitadas e todos os empregados, sem dúvida, farão horas extras. Milhares de manifestantes, sem máscara, ocuparam as ruas em Jacarta e outras cidades... (ULFIANA, 11/10/2020).

Seja em ditaduras ou democracias, a igualdade só existe nos hinos e promessas políticas. A utilização abstrata dessa palavra pertence ao terreno da impostura. O pobre nunca foi igual ao rico. E, mesmo em matéria de direitos, o cidadão médio não pode pagar advogados prestigiosos e influentes.

---

3. Muitos comentários precedentes foram inspirados nesse artigo.

A situação variou segundo os países, pois tanto as decisões quanto seus impactos foram bem diversos. Que preço as políticas e os economistas atribuem à vida humana? Eles preferem sacrificar uma parte da população?

A difusão do vírus revelou a incompetência dos poderes públicos: eles se interessam mais por certas instituições econômicas do que pelas necessidades de seus sujeitos.

Os riscos extremos, como as pandemias, são raros, mas cruciais. Qual o grau de aversão que certa sociedade manifesta por eles? Qual parte eles ocupam nas preocupações daqueles que tomam as decisões? A prioridade está focada no consumo imediato ou se busca antecipar soluções e assim reduzir os custos da prevenção?

Esses cuidados variam de acordo com as nações e cada leitor dará uma resposta em função do país onde reside e também de sua profissão (um militar raciocina de modo diferente de uma mãe de vários filhos).

A pandemia impôs uma hierarquia nas escolhas sociais. Ela obrigou os Estados a colocarem em funcionamento certo número de ações e de meios. Assim, eles embarcaram na política internacional, o que era inevitável.

Antes da pandemia, a França, por exemplo, estava mais interessada em vigiar a população do que em sua segurança. Esse controle relaciona-se cada vez mais aos meios digitais. Pode-se prever que os *Big Data*, fontes de renda e sobretudo de poder, sejam mais ou menos retomados pelos Estados que participam de alguma forma de hegemonia regional ou internacional.

Estados haviam deixado desaparecer empresas que fabricavam máscaras; e as autoridades tinham liquidado os estoques destinados à população. Daí a penúria.

O governo declarou inicialmente que as máscaras eram inúteis; a seguir, ele as tornou obrigatórias. O Ministro da Saúde pediu demissão de sua função em plena crise, e o Presidente da República esperou um mês antes de nomear um substituto. E decidiu confinar a população para evitar o contágio. Finalmente, os Estados em concorrência conseguiram obter máscaras.

Proprietários de *Big Data* ligados à inteligência digital, os poderes públicos conseguiram mudar a natureza de suas relações com os "cidadãos". A apropriação de uma tecnologia de controle permitiu que eles otimizassem as telemanipulações da opinião do país. As decisões "democráticas" metamorfosearam-se em imposições mais ou menos camufladas. Foi assim que a segurança pública, garantida entre outros por agentes da circulação, foi substituída por câmeras, utilizadas principalmente por uma polícia concentrada na defesa dos poderes instalados, mesmo que desprezíveis.

Muitos governos favorecem as empresas de produção em vez dos centros de pesquisa, que eles orientam de acordo com suas necessidades militares, ou que eles obrigam a recorrer a instâncias privadas. Assim, a pesquisa filosófica ou científica é abandonada em proveito do desenvolvimento das tecnologias. O que definitivamente se mostra muito mais benéfico para os meios comerciais e financeiros.

Enfim, a geopolítica mudou em razão da espionagem. Hoje, não basta mais descobrir o que as outras nações estão fazendo. Estão disponíveis meios para influenciar a população de nações cortejadas ou rivais, especialmente em período eleitoral.

A POLÍTICA INTERNACIONAL

Em 15 de junho de 2020, o presidente dos Estados Unidos, Donald Trump, declarou, numa entrevista ao *Wall Street Journal,* que a China talvez tivesse lançado intencionalmente o vírus com o objetivo de degradar as economias concorrentes. Mais tarde, ele fez circular a ideia de que o novo coronavírus provinha do laboratório de Wuhan, na China (SEIB, 2020). Assim, a pandemia vai marcar a política internacional.

No nível mundial, a volta da importância das fronteiras irá repercutir inevitavelmente na geopolítica. E, então, quantos governos no mundo aceitariam lutar contra uma coalisão de multibilionários?

Mais dissimuladas, as tentativas de captar as iniciativas farmacêuticas mais promissoras também estão em curso, dessa vez com finalidades políticas e mesmo eleitoreiras. Em 16 de março de 2020, Trump entra em contato com um laboratório farmacêutico alemão. Ele lhe propõe um bilhão de dólares, em caso de sucesso, para obter a exclusividade da vacina para os Estados Unidos. A opinião alemã fica profundamente chocada com isso. E o laboratório rejeita a atraente oferta.

Na Europa, no dia 4 de maio, a presidente da Comissão Europeia, Ursula von der Leyen, lança uma iniciativa sem precedentes. Ela organiza um teleton mundial visando a levantar 7,5 bilhões de euros para financiar uma vacina contra o novo coronavírus que seria colocada a serviço de todos. Angela Merkel, chanceler federal da Alemanha, e Emmanuel Macron, presidente da República Francesa, entre outros, dão o seu acordo. Mas o presidente dos Estados Unidos recusa a participação: "American First". Alguns dias mais tarde, em 13 de maio, Paul Hudson, Diretor Geral do laboratório Sanofi, anuncia que a China e os Estados Unidos seriam prioritariamente abastecidos com a vacina contra a COVID-19, porque os dois países teriam sido os primeiros a financiar essa pesquisa (PATON et al., 2020).

Foi um segundo escândalo na União Europeia.

No fim das contas, o Elisée lembra-se, de repente, que o gigantesco grupo farmacêutico francês Sanofi se beneficiava anualmente de dezenas de milhões de crédito de imposto a título da pesquisa. O presidente Macron sente-se obrigado a intervir, e o gigante desiste.

Como explica Camille Magnard, há o risco de que a China e os Estados Unidos se apropriem de todos os grandes laboratórios (MAGNARD, 2019). A corrida ao dinheiro poderia arrastar esses grupos farmacêuticos maiores a apoiarem o "nacionalismo vacinal". Isso significaria que, como aconteceu com o sarampo e a tuberculose, os países pobres não poderiam ter acesso à vacina contra a COVID-19.

O regulamento sanitário mundial não se encontra harmonizado. Esse é o caso da legislação sobre os OGMs e da ecomarcação dos produtos alimentares, como o açúcar e o azeite de dendê. A dependência em medicamentos é tão séria quanto na alimentação. "Nos Estados Unidos, 80% dos medicamentos são de origem chinesa [...]. A Índia, a farmácia do mundo, depende em 70% de ingredientes chineses" (ITHURBID & MAILLARD, 2020, p. 500). E ainda, "aliás, a forte dependência da União Europeia em relação ao comércio exterior torna-a particularmente exposta aos efeitos da coronadepressão [...]" (HEISBOURG, 2020, p. 535).

Quando estarão disponíveis estoques reais de máscaras, de luvas, de testes e de medicamentos de base? (Idem). Os grandes riscos podem ser raros, mas seus estragos são muito mais importantes que o custo econômico dos estoques de reserva.

A DESGLOBALIZAÇÃO ESTÁ A CAMINHO

A globalização comercial e a disseminação digital não criam milagres. A primeira encoraja a deslocalização, a queda de qualidade, os conflitos comerciais. A segunda aumenta de forma inacreditável a espionagem industrial e as intervenções políticas estrangeiras, especialmente no momento das eleições e das guerras. Em contrapartida, será que é aceitável continuar dessa forma o financiamento dos laboratórios privados e não uma pesquisa pública de espírito internacionalista?

No entanto, no oposto da globalização, o nacionalismo serve de veículo para um novo tipo de fascismo e, é claro, para a aparição de Estados autoritários, para não dizer ditatoriais. É evidente que o empobrecimento programado das classes médias, em certo número de países entre os mais prósperos, irá necessariamente provocar múltiplos protestos.

Nas casas de repouso para idosos ou hospitais, muitos moribundos acabaram seus dias sem mesmo receber uma última assistência de suas famílias; seres que lhes eram os mais queridos foram até mesmo proibidos de comparecer a seus funerais.

Das várias opiniões formuladas durante a pandemia, podemos levantar uma hipótese que será necessário verificar. Muitas pessoas estavam divididas entre duas crenças fatalistas, a dupla necessidade do progresso técnico e a de um Estado indispensável para garantir a segurança nacional.

Foi graças aos avanços técnicos que as mulheres não precisam mais lavar as roupas da família em um rio; que a duração da vida humana se ampliou enormemente; que podemos nos comunicar instantaneamente de um ponto a outro da terra. Reduzir o sentido da palavra progresso apenas à técnica é resultado de um espírito simplificador. Onde está o prazer de uma troca entre Hong Kong e Rio de Janeiro, se o que vemos, em ambas as partes, é apenas repressão e miséria?

Uma civilização avança quando os homens também participam disso. Quando não se trabalha mais cinquenta horas por semana. Quando não se vive sob a ameaça nuclear. Em outras palavras, quando os costumes mudam.

O PROTESTO SOCIAL

O aparecimento da COVID-19 colocou em evidência a falta de preparo dos Estados, a seguir suas ordens contraditórias, e, finalmente, eles se mostraram incapazes de garantir a segurança das populações, o que constitui sua missão e o próprio fundamento de sua autoridade.

Os reis sempre estão nus, mas ninguém quer saber disso. Eles não são intocáveis. Outros apertam as mãos em meio a multidões, e os felizes eleitos lembrarão disso por toda a vida. As correntes hostis sempre existiram nos corredores do poder. Mas, desde as revoluções, elas também aparecem no povo. O maior acesso à educação para as classes médias criou correntes de hostilidade. A gestão econômica, financeira e social é colocada em questão.

Assistimos à recuperação de empresas em dificuldades com o dinheiro dos contribuintes e, depois, à sua venda a sumidades da finança ou a multinacionais. Os favores financeiros concedidos a grandes firmas ou a magnatas são, aliás, apontados abertamente. Mesmo a União Europeia tem seus próprios paraísos fiscais. Ela estabeleceu uma lista deles, mas sem acrescentar a Irlanda, Luxemburgo, Malta e os Países Baixos.

Outra tragédia se amplifica. A destruição de um número inacreditável de espécies, a exploração ilimitada de recursos naturais insubstituíveis, a poluição do ar e dos mares, o aquecimento da terra evocam o colapso de nosso planeta. Ora, as promessas e os compromissos para reduzir a destruição ecológica do planeta traduziram-se com frequência por ações insuficientes, e mesmo apenas simbólicas.

Evidentemente, governos de toda parte multiplicaram as ocasiões de ruptura com os rebeldes que são apresentados como terroristas. Para se proteger de novas aparições dissidentes, tal ou tal serviço público, inclusive a educação e as universidades, submeteram-se à concorrência com o setor privado. Cada vez mais frequentemente, os desafiantes acabam numa prisão.

Reina a ilusão de que o Estado poderia descartar as classes dirigentes, a rede capitalista, e que bastaria uma relação de forças favorável para liberar o poder vigente de todas essas ligações. Por exemplo, por uma revolução mais ou menos violenta. Isso significa esquecer que os meios deixam sua marca sobre os fins. A nova situação também não escaparia de ter que recorrer à violência.

O que pensar de seus combates? Eles desconfiam de tal ou tal partido político ou do governo estabelecido. Mas não questionam a existência do Estado enquanto instituição no ápice de uma pirâmide hierárquica social. Assim, lança-se veneno sobre aqueles que possuem grande poder de decisão, sem desarticular um sistema social hierárquico.

A maioria dos militantes erra de alvo. Ataca uma casta política, e não um sistema. Talvez eles desejem ocupar o posto...[4]

4. Espero apresentar meus argumentos numa obra que está em preparação e que, sem dúvida, será publicada em 2022.

Devemos nos curvar às evidências. Toda uma propaganda e rituais alçam implicitamente o Estado e seu chefe ao patamar do sagrado: a saudação à bandeira, a comemoração das vitórias, a cerimônia de posse ou a coroação real... Os poderes que querem se estabelecer retomam, adaptando-os, os modos e rituais de reinos na Mesopotâmia que datam de vários milhares de anos.

O dogma da necessidade do Estado não é analisado. Ora, em sua forma atual, essa instituição data de apenas quatro séculos e resulta de fronteiras estabelecidas por meio de guerras. As populações locais não tiveram qualquer participação nas decisões: a regra é a lei do mais forte.

ALTERNATIVAS CONSTRUTIVAS

Nossa perspectiva geral será feita no espírito do ex-príncipe russo Piotr Kropotkin. Em 1854, ele tinha 12 anos. E já tendo lido publicações em favor da república, ele renuncia, com essa idade, a seu título de príncipe.

Tornou-se geógrafo, mas também zoologista, e não se contentou em estudar as montanhas e os vales: esforçou-se por compreender o conjunto das relações recíprocas de cada população com seu meio ambiente. Ele avalia que a moda do pensamento darwinista, retocada por alguns economistas muito lidos em sua época, não levava em conta toda a maneira de ver de Darwin. Essa moda proclama que a conservação de uma espécie está fundada na sobrevivência dos mais fortes. Mas, dessa maneira, escamoteia outra vertente do pensamento de Darwin, que ressalta a necessidade da ajuda mútua: "existe uma quantidade enorme de lutas e de exterminação no seio de diversas espécies. Mas também existe o mesmo tanto, e talvez mais, de suporte recíproco, de ajuda e de defesa mútua" (KROPOTKIN, 1902). Ele demonstra a importância do animal que se sacrifica para salvar sua progenitura, e, de maneira geral, a necessidade incontornável da solidariedade para evitar o desaparecimento da espécie e mesmo para garantir seu progresso. O mesmo tema será retomado sob outra forma por grandes biólogos contemporâneos, críticos daqueles que afirmam a existência de um suposto gene egoísta (GARCIA, 2012, p. 235–236).

Com 30 anos, Kropotkin irá se declarar anarquista. Assim, participa do surgimento do movimento em 1872 e publica duas obras muito notáveis, *A Conquista do pão* e, principalmente, *Mutualismo.*

Ele se torna, em vários países, um dos pensadores mais influentes. Nos Estados Unidos, por exemplo, inspirou outras grandes figuras da geração seguinte, como o filósofo da tecnologia Lewis Mumford (1895–1990) ou Paul Goodman (1911–1972), reputado autor da crítica social. Kropotkin sugere alternativas ao Estado e, de fato, elas aparecem no mundo inteiro.

A AJUDA MÚTUA E A SOLIDARIEDADE COLETIVAS

Isso coloca a questão da influência da pandemia sobre a vida social. A situação humana no mundo é dramática. A democracia nunca virá de um Estado, mas sim de uma população que tenha compreendido a solidariedade e que pratique a ajuda mútua. "O momento presente, pelo surgimento de uma doença fortemente contagiosa, lembra a fragilidade da vida e o risco da morte. De um lado, os humanos experimentam a vulnerabilidade que se expressa através de normas de vida brutalmente acidentadas e transformadas: a referência ao sujeito soberano parece obsoleta. De outro lado, a COVID-19 revela que somos interdependentes, contaminantes, contaminados, contamináveis. Somos todos ligados uns aos outros, e uma conduta individual pode ter um efeito considerável sobre outros indivíduos: a autonomia, valor moral por excelência, encontra-se comprometida" (BRUGÈRE & LE BLANC, 2020, p. 78).

Ações de solidariedade proliferaram por toda parte. Confecção de máscaras para os vizinhos, visitas às pessoas isoladas, cooperações no nível do bairro se multiplicaram. Sem falar dos milhares de voluntários que, em cada país, auxiliam o próximo de maneira desinteressada.

Todos esses esforços, se forem discretos, permanecem desconhecidos. Por que não falar deles e convidá-los a se federar? Uma sociedade igualitária é aquela em que cada um dá de acordo com suas aptidões e seus recursos e recebe segundo suas necessidades.

Há, também, e principalmente, a questão ecológica, a de nossas relações com a natureza e com os animais, a destruição das diversas espécies animais, assim como o desmatamento. Podemos contar com os ecologistas para agarrar essa oportunidade de estabelecer um diagnóstico das relações mantidas pela humanidade com a natureza. Mas parece que não se pode questionar nossas sociedades fundadas sobre uma pirâmide de autoridades, fronteiras que muitas vezes foram criadas por guerras e as crescentes influências das empresas em expansão.

Não passamos de elementos da natureza, mas nossos cérebros são talvez um dos corpos mais complexos do cosmos, constituídos por bilhões de neurônios. Por que não tentar mudar já nosso entorno imediato?

Também há recursos, trocas e gestões pouco visíveis e, no entanto, bem reais. Nosso patrimônio cultural e milhares de reservas naturais, criadas no curso de bilhões de anos, são mantidas por populações ou por comunidades regionais ou locais. Essas coletividades lutam contra as agressões de uma economia baseada na propriedade. Centenas de ações são criadas e se mantêm por decisões coletivas. Elas podem ser encontradas por toda parte.

O confinamento também revelou a inadequação do sistema econômico e suas mentiras. Quando ele fala de programa social ou de reestruturação, é preciso escutar demissão de pessoal ou deslocalização[5]. Como todos os interessados notaram, parece que certo número de chefes de Estado, como Trump ou Bolsonaro, e outros ainda, entrou num concurso para ver quem lançaria mais *fake news*. Seria esse um sinal de obsolescência da estrutura estatal? O sistema hierárquico que funda a sociedade data de sete mil anos. Ele não estaria finalmente se revelando inadequado?

NOSSOS BENS ESSENCIAIS

> [O confinamento] é um bom momento para se refletir sobre a desvalorização histórica do trabalho da reprodução social. Observamos repentinamente que o único trabalho realmente necessário é o do cuidado, da alimentação, da saúde e da coleta de lixo — trabalho sub-remunerado e que foi amplamente feminizado e reduzido ao isolamento em casa. Hoje, todos nós estamos vivendo assim, e as queixas sobre crianças que atrapalham trabalhos importantes parecem charmosas e engraçadas até o momento em que começamos a perguntar por que acreditamos que um trabalho por dinheiro é mais proveitoso do que cuidar das crianças ou da casa (LANCE & JUN, 2020).

É claro que os cuidados exigem pessoas atentas, a alimentação pressupõe atividades agrícolas, a saúde impõe a presença de médicos competentes, a coleta do lixo exige uma repartição desse trabalho entre diversos voluntários. E não seria preciso reservar um lugar para a inventividade artesanal, musical, artística e filosófica? Esses bens essenciais reclamam uma cooperação que se realiza na autonomia. Cada ser é múltiplo e sonha desenvolver suas diversas possibilidades, em suma, realizar-se.

---

5. Criticam-se com razão as *fake news* e as teorias da conspiração, mas perguntamos: essas formas de comunicação também não são mantidas por uma educação fundada "naquilo que é preciso saber", mais do que na arte de criticar as fontes de informação? E será que alguns não se lançam a isso porque os poderes públicos e as grandes mídias perderam a seus olhos qualquer credibilidade?

Seria necessário seguir o exemplo de solidariedade cotidiana presente nas miseráveis comunidades que são as favelas brasileiras, apesar ou em razão mesmo da indiferença a seu respeito. E não é o mesmo que acontece em certos bairros-guetos no mundo, sobre os quais só se contam histórias de droga e confrontos?

Uma outra economia, fundada sobre o dom, está longe de ter desaparecido. Operárias mal-remuneradas distribuíram gratuitamente em sua vizinhança máscaras que elas haviam confeccionado. O mundo conta com dezenas de milhares de voluntários, repórteres, médicos, enfermeiros e outros. Qual é o país onde não se praticam trocas espontâneas de bens e de serviços entre vizinhos, amigos e conhecidos? Quem nunca recorreu à ajuda mútua para resolver um problema técnico que ia além da própria competência? E lembremos das nações sem Estado, como as tribos de índios nas Américas ou os clãs na África.

Não seria possível, no futuro, que todos os humanos fossem forçados a adotar formas de vida coletivas diferentes das sociedades piramidais nas quais vivemos? Jérome E. Roos e Léonidas Oikonomakis, do *European University Institute*, apresentam múltiplos exemplos de movimentos autônomos, no mundo inteiro. Eles se inspiram em quatro linhas de ação: 1. Mudar o mundo sem tomar o poder, como sugere John Holloway. 2 "O horizontalismo", ou seja, a democracia direta praticada por grandes grupos de pessoas. 3. A ação direta, criar zonas autônomas temporárias (ROOS & OIKONOMAKIS; KIERSEY & VRASTY).

Todo mundo, ou quase, participou um dia ou outro de economias fundadas sobre o dom. Vocês nunca viram moradores de rua compartilharem seus alimentos? Todo esse universo alternativo não mostra a engenhosidade cordial dos humanos e não é a prova de que outros mundos possíveis já existem? Eles não prefiguram o futuro, que sempre permanece desconhecido. Mas oferecem um leque de escolhas oferecidas a populações em que cada um é diferente. Eles sempre poderão se federar livremente. Charles Fourrier já o havia antecipado. Será preciso esperar tragédias coletivas para se desfazer as sociedades piramidais por escolhas horizontais? Apesar de tudo, hoje estas se multiplicam sob centenas de formas e meios sociais.

BIBLIOGRAFIA

BONACCORSI, Giovanni, et al.. Economic and social consequences of human mobility restrictions under COVID-19. In: *PNAS*, junho 2020. Disponível em: *https://bit.ly/39zhbmG.*

BRUGÈRE, Fabienne; LE BLANC, Guillaume. Le lieu du soin. In: *Esprit*, maio 2020, p. 77–85.

DAVID, Bruno. L'invité(e) des matins: Ce que le Covid fait à la science (podcast in *France Culture*). Entrevistador: Guillaume Erner, 7/10/2020. Disponível em: *https://www.franceculture.fr/emissions/linvitee-des-matins/ce-que-le-covid-fait-a-la-science*. Acesso em 23/09/2020.

FŒSSEL, Michaël; RIQUIER, Camille. Déraison de guérir. In: *Études*, maio 2020, p. 43–53.

GARCIA, Renaud. Nature humaine et anarchie: la pensée de Pierre Kropotkine. Tese (Doutorado em Filosofia) — École Normale Supérieure de Lyon, Université de Lyon, École doctorale de philosophie, Lyon, 2012.

HEISBOURG, François. La pandémie remodèle-t-elle la géopolitique? In: *Commentaire*, 2020, n. 171, p. 51–536.

IBÁÑEZ, Tomás. Ludd, Hypermodernité et néototalitarisme en temps de COVID-19. In: *Le blog de Floréal*. Disponível em: *https://florealanar.wordpress.com/2020/05/02/ludd-hypermodernite-et-neototalitarisme-en-temps-de-covid-19/*. Acesso em: 4/10/2020.

ITHURBIDE, Philippe; MAILLARD, Didier. COVID-19: le monde économique d'après. In: *Commentaire*. Paris, 2020, n. 171, p. 495–506.

JOUVENTIN, Pierre. Un Constat d'échec. In: LATOUCHE, Serge; JOUVENTIN, Pierre et al., *Ce que nous dit la crise du Coronavirus. Regards croisés sur les responsabilités de notre société*. Libre et solidaire, 2020.

KIERSEY, Nicholas; VRASTY, Wanda. A Convergent genealogy? Space, time and the promise of horizontal politics today. In: *Capital & Class*, 2016, p. 1–20.

KROPOTKIN, Piotr. *Mutual Aid: A Factor of Evolution*. 1902. Disponível em: https://theanarchistlibrary.org/library/petr-kropotkin-mutual-aid-a-factor-of-evolution

LANCE, Mark; JUN, Nathan. Anarchist Responses to a Pandemic: The COVID-19 Crisis as a Case Study in Mutual Aid. In: *Kennedy Institut of Ethics Journal*. Washington, DC: Georgetown University, 2020. Disponível em: https://kiej.georgetown.edu/anarchist-responses-covid-19-special-issue/#_ftn7. Acesso em: 1/10/2020.

LE ROY LADURIE, E. Un concept: l'unification microbienne du monde (XIVe-XVIIe siècles). In: *Revue suisse d'histoire*, 1973, n° 23, p. 627–696.

MAGNARD, Camille. Revue de Presse internationale: Vaccin: le français Sanofi cède au "America First" de Donald Trump (podcast in *France Culture*), 14/5/2020. Disponível em: https://www.franceculture.fr/emissions/revue-de-presse-internationale/la-revue-de-presse-internationale-emission-du-jeudi-14-mai-2020. Acesso em: 27/8/2020.

PATON, James, GRIFFIN, Riley; KOON, Cynthia. U.S. Likely to Get Sanofi Vaccine First If It Succeeds. In: *Bloomberg*, 13/5/2020. Disponível em: https://www.bloomberg.com/news/articles/2020-05-13/u-s-to-get-sanofi-covid-vaccine-first-if-it-succeeds-ceo-says. Acesso em: 27/8/2020.

PATOU-MATHIS, Marylène. L'invité des matins: Ce que le Covid fait à la science. (podcast in *France Culture*). Entrevistador: Guillaume Erner, 7/10/2020. Disponível em: *https://www.franceculture.fr/emissions/linvitee-des-matins/ce-que-le-covid-fait-a-la-science*. Acesso em: 23/09/2020.

PROMED. Undiagnosed pneumonia — China (hubei): Request for information. In: *ProMed — International Society for Infectious Diseases*, 30/12/2019. Disponível em: https://promedmail.org/promed-post/?id=6864153%20#COVID19. Acesso em: 24/9/2020.

ROOS, Jérôme; OIKONOMAKIS, Leonidas. We are everywhere! In: HOLLOWAY, John. *Change the World without Taking Power: The Meaning of Revolution Today*. Londres: Pluto Press, 2002. SALIBA, Adonis. Sansistema urĝostato kaj demokratia erozio en Brazilo [Urgência sanitária e erosão democrática no Brasil]. In: *Esperanto en Brazilio*, 20/07/2020. Disponível em: http://esperanto.brazilo.org/archives/16548. Acesso em: 20/10/2020.

SEIB, Gerald F. Trump Writes Campaign Script With Three Big Themes. In: *The Wall Street Journal*, 15/06/2020. Disponível em: *https://www.wsj.com/articles/trump-writes-campaign-script-with-three-big-themes-11592232042*. Acesso em: 23/09/2020.

TRAINAR, Philippe. Les conséquences économiques du COVID-19. In: *Commentaire*. Paris, 2020, n. 170, p. 255–264.

ULFIANA, Ajeng Dinar. Indonezio: perfortaj alfrontiĝojções dum manifestacioj kontraŭ laborleĝo [Indonesia, violentos confrontos por ocasião de manifestações contra o direito do trabalho]. In: *Esperanto en Brasilio*, 9/10/2020. Disponível em: http://esperanto.brazilo.org/archives/20141. Acesso em: 11/10/2020.

Pensamento e práticas libertárias depois da COVID-19[1]

Tomás Ibáñez

No meu entender, o olhar libertário sobre a COVID-19 deveria servir fundamentalmente para extrair lições e elementos de reflexão que permitam enriquecer e renovar suas próprias abordagens teórico-práticas. Não como um mero exercício intelectual, mas sim para tornar mais efetiva a luta, para impulsionar, ampliar e fortalecer as práticas de liberdade ou, o que dá no mesmo, a luta contra todos os dispositivos de dominação.

Se a atual pandemia deve ser motivo de preocupação, é obviamente por suas consequências letais, mas também por outras razões, que veremos ao longo deste texto, e porque antecipa a sucessão de novos episódios que envolverão um perigo semelhante, senão maior. Esses novos episódios fazem parte do nosso futuro pois, embora seja certo que o risco biológico faça parte da própria condição humana, também é verdade que sua probabilidade de ocorrer e a magnitude de suas consequências são aumentadas pelas atuais condições de vida, imputáveis em grande parte, apesar de não exclusivamente, ao sistema capitalista.

Entre os múltiplos fatores que facilitam a emergência e o desenvolvimento de pandemias, vale destacar as enormes aglomerações humanas espremidas em cidades gigantescas; a expansão demográfica claramente desmesurada; uma globalização que propicia trocas comerciais constantes e rápidas que cruzam todo o planeta; os meios de transportes, tão poluentes quanto rápidos e de relativo baixo custo, que favorecem o deslocamento incessante de milhões de pessoas, por motivos seja de trabalho, seja de lazer; uma redução brusca dos investimentos em serviços públicos de saúde; uma degradação ambiental drástica. Ao que convém ainda acrescentar a existência de extensos bolsões de insalubridade, desnutrição e precariedade em amplas zonas da Terra.

---

1. Tradução do espanhol por Beatriz S. Carneiro.

Por si mesma, essa lista deixa muito evidente que a pandemia de covid-19 é um fenômeno cuja etiologia, no sentido amplo do termo, é extremamente diversa, e sabemos bem que, diante de fenômenos complexos, explicações simples são inaceitáveis, assim como, no caso preciso da covid-19, é totalmente equivocada a atribuição de uma causalidade única a um fenômeno que apresenta múltiplas arestas.

O ABRAÇO ENTRE O CAPITALISMO E A PANDEMIA, INFELIZMENTE, NÃO DESTRÓI O CAPITALISMO

Mesmo sabendo que explicações simples são enganosas, estamos vendo como uma parte não desprezível do anarquismo militante sucumbiu, em maior ou menor grau, a essa tendência simplificadora, apontando o capitalismo como a principal, senão a única, causa dos efeitos da pandemia, por vezes, apresentando-o como o principal responsável pela sua origem, ou, pelo menos, pela sua disseminação e grau de letalidade. Curiosamente, o fato de que pandemias muito mais letais do que a atual ocorreram em tempos nos quais ainda não havia capitalismo não parece lançar dúvidas sobre a relação postulada entre o capitalismo e a pandemia atual. No entanto, é preciso lembrar, por exemplo, que a Peste Negra, iniciada em 1347, devastou nada menos que um quarto da população europeia em um período em que o capitalismo ainda era totalmente incipiente e, portanto, não poderia ser considerado como o fator determinante. Apesar da comparação ser totalmente surreal devido às diferenças entre os agentes infecciosos e, sobretudo, pelas enormes e múltiplas diferenças entre as duas épocas, não obstante, chama a atenção o fato de que seria preciso multiplicar por mil — é fácil dizer isso — o número atual de mortes por covid-19 na Europa para se chegar à cifra de 200 milhões de mortos que corresponderia a um quarto de sua população atual.

Em muitas ocasiões, essa tendência à simplificação suscitou como corolário a esperança de que a suposta ligação direta entre o capitalismo e a pandemia provocaria uma intensa tomada de consciência que, por mero instinto de sobrevivência, ergueria as populações contra o capitalismo em uma luta radical para substituí-lo por um sistema econômico, social e político mais justo. Fica claro, nesse ponto do desenrolar da situação, que tal esperança não atentou para o fato de que a pandemia poderia provocar o resultado oposto e direcionar as populações angustiadas para uma demanda por maior segurança e maior presença do Estado, impulsionando-as a buscar refúgio em uma estabilidade conservadora, avessa a qualquer perspectiva de alteração da ordem estabelecida.

É normal e, evidentemente, é para ser celebrado que a pandemia aguce o olhar crítico sobre o capitalismo e seus estragos e intensifique a consciência de que é indispensável lutar para destruí-lo; porém, o desejo de acabar com suas atrocidades não deve obscurecer nossa capacidade de análise.

Nem o capitalismo pode ser considerado o principal fator dos danos que a atual pandemia está produzindo, nem cabe pensar que a pandemia promoverá um intenso ciclo de lutas capaz de transformar o mundo, tampouco é sensato proclamar que o sistema capitalista está atingido de morte por essa crise.

Embora possa parecer um paradoxo, resulta que essa forma de ver as coisas enfraquece as lutas contra o sistema capitalista e suas estruturas de dominação, retrocedendo-as a tempos passados e a esquemas antiquados.

As abordagens que se seguiram à grande revolta de maio de 1968 direcionaram as lutas para o desmonte, *na atualidade,* dos dispositivos de poder/dominação, tanto dos dispositivos diretamente articulados pelo próprio capitalismo, como, por exemplo, a imposição da forma e da lógica do mercado para todas as esferas da vida, ou daqueles dispositivos que simplesmente se mantêm vigentes em seu interior, como o patriarcado. Essa multiplicação e diversificação das frentes de resistência e subversão deram início a avanços notáveis para as práticas de liberdade e para a vida das pessoas, sem esperar pela grande explosão revolucionária que, por sua própria definição, sempre fica fora do presente enquanto não tenha acontecido.

A partir da constatação de que nem mesmo a expansão catastrófica da COVID-19 está produzindo uma revolta geral contra o capitalismo, o anarquismo deveria tirar uma primeira lição que consiste na urgência para continuar multiplicando e diversificando as frentes de luta radical e revolucionária, tendo o presente como horizonte, em vez de dedicar suas energias a um remoto ataque final que parece cada vez mais ilusório e distante.

A EXPLOSÃO POPULACIONAL COMO UM ESTÍMULO À PANDEMIA E AO ECOCÍDIO

Não há dúvida de que a destruição do equilíbrio ecológico e a devastação dos espaços naturais do planeta têm desempenhado um papel relevante no surgimento e expansão da pandemia, mostrando que o risco biológico e o risco ecológico não são independentes um do outro. No entanto, o enfoque, amplamente favorecido pela grande mídia, nesse inegável risco ecológico pode nos fazer esquecer o importante papel que o *crescimento demográfico desenfreado* desempenha no próprio incremento do risco ecológico. Se for admitido que a deterioração do ecossistema é um dos fatores que promove o aumento dos riscos biológicos, e se essa deterioração é função, entre outros fatores, do aumento demográfico, fica logicamente estabelecida a relação entre pandemias e expansão demográfica.

Quando eu nasci, há... apenas! (perdoe-me a ironia dessa exclamação, não pude evitar...) três quartos de século, aumentei em uma unidade os 2,5 bilhões de congêneres que habitavam o planeta naquele tempo. Hoje, esse número cresceu para 7,7 bilhões de pessoas e continuará a aumentar em cerca de 2 bilhões nos próximos trinta anos, aproximando-nos dos 10 bilhões de seres humanos na Terra. Isso significa que o aumento durante esses trinta anos por si só equivale a quase toda a população que existia nos anos 1950, resultante do progressivo aumento demográfico ao longo dos milhares de anos decorridos desde o início da humanidade. Parece incrível, mas levará apenas trinta anos para produzir o mesmo aumento demográfico que a humanidade tinha produzido ao longo de uma existência milenar.

Diante desses dados, é difícil entender por que o crescimento demográfico não suscita tanto medo nem instila tanta preocupação, e não estimula tantas consciências quanto o risco ecológico; especialmente se levarmos em conta o fato de que, em nosso atual sistema de produção, *o crescimento populacional desencadeia inevitavelmente o próprio risco ecológico*, por razões óbvias.

Sem dúvida, devem ser numerosos e muito poderosos os interesses econômicos e as crenças atávicas e religiosas que impedem alertar sobre os riscos do aumento demográfico com a mesma contundência com que se questiona a degradação ambiental.

Diante dessa resistência, é sabido que um setor do movimento anarquista defendeu, historicamente, certas teses eugenistas e enfatizou o necessário e autorresponsável controle da natalidade. Nas circunstâncias atuais, quando, de um lado, o efeito conjunto do aumento demográfico, de outro lado, a concentração populacional e, em terceiro lugar, os grandes fluxos migratórios, que já começaram e que aumentarão rapidamente no futuro próximo, pressagiam o aumento do risco biológico, parece-nos que, sensibilizado pela COVID-19, o movimento anarquista deveria retomar, renovando e intensificando, o trabalho de conscientização eugenista, evitando, é claro, os desvios transumanistas, e focando na procriação consciente e exclusivamente voluntária, mas também no *perigo que o aumento da população acarreta.*

Essa tarefa implica, entre outras coisas, acentuar ainda mais o já considerável e necessário envolvimento do anarquismo no movimento feminista e desenvolver uma atividade de conscientização transgênero dirigida a homens e mulheres do ponto de vista do *feminismo ácrata* que, sem desqualificar a maternidade, destaque suas repercussões sociais e políticas mais perniciosas.

O BIOPODER E A MEDICALIZAÇÃO DA EXISTÊNCIA NO ESPELHO DA COVID-19

Sabendo o que é a quintessência do pensamento, da sensibilidade e das práticas libertárias, é óbvio que a atenção dada aos dispositivos e mecanismos de poder-dominação precisa ser colocada no mais alto nível. É por isso que o olhar anarquista não poderia deixar de perceber que a atual pandemia ilustra de forma espetacular o sucesso que Michel Foucault teve ao desenvolver, há pouco mais de quarenta anos, seu conceito de *biopoder* para caracterizar a nova forma de governamentalidade articulada pelo neoliberalismo. Sem dúvida, algumas das novas modalidades de exercício de poder a que ele se referiu na época, como a gestão da vida, a biossegurança e o controle das populações que representam, passaram a ocupar um lugar preferencial na agenda do capitalismo digital neoliberal próprio de nosso tempo.

Hoje, o exercício do poder-dominação deslocou-se do modelo tradicional da lei e da sanção, ou seja, de um modelo baseado principalmente no dever, na punição e na força, para um modelo baseado na *gestão da vida* e no *controle produtivo e normalizador das populações.* O biopoder coloca *a vida* no centro dos procedimentos de poder, tornando o cuidado e a gestão dela poderosas fontes de recursos para promover a livre submissão dos sujeitos e para controlar e administrar as populações.

Com as ferramentas proporcionadas pela revolução da informação, que permitem ir além da própria biopolítica e implantar uma *biopolítica digital*, verifica-se que o extraordinário desenvolvimento da medicalização da vida e a desmedida importância adquirida pelo lucrativo *complexo técnico-médico* que integra tanto a dinâmica indústria-farmacológica quanto os onerosos instrumentos diagnósticos e cirúrgicos, cuja renovação deve ser tão rápida e constante quanto conveniente para a indústria médica, mostram-se fundamentais para, entre outras coisas, fazer recair sobre o sujeito a responsabilidade de cuidar da própria saúde, assim como a dos demais, mediante uma tríplice faceta: por um lado, o autocontrole, por outro lado, a vigilância contínua que deve exercer sobre as pessoas ao seu redor e, em terceiro lugar, o olhar vigilante pelo qual é observado pelos outros.

A lista de condutas saudáveis converteu-se no breviário que cada pessoa deve interiorizar e respeitar, não só para preservar a sua saúde, mas também para preservar a saúde dos seus concidadãos, e com o qual o sentimento de culpa por negligenciar a própria saúde se multiplica. Está claro que infundir preocupação com os perigos que ameaçam a saúde, incitar o medo e promover a autoculpabilização são algumas das ferramentas úteis para o exercício do biopoder. E resulta que a gestão da atual pandemia mostra que essas ferramentas funcionam à perfeição, encurralando e enfraquecendo, sem ter que exercer uma repressão notável, as veleidades de infringir as pautas traçadas e impostas pelas instituições.

Além disso, a pandemia está servindo como um *grande banco de ensaios* para experimentar procedimentos de controle massivo das populações por meio de, entre outras coisas, coleta de seus dados em massa, desenvolvimento de conhecimento especializado sobre suas características e dinâmica, bem como do grau em que aceitam ser submetidas sem opor demasiada resistência ou, inclusive, se ofereçam elas mesmas para serem dirigidas de forma ainda mais rigorosa, vigiadas ainda mais minuciosamente e punidas com mais severidade ainda (para o seu próprio bem, claro...).

Embora faça lustros que o anarquismo deveria já ter incorporado de uma forma muito mais decisiva as novas concepções sobre as relações de poder elaboradas fundamentalmente por Foucault, parece claro que a COVID-19 fornece novos argumentos para que o pensamento libertário *renove e enriqueça sua análise crítica do poder*, incorporando plenamente a reflexão sobre o biopoder.

O FULGURANTE AVANÇO DO TOTALITARISMO DE UM NOVO TIPO

Byun-Chul Han, o pensador norte-coreano radicado na Alemanha, alertou recentemente que, além de virologistas e epidemiologistas, são sobretudo os cientistas da computação e especialistas em *Big Data* que lutam contra as pandemias. A COVID-19 não demorou muito para tornar isso evidente, mas também estimulou o desenvolvimento de sofisticadas medidas de controle social graças à demanda por biossegurança gerada pelo medo da população diante do risco biológico.

Independentemente de as unidades de saúde e de os cuidados médicos serem infinitamente superiores aos que havia quando ocorreram as pandemias dos séculos anteriores, as similitudes dos modelos implantados para impedir sua disseminação não deixam de ser impressionantes. Por exemplo, durante a Peste Negra, que fustigou a Europa no final da Idade Média, as pessoas buscavam localizar os infectados; confinavam-nos em suas casas com uma proibição estrita de sair; marcavam as residências deles para que ninguém se aproximasse; aumentavam a vigilância para detectar novos casos; desinfetavam as casas (claro que as queimando, ao contrário de hoje, mas apenas porque era o melhor desinfetante disponível); zonas inteiras das aldeias eram isoladas e, às vezes, a totalidade de uma aldeia, impedindo a entrada e saída; todas as atividades nas áreas infectadas eram suspensas, etc. É surpreendente que, tanto ontem como hoje, os princípios básicos de contenção da pandemia conformam um modelo muito semelhante. No entanto, também uma diferença capital é avaliada no que se refere às modalidades de vigilância, bem como em relação à coleta e processamento das informações. Obviamente, essa diferença, propriamente abismal, deve-se basicamente aos instrumentos proporcionados pela *revolução digital.*

Não é necessário detalhar aqui o uso que está sendo feito das novas tecnologias digitais no âmbito da COVID-19, a mídia frequentemente as menciona; no entanto, na medida em que essa pandemia fornece combustível abundante para acelerar o desenvolvimento dos mais sofisticados instrumentos de controle social, vale a pena nos deter no que a COVID-19 está ajudando a implementar agora, mas que vem sendo gestado há muito tempo, graças à revolução digital.

Essa revolução reforçou ainda mais o estreito vínculo, típico da modernidade, entre, de um lado, a razão científica, de outro lado, as tecnologias e, em terceiro, o poder econômico e político. O resultado foi a transformação do capitalismo, que agora se tornou um capitalismo digital dotado de uma estrutura sofisticada de vigilância e de captação e processamento de dados que não dizem respeito apenas a indivíduos e grupos, mas também a todos os processos e atividades que acontecem no espaço social. Essa nova forma de capitalismo está avançando rapidamente na esfera política para um *totalitarismo de um novo tipo* que já mostra suas presas nos cinco continentes.

Agora, ao contrário dos regimes totalitários anteriores, são os próprios sujeitos que proporcionam constantemente, mediante todos e cada um de seus comportamentos, sistematicamente, coletados e processados por sofisticados algoritmos, os elementos que permitem uma sujeição ainda mais integral, visto que é a própria vida de milhares de pessoas que alimenta os dispositivos de controle e normalização. Resulta, ainda, que o capitalismo digital não se satisfaz em aproveitar a COVID-19 para refinar e ampliar os dispositivos de controle social, senão que também dela se aproveita para modificar o âmbito trabalhista, promovendo o *teletrabalho* com uma intensidade nunca vista anteriormente. Além de isolar fisicamente os trabalhadores e evitar qualquer relação que não seja puramente profissional, essa reestruturação do trabalho, também, expande o instrumento digital em todo o tecido social, tornando-o totalmente *imprescindível* e, dessa forma, assegurando a possibilidade de um controle constante e detalhado dos trabalhadores.

Não se trata aqui de esboçar uma distopia de feitio orwelliano, mas basta pensar, por exemplo, que mesmo as máscaras não são um obstáculo para que milhões de rostos por segundo possam ser identificados em manifestações e aglomerações. O controle policial por meio do reconhecimento facial requer que agentes equipados com óculos providos de um *hardware* de realidade aumentada enviem dados a um centro de controle e recebam as informações e as instruções pertinentes quase instantaneamente graças às *redes 5G*. É óbvio que, se esse novo tipo de totalitarismo conseguir enraizar-se, as possibilidades de luta e resistência contra a dominação e a exploração serão anuladas ou reduzidas à insignificância.

A COVID-19 tem tornado mais evidente, aos olhos das pessoas, a sofisticação das medidas de controle que estão nas mãos do Estado e que vão continuar a ser aperfeiçoadas em ritmo acelerado; urge, portanto, que o anarquismo tome ciência desse fato e não perca a oportunidade, nesse momento, de enfatizar a ameaça que muitas pessoas têm percebido mais ou menos claramente na raiz da pandemia. Estou convencido de que o anarquismo deveria se apressar a colocar em um lugar preponderante de sua agenda a necessidade de lutar por todos os meios contra o totalitarismo de novo tipo que paira sobre a humanidade.

Hoje, torna-se imprescindível reinventar o tipo de revolta que os Luditas protagonizaram, quando, no século 19, destruíram parte da nova maquinaria têxtil, cuja instalação na Inglaterra estava eliminando empregos e condenando parte da população à miséria. Entre as práticas de resistência que o anarquismo deveria incentivar estão, por exemplo, as práticas dos *hackers*; a sabotagem do 5G, como está acontecendo na Inglaterra; o incitamento a prescindir ao máximo do uso do celular e da intervenção nas redes sociais; a criação de oficinas de defesa contra vigilância computacional, etc.

Junto ao desenvolvimento de práticas de combate aos sistemas de controle digital, os quais, na sua dimensão policial, atenazam as veleidades subversivas e, na sua dimensão econômica, garantem o lucro das grandes plataformas globais graças às informações que lhes prestamos, é imprescindível realizar uma ampla campanha de sensibilização para a grande ameaça que representa o novo tipo de totalitarismo e desmantelar, na imaginação das pessoas, os argumentos que procuram legitimá-lo a partir do medo suscitado pela COVID-19 e por futuras pandemias.

PRESERVAR A SUBVERSÃO EM TEMPOS ADVERSOS

Em situações extremas, como as causadas por terremotos, grandes inundações, tsunamis, erupções vulcânicas, etc., costuma ocorrer que *iniciativas populares auto-organizadas* se antecipem e substituam as medidas governamentais. Não obstante, uma situação como a criada pela COVID-19 parecia impossibilitar totalmente esse tipo de iniciativa popular, devido ao medo do contágio e ao férreo isolamento imposto à população. Contra toda previsão, essa impossibilidade foi posta em xeque, embora seja verdade que as iniciativas populares tiveram um alcance muito menor do que o obtido em outros tipos de situações extremas.

Não se pode esquecer que as fases mais difíceis das medidas decretadas para deter a pandemia foram semelhantes, pelo menos na Espanha, às que se tomam quando o estado de sítio é proclamado: proibição de reuniões, de aglomerações e de manifestações, a imposição de um confinamento estrito que impediu até mesmo de ir às casas de parentes e amigos, etc.. Apesar disso, foram surgindo focos de resistência espontânea, e desenvolveu-se uma dinâmica de auto-organização e solidariedade social que não deixava de evocar as considerações de Kropotkin sobre o *apoio mútuo* e incutir um certo otimismo quanto à capacidade de reação da população. Assim, surgiram brigadas de solidariedade popular animadas por coletivos dispostos a fornecer alimentos, cuidados e todo tipo de auxílio material e psicológico aos mais necessitados, redes de autodefesa de saúde, coletivos de bairro que ousaram realizar saídas clandestinas para encher as paredes e os muros de grafites, de frases pichadas e de pasquins denunciando, por exemplo, as consequências letais dos cortes na saúde. E, ao mesmo tempo, lançou-se mão das tecnologias digitais para formar grupos de discussão e de troca de informações, a fim de manter aberta a capacidade de análise crítica da situação e de formular propostas para que a pandemia não arrasasse a atividade política de caráter antagônico.

Além dessas iniciativas, geralmente localizadas nos setores mais politizados e militantes, também era produzida de forma espontânea, em determinados locais, uma reação da vizinhança contra o isolamento claustrofóbico mediante à comunicação com os moradores mais próximos, seja no bloco de suas próprias residências, seja com os blocos adjacentes, se houvesse varandas disponíveis. Dessa forma, presenciou-se uma espécie de descoberta repentina de que pessoas que habitavam o andar contíguo, até então desconhecidas, também existiam.

Portanto, embora tenha provocado a manifestação de reações nada solidárias, como uma hostilidade que podia chegar à denúncia de quem não demonstrava atitude ou comportamento suficientemente submisso, a COVID-19 também pôs em evidência fontes de solidariedade e resistências que surgiram basicamente das relações interpessoais e de pequenos grupos previamente existentes. Essa circunstância sugere que o anarquismo deveria voltar a colocar em primeiro plano a criação de *vínculos de afinidade,* que são os que permitem manter pequenos núcleos de trocas e relações impregnadas de *confiança mútua.* São esses núcleos de afinidade que podem assegurar a sobrevivência de projetos e práticas de combate quando as condições se tornam mais adversas. Isso indica a importância de multiplicar, no tecido social, a inserção de tantos núcleos impregnados de sensibilidade insubordinada e ação subversiva quanto possível, em vez de apostar tudo na criação de organizações extensas.

Além disso, o anarquismo deveria aumentar a importância que reveste a atuação no âmbito populacional mais próximo, ou seja, no bairro onde as pessoas moram, na rua onde vivem, no prédio onde habitam. A criação de vínculos de afinidade em espaços geograficamente próximos é, entre outras coisas, a melhor forma de manter a capacidade de resistência em situações extremas e em momentos quando as comunicações eletrônicas são neutralizadas ou bloqueadas pelos poderes.

Por fim, e para concluir, está claro que a capacidade de interferir na realidade depende do grau em que nossa maneira de a entender captura efetivamente suas características e do grau em que nossas ações têm a capacidade de afetar tais características. A COVID-19 trouxe à tona, ou deu maior visibilidade, a uma série de aspectos da realidade atual cuja análise deveria entrar no caderno de bordo do anarquismo para encarar as ações pertinentes nos tempos da pós-COVID-19.

Sobre os autores

Acácio Augusto é pesquisador no Nu-Sol (Núcleo de Sociabilidade Libertária) na PUC-SP, professor no Departamento de Relações Internacionais da UNIFESP, onde coordena o LASInTec (Laboratório de Análise em Segurança Interacional de Tecnologias de Monitoramento) e no Programa de Pós-Graduação em Psicologia Institucional da UFES. Contato: acacio.augusto@unifesp.br.

Adriana Martinez é Doutora em Ciências Sociais pela PUC-SP. Contato: drimartinez.5@gmail.com.

Allan Antliff é professor Titular de História da Arte na University of Victoria, no Canadá. Autor de *Anarchy and Art: From the Paris Commune to the Fall of the Berlin Wall* (Arsenal Pulp Press, 2007/Trad. português: Madras, 2009); *Joseph Beuys* (Londres: Phaidon Press, 2014), entre outros. Contato: allan@uvic.ca.

André Liohn é fotógrafo. Publica em jornais e revistas ao redor do planeta. Premiado com a medalha Robert Capa, o Prix Bayeux-Calvados des Correspondants de Guerre, o Picture of the year International, entre outros. Em 2016, foi indicado para o prêmio Jabuti pelo livro *Correspondente de Guerra*, escrito em parceria com Diogo Schelp. Contato: andreliohn1@gmail.com.

Claire Auzias é uma historiadora de história social contemporânea hoje aposentada, e socióloga que dedicou muitos anos especialmente aos Roms e aos Ciganos da Europa e, particularmente, junto ao Socius, do ISEG de Lisboa, em 2009–2012. Anarquista individualista e autora de vários livros em língua francesa. Vive atualmente em Paris. Contato: claireauzias@gmail.com.

Eliane Carvalho é pesquisadora no Nu-Sol e doutora em Ciências Sociais pela PUC-SP. Contato: eliane@riseup.net.

Flávia Lucchesi é pesquisadora no Nu-Sol e doutoranda no Programa de Estudos Pós-Graduados em Ciências Sociais da PUC-SP. Contato: flalucchesi@gmail.com.

Gustavo Ramus é mestre em Ciências Sociais pela PUC-SP. Atualmente é músico e pertence às bandas Trupe Chá de Boldo e Fera Neném. Contato: gustavoramus@gmail.com.

Ilana Viana do Amaral é inimiga da ordem atual das coisas, insurrecionalista, amante, mãe, confuseira, professora de Filosofia na Universidade Estadual do Ceará, associada em formação permanente do Corpo Freudiano, Escola de Psicanálise – Seção Fortaleza e faz, atualmente, pós-doutoramento na Universidade de Lisboa. Contato: ilana.amaral@bol.com.br.

L.I.M.A. — O Laboratório Insurgente de Maquinarias Anarquistas é um coletivo que ocupa a Faculdade de Educação da Universidade Estadual de Campinas desde 2019. O texto desta coletânea é uma experimentação de escrita coletiva maquinada por alguns de seus membros: Olivia Pires Coelho (doutoranda na FE-Unicamp); Rafael Limongelli (doutorando na FE-Unicamp); Renato Mendes (mestrando na FE-Unicamp) e Sílvio Gallo (professor titular da FE-Unicamp). Contato: gallo@unicamp.br.

Marco Antônio Arantes é professor associado do curso de Ciências Sociais da Unioeste — Campus de Toledo/PR. Pesquisa relações entre a literatura, o teatro e as Ciências Sociais. Contato: marcoaarantes@uol.com.br.

Ronald Creagh é sociólogo franco-britânico; escreveu especialmente sobre comunidades utópicas e anarquistas nos Estados Unidos. Seu último livro é *Os Estados Unidos de Élisée Reclus* (Lyon: Atelier de Création Libertaire, 2019). Contribui para a edição da revista anarquista semestral *Réfractions.* Contato: ronaldcreagh@orange.fr.

Tomás Ibáñez, ativo no anarquismo francês em *maio 68*, na luta libertária contra a ditadura franquista e na reconstrução da CNT, é autor de vários livros, traduzidos em línguas diversas, dos quais *Anarquismo é movimento* foi publicado no Brasil. Atualmente é membro dos comitês editoriais das revistas *Réfractions* (França) e *Libre Pensamiento* (Espanha). Contato: toms.ibez@gmail.com.

HEDRA EDIÇÕES

1. *Don Juan*, Molière
2. *Contos indianos*, Mallarmé
3. *Triunfos*, Petrarca
4. *O retrato de Dorian Gray*, Wilde
5. *A história trágica do Doutor Fausto*, Marlowe
6. *Os sofrimentos do jovem Werther*, Goethe
7. *Dos novos sistemas na arte*, Maliévitch
8. *Metamorfoses*, Ovídio
9. *Micromegas e outros contos*, Voltaire
10. *O sobrinho de Rameau*, Diderot
11. *Carta sobre a tolerância*, Locke
12. *Discursos ímpios*, Sade
13. *O príncipe*, Maquiavel
14. *Dao De Jing*, Lao Zi
15. *O fim do ciúme e outros contos*, Proust
16. *Pequenos poemas em prosa*, Baudelaire
17. *Fé e saber*, Hegel
18. *Joana d'Arc*, Michelet
19. *Livro dos mandamentos: 248 preceitos positivos*, Maimônides
20. *O indivíduo, a sociedade e o Estado, e outros ensaios*, Emma Goldman
21. *Eu acuso!*, Zola | *O processo do capitão Dreyfus*, Rui Barbosa
22. *Apologia de Galileu*, Campanella
23. *Sobre verdade e mentira*, Nietzsche
24. *O princípio anarquista e outros ensaios*, Kropotkin
25. *Os sovietes traídos pelos bolcheviques*, Rocker
26. *Poemas*, Byron
27. *Sonetos*, Shakespeare
28. *A vida é sonho*, Calderón
29. *Escritos revolucionários*, Malatesta
30. *Sagas*, Strindberg
31. *O mundo ou tratado da luz*, Descartes
32. *Fábula de Polifemo e Galateia e outros poemas*, Góngora
33. *A vênus das peles*, Sacher-Masoch
34. *Escritos sobre arte*, Baudelaire
35. *Cântico dos cânticos*, [Salomão]
36. *Americanismo e fordismo*, Gramsci
37. *O princípio do Estado e outros ensaios*, Bakunin
38. *Balada dos enforcados e outros poemas*, Villon
39. *Sátiras, fábulas, aforismos e profecias*, Da Vinci
40. *O cego e outros contos*, D.H. Lawrence
41. *Rashômon e outros contos*, Akutagawa
42. *História da anarquia (vol. 1)*, Max Nettlau
43. *Imitação de Cristo*, Tomás de Kempis
44. *O casamento do Céu e do Inferno*, Blake
45. *Flossie, a Vênus de quinze anos*, [Swinburne]
46. *Teleny, ou o reverso da medalha*, [Wilde et al.]
47. *A filosofia na era trágica dos gregos*, Nietzsche
48. *No coração das trevas*, Conrad
49. *Viagem sentimental*, Sterne
50. *Arcana Cœlestia* e *Apocalipsis revelata*, Swedenborg
51. *Saga dos Volsungos*, Anônimo do séc. XIII
52. *Um anarquista e outros contos*, Conrad
53. *A monadologia e outros textos*, Leibniz
54. *Cultura estética e liberdade*, Schiller
55. *Poesia basca: das origens à Guerra Civil*
56. *Poesia catalã: das origens à Guerra Civil*
57. *Poesia espanhola: das origens à Guerra Civil*
58. *Poesia galega: das origens à Guerra Civil*
59. *O pequeno Zacarias, chamado Cinábrio*, E.T.A. Hoffmann

60. *Entre camponeses*, Malatesta
61. *O Rabi de Bacherach*, Heine
62. *Um gato indiscreto e outros contos*, Saki
63. *Viagem em volta do meu quarto*, Xavier de Maistre
64. *Hawthorne e seus musgos*, Melville
65. *A metamorfose*, Kafka
66. *Ode ao Vento Oeste e outros poemas*, Shelley
67. *Feitiço de amor e outros contos*, Ludwig Tieck
68. *O corno de si próprio e outros contos*, Sade
69. *Investigação sobre o entendimento humano*, Hume
70. *Sobre os sonhos e outros diálogos*, Borges | Osvaldo Ferrari
71. *Sobre a filosofia e outros diálogos*, Borges | Osvaldo Ferrari
72. *Sobre a amizade e outros diálogos*, Borges | Osvaldo Ferrari
73. *A voz dos botequins e outros poemas*, Verlaine
74. *Gente de Hemsö*, Strindberg
75. *Senhorita Júlia e outras peças*, Strindberg
76. *Correspondência*, Goethe | Schiller
77. *Poemas da cabana montanhesa*, Saigyō
78. *Autobiografia de uma pulga*, [Stanislas de Rhodes]
79. *A volta do parafuso*, Henry James
80. *Ode sobre a melancolia e outros poemas*, Keats
81. *Carmilla — A vampira de Karnstein*, Sheridan Le Fanu
82. *Pensamento político de Maquiavel*, Fichte
83. *Inferno*, Strindberg
84. *Contos clássicos de vampiro*, Byron, Stoker e outros
85. *O primeiro Hamlet*, Shakespeare
86. *Noites egípcias e outros contos*, Púchkin
87. *Jerusalém*, Blake
88. *As bacantes*, Eurípides
89. *Emília Galotti*, Lessing
90. *Viagem aos Estados Unidos*, Tocqueville
91. *Émile e Sophie ou os solitários*, Rousseau
92. *Manifesto comunista*, Marx e Engels
93. *A fábrica de robôs*, Karel Tchápek
94. *Sobre a filosofia e seu método — Parerga e paralipomena (v. II, t. I)*, Schopenhauer
95. *O novo Epicuro: as delícias do sexo*, Edward Sellon
96. *Revolução e liberdade: cartas de 1845 a 1875*, Bakunin
97. *Sobre a liberdade*, Mill
98. *A velha Izerguil e outros contos*, Górki
99. *Pequeno-burgueses*, Górki
100. *Primeiro livro dos Amores*, Ovídio
101. *Educação e sociologia*, Durkheim
102. *A nostálgica e outros contos*, Papadiamántis
103. *Lisístrata*, Aristófanes
104. *A cruzada das crianças/ Vidas imaginárias*, Marcel Schwob
105. *O livro de Monelle*, Marcel Schwob
106. *A última folha e outros contos*, O. Henry
107. *Romanceiro cigano*, Lorca
108. *Sobre o riso e a loucura*, [Hipócrates]
109. *Hino a Afrodite e outros poemas*, Safo de Lesbos
110. *Anarquia pela educação*, Élisée Reclus
111. *Ernestine ou o nascimento do amor*, Stendhal
112. *Odisseia*, Homero
113. *O estranho caso do Dr. Jekyll e Mr. Hyde*, Stevenson
114. *História da anarquia (vol. 2)*, Max Nettlau
115. *Sobre a ética — Parerga e paralipomena (v. II, t. II)*, Schopenhauer
116. *Contos de amor, de loucura e de morte*, Horacio Quiroga
117. *Memórias do subsolo*, Dostoiévski
118. *A arte da guerra*, Maquiavel
119. *Elogio da loucura*, Erasmo de Rotterdam
120. *Oliver Twist*, Dickens
121. *O ladrão honesto e outros contos*, Dostoiévski

122. *Sobre a utilidade e a desvantagem da histório para a vida*, Nietzsche
123. *Édipo Rei*, Sófocles
124. *Fedro*, Platão
125. *A conjuração de Catilina*, Salústio
126. *O chamado de Cthulhu*, H. P. Lovecraft

METABIBLIOTECA

1. *O desertor*, Silva Alvarenga
2. *Tratado descritivo do Brasil em 1587*, Gabriel Soares de Sousa
3. *Teatro de êxtase*, Pessoa
4. *Oração aos moços*, Rui Barbosa
5. *A pele do lobo e outras peças*, Artur Azevedo
6. *Tratados da terra e gente do Brasil*, Fernão Cardim
7. *O Ateneu*, Raul Pompeia
8. *História da província Santa Cruz*, Gandavo
9. *Cartas a favor da escravidão*, Alencar
10. *Pai contra mãe e outros contos*, Machado de Assis
11. *Iracema*, Alencar
12. *Auto da barca do Inferno*, Gil Vicente
13. *Poemas completos de Alberto Caeiro*, Pessoa
14. *A cidade e as serras*, Eça
15. *Mensagem*, Pessoa
16. *Utopia Brasil*, Darcy Ribeiro
17. *Bom Crioulo*, Adolfo Caminha
18. *Índice das coisas mais notáveis*, Vieira
19. *A carteira de meu tio*, Macedo
20. *Elixir do pajé — poemas de humor, sátira e escatologia*, Bernardo Guimarães
21. *Eu*, Augusto dos Anjos
22. *Farsa de Inês Pereira*, Gil Vicente
23. *O cortiço*, Aluísio Azevedo
24. *O que eu vi, o que nós veremos*, Santos-Dumont

«SÉRIE LARGEPOST»

1. *Dao De Jing*, Lao Zi
2. *Escritos sobre literatura*, Sigmund Freud
3. *O destino do erudito*, Fichte
4. *Diários de Adão e Eva*, Mark Twain
5. *Diário de um escritor (1873)*, Dostoiévski

«SÉRIE SEXO»

1. *A vênus das peles*, Sacher-Masoch
2. *O outro lado da moeda*, Oscar Wilde
3. *Poesia Vaginal*, Glauco Mattoso
4. *Perversão: a forma erótica do ódio*, Stoller
5. *A vênus de quinze anos*, [Swinburne]
6. *Explosao: romance da etnologia*, Hubert Fichte

COLEÇÃO «QUE HORAS SÃO?»

1. *Lulismo, carisma pop e cultura anticrítica*, Tales Ab'Sáber
2. *Crédito à morte*, Anselm Jappe
3. *Universidade, cidade e cidadania*, Franklin Leopoldo e Silva

4. *O quarto poder: uma outra história*, Paulo Henrique Amorim
5. *Dilma Rousseff e o ódio político*, Tales Ab'Sáber
6. *Descobrindo o Islã no Brasil*, Karla Lima
7. *Michel Temer e o fascismo comum*, Tales Ab'Sáber
8. *Lugar de negro, lugar de branco?*, Douglas Rodrigues Barros
9. *Racismo, machismo, capitalismo identitário*, Pablo Polese
10. *A linguagem fascista*, Carlos Piovezani e Emilio Gentile

COLEÇÃO «ARTECRÍTICA»

1. *Dostoiévski e a dialética*, Flávio Ricardo Vassoler
2. *O renascimento do autor*, Caio Gagliardi
3. *O homem sem qualidades à espera de Godot*, Robson de Oliveira

«NARRATIVAS DA ESCRAVIDÃO»

1. *Incidentes da vida de uma escrava*, Harriet Jacobs
2. *Nascidos na escravidão: depoimentos norte-americanos*, WPA
3. *Narrativa de William W. Brown, escravo fugitivo*, William Wells Brown

COLEÇÃO «WALTER BENJAMIN»

1. *O contador de histórias e outros textos*, Walter Benjamin
2. *Diário parisiense e outros escritos*, Walter Benjamin

Adverte-se aos curiosos que se imprimiu este livro em nossas oficinas, em 7 de maio de 2021, em tipologia Libertine, com diversos sofwares livres, entre eles, LuaLaTeX, git & ruby.
(v. 55307dc)